新青年非虚构写作
02

不远万里

国际友人与20世纪中国

张慧瑜 李云雷 主编

上海大学出版社

图书在版编目(CIP)数据

不远万里：国际友人与20世纪中国/张慧瑜，李云雷主编.—上海：上海大学出版社，2022.1
（新青年非虚构写作）
ISBN 978-7-5671-4417-0

Ⅰ.①不… Ⅱ.①张… ②李… Ⅲ.①友好往来—外国人—生平事迹—中国—20世纪 Ⅳ.①K812.6

中国版本图书馆CIP数据核字（2021）第252155号

责任编辑 陈 强
封面设计 一本好书
技术编辑 金 鑫 钱宇坤

本书由上大社·锦珂优秀图书出版基金资助出版

不远万里：国际友人与20世纪中国
张慧瑜 李云雷 主编
上海大学出版社出版发行
（上海市上大路99号 邮政编码200444）
(http://www.shupress.cn 发行热线021-66135112)
出版人 戴骏豪

＊

南京展望文化发展有限公司排版
上海华业装璜印刷厂有限公司印刷 各地新华书店经销
开本890 mm×1240 mm 1/32 印张13 字数302千
2022年1月第1版 2022年1月第1次印刷
ISBN 978-7-5671-4417-0/K·248 定价 55.00元

版权所有 侵权必究
如发现本书有印装质量问题请与印刷厂质量科联系
联系电话：021-56475919

谨以这本小书向20世纪参与中国革命和建设的国际友人们致敬,这些"不远万里"支持和援助中国的国际主义战士,不仅用笔记录了20世纪中国的巨变,也用专业知识参与到改天换地的社会建设与改造中,他们的人生以及他们的著作是20世纪历史中最生动的中国故事。

目　录

序一　重建新的思想视野　| 001

序二　国际友人视角下的中国故事　| 005

埃德加·斯诺的中国"奏鸣曲"

一、结缘中国、奔向红区　| 001

二、"共产党人究竟是什么样的人？"　| 006

三、"中国人民的老朋友"　| 011

四、国际友人与我们　| 016

海伦·斯诺："新世界的探索者"

一、1937年的海伦·斯诺　| 021

二、苏区记忆　| 024

三、超越时空的情感　| 029

爱泼斯坦与中国的不解之缘

一、初识宋庆龄　| 036

二、突破重围进入内地　| 040

三、重庆再聚　| 043

四、参与创办《中国建设》　| 046

史沫特莱：用毕生谱写中国战歌

一、初到中国：摸索与明志　| 055

二、常驻上海：对抗与掩护　| 060

三、西安事变：张学良的播音员　| 065

四、延安、西安与汉口：苦甜参半的岁月　| 067

五、到前线去：唱响中国的战歌　| 072

六、回到美国：为中国共产党争取支持　| 074

七、最后一幕：永远的中国人民之友　| 078

赛珍珠：如何讲述中国的故事？

一、赛珍珠的文学世界　| 085

二、赛珍珠的《母亲》　| 089

三、赛珍珠的中国故事　| 094

路易·艾黎：教育者与革命者的一生

一、初来上海与党组织建立联系　|　099

二、抗战期间开展"工合运动"　|　104

三、创办培黎学校　|　109

四、晚年的北京岁月　|　113

林迈可与抗战烽火中的红色电波

一、探访根据地，寻找红色中国　|　120

二、投身晋察冀根据地无线电事业　|　129

三、让世界听到延安之声　|　141

四、尾声——回到英国　|　148

阳早、寒春：俯首甘为孺子牛的革命伉俪

一、阳早：追求平等的农场主　|　154

二、寒春：寻找方向的核物理学家　|　157

三、扎根中国的革命伉俪　|　161

四、三边农场：草原上的革命岁月　|　163

五、草滩农场：农机械改革初尝试　|　165

六、从农村到城市：与"特殊待遇"的抗争　|　169

七、红星公社：农机械改革之再次出发　|　172

八、不忘初心：革命本色始终如一 | 175

"翻身"前后的韩丁

一、少年韩丁：却识愁滋味 | 181

二、认识中国：中国革命的同情者 | 183

三、深入张庄：土改的见证者 | 187

四、写作《翻身》：美国的"叛国者" | 190

五、《翻身》出版：引起热烈反响 | 193

六、重返中国，出版《深翻》 | 195

七、割不断的情谊 | 198

柯鲁克夫妇：每一次选择都指向中国

一、由《红星照耀中国》开始的缘分 | 203

二、大渡河边的婚约 | 210

三、河北十里店的土地改革调查 | 213

四、在南海山开创新中国外语教育 | 223

五、艰难岁月里，再次与中国共患难 | 228

六、退休后的发光发热 | 231

国际主义战士诺尔曼·白求恩

一、少年明志——白求恩的从医之路 | 236

二、病中的蜕变——白求恩与肺结核的抗争　　| 239

三、在西班牙的岁月　　| 241

四、目光转向中国　　| 244

五、重燃希望之火——辗转来到中国　　| 245

六、白求恩与他的中国友人　　| 250

七、白求恩对中国医疗事业的贡献　　| 258

八、牺牲　　| 265

马海德：中国人的"马大夫"

一、延安岁月　　| 271

二、医治性病　　| 276

三、抗击麻风　　| 283

伊文思：追风的人

一、摄像机如同武器　　| 293

二、四万万人民的抗战　　| 297

三、早春里的信仰疗愈　　| 302

四、"文革"历史中的有情与无情　　| 306

五、追风的人　　| 310

乔治·何克：在中国大地上放声高歌

一、从哈彭登到牛津　| 314

二、横穿美国的牛津青年　| 317

三、到中国去，到人民中去　| 320

四、和工合"结婚"　| 324

五、小"长征"实现大"转移"　| 329

六、四个中国孩子的"外国爸爸"　| 333

安东尼奥尼和他的东方理想国

一、启程：左翼知识分子和政治乌托邦　| 342

二、相遇：一部关于"人民"的电影　| 347

三、大时代下的"审判"与"正名"　| 352

抗日战争中的"西班牙医生"：合唱一支国际歌

一、名单　| 355

二、马德里的回声　| 358

三、西西弗斯在图云关　| 365

四、竹子、DBC、细菌战　| 369

五、起来！　| 375

主要参考资料　| 383

序一　重建新的思想视野

李云雷

"国际友人与20世纪中国"是一个大题目。何谓"国际友人"？就是那些在中国革命处于艰难时期毅然投入其中给予我们巨大帮助的外国人，他们同情、理解、帮助中国的社会主义革命和建设，并作出了独特与重要的贡献，这是我们中国人无论何时都不能忘记的。在民族复兴的背景中，回望这些国际友人的无私奉献，我们既要感恩与铭记，也可以从中激发新的思想资源，触发新的思考，但其前提是对这些国际友人有深入的理解。

埃德加·斯诺、诺尔曼·白求恩等国际友人，都是中国人耳熟能详的人物，以至于我们常常会忽略他们是外国人，是"不远万里，来到中国"的，但他们是在什么样的情况下来到中国的，在自己国家生活的状态是什么样的，他们为什么要来到中国？这些问题平常很少有人深究，在我们这个时代也是越来越难以理解了。要理解他们，我们需要重返20世纪历史现场，需要重建一种新的国际视野，需要重新认识理想主义和国际主义，而这在消费主义、物质主义以及资本主义全球化愈演愈烈的当今时代，并不是一件容易的事。

从2017年回到北大开始，为了给当代年青人打开新的思想视野，张慧瑜带领他的学生们以"非虚构"的形式撰写这些国际友人的传记，这既是一种新的写作实践，也是一种新的进入中国革命史与国际友人生活世界的方式。"非虚构"在中国是于2010年左右兴起的一种新的写作潮流，主要目的在于扭转文学界"纯文学"的空疏风气，重建文学与生活、社会、世界的有机联系，但非虚构的写作实践大多集中于当下中国的某种群落或某种现象，很少有人关注历史尤其是革命史，慧瑜却独辟蹊径，以非虚构的形式关注20世纪革命史中的"国际友人"，并将之带到北大课堂，和学生一起探讨历史、展望未来，为我们描画出了20世纪经验中最值得珍视的壮丽思想图景。

毛泽东在《纪念白求恩》中指出："一个外国人，毫无利己的动机，把中国人民的解放事业当作他自己的事业，这是什么精神？这是国际主义的精神，这是共产主义的精神，每一个中国共产党员都要学习这种精神。"这一段话我们都很熟悉，以至于对其中包含的深意习焉不察，甚至视作理所当然了。但如果试想一下，我们作为中国人，是否可以毫无利己的动机，把其他民族的解放事业当作自己的解放事业？是否可以远离自己熟悉的生活环境，奔赴炮火纷飞的战场，为弱小民族的革命与解放奉献自己的青春、热血甚至生命？我相信很多人和我一样是很难做到的，或者至少是要经历复杂的思想斗争才能做出这样的选择。但是诺尔曼·白求恩做到了，埃德加·斯诺、海伦·斯诺、爱泼斯坦、史沫特莱、赛珍珠、路易·艾黎、林迈可、阳早、寒春、韩丁、柯鲁克夫妇、马海德、乔治·何克等国际友人做到了，他们每个人的人生都是一本大书，都闪耀着青春和理想的光辉，他们的精神值得我们学习，他们的人生值得我们铭记。

这些国际友人的出现，不是孤立的，他们是20世纪国际共产主义运动的一部分，也是其中最富光彩、最具理想主义的一部分，他们不只同情与支持中国革命，也同情与理解世界上所有被压迫的民族与人民，如白求恩就是从西班牙内战反对法西斯的战场，来到了中国抗日战争的战场,又如史沫特莱既声援印度独立运动、在波兰参加革命,又来到中国长期支持中国革命。有些人则将"中国人民的解放事业当作了自己的事业",如路易·艾黎和埃德加·斯诺等人发起的"工合"运动,以及路易·艾黎和乔治·何克创办的培黎工艺学校,不仅为中国抗日战争的胜利提供了物质基础,也为中国的工业化培养了大批技术人才。其他如爱泼斯坦、阳早、寒春、韩丁、马海德等人,都将他们的人生与中国紧紧联系在一起,成为中国社会主义革命与建设事业的参与者与见证人。也有人在中国革命成功后,回到了自己的祖国,如林迈可,但他们一直都在关注和支持中国的革命与建设事业,与中国人民结下了深厚的友谊。

在民族复兴的背景中,重新梳理与讲述国际友人的故事,既有重要的历史价值,也有新的时代意义。在中国人民站起来、富起来、强起来的艰难过程中,这些国际友人给予了我们无私的帮助,中国如果真正"强起来"之后,不应该忘记他们的功绩与精神,而应该继承并将他们的精神发扬光大。具体地说,就是我们即使强大起来,也不应该复制资本主义与殖民主义的逻辑,以强凌弱,以大欺小,将我们近代以来身受的列强入侵的痛苦,让其他国家和民族的人民承受。正因为我们深知这种痛苦,所以我们不能成为这种痛苦的制造者,我们应该像这些国际友人支持我们一样,同情、理解弱小民族国家的人民并尽可能地为他们提供力所能及的帮助。这一问题之所以重要,在于近代以来,我们更多获得的是落后、挨打、追赶的经验,至于追赶上之后怎么办,我们尚缺乏足够的知识、思想和理论准备。我们不能重建传统中国的"朝贡体系",也不能走西方国家新旧殖民主义的道路,更不能走苏联"大国沙文主义"的道路,那么我们在民族复兴之后,能够想象或建立一种什么样的国际关系与国际秩序呢?在这方面,还有很多问题值得深入探讨,而国际友人的无私奉献与帮助可以说是最直接的思想资源,值得我们借鉴与学习。

这些国际友人也将"国际主义"这一消失已久的思想视野重新带到了我们的面前,只有在这一视野中我们才能够真正理解他们,否则我们将无从把握他们的理想或动机。"国际主义"是以共产主义理想为前提的、跨越国界共同抵抗资本主义的思想,是以人类整体利益为核心的高远追求,也是马克思主义的内在视野及其重要的组成部分。在一个资本自由流动的"全球化"时代,重建"国际主义"的视野,既是一种反思,也是一种超越,这将会使我们在民族复兴的视野之外,别具一种更加高远的理想与追求。这正如"人类命运共同体"概念的提出一样,可以让我们意识到我们不仅负有民族复兴的使命,同时也负有国际的或人类的使命。在"百年未有之大变局"的今天,我们应该有充分的文化自信,去重新思考与把握中国和世界的未来。

在《不远万里:国际友人与20世纪中国》一书中,我们可以通过埃德加·斯诺、海伦·斯诺、爱泼斯坦、史沫特莱等人充满个性魅力与传奇色彩的人生与命运,重新进入历史的生动现场,重新思考历史、现实与未来。需要简单说明的是,我写的关于海伦·斯诺、赛珍珠的两篇文章,原是2013年应一家文学刊物邀请所写的,与书中的其他文章体例未必尽同。我至今记得2020年疫情期间,慧瑜和学生们在视频会议上举行"国际友人与20世纪中国"的课堂答辩,我也以答辩评委的身份参加了讨论,看到学生们热情洋溢地关注着诺尔曼·白求恩、埃德加·斯诺等国际友人,看着他们在屏幕上闪烁跳动的青春面孔,我既为慧瑜和学生们而骄傲,也为中国而骄傲!

2021年9月4日

序二　国际友人视角下的中国故事

张慧瑜

　　这些年，我一直在高校从事非虚构写作的教学和研究工作，鼓励学生们用学术研究和社会调查相结合的方法进行非虚构创作，本书就是一次以"国际友人与20世纪中国"为主题的写作实践，参与者主要是北京大学新闻与传播学院和清华大学新闻与传播学院的硕士研究生。下面我想简单谈一下对这个主题的理解。

　　在梳理非虚构写作的概念、传统和历史的过程中，我认识到非虚构写作与美国文化有着密切关系。非虚构写作起源于20世纪60年代美国反文化运动时期的新新闻主义，主张把新闻事件放置到更广阔的历史和社会背景下，是带有反思性和批判性的深度报道。从更长的历史来看，这种非虚构式的书写方式是一种带有普遍性的文化现象，从古典时代的历史写作，到近代以来的游记、旅行见闻，再到科学家的田野报告等，都带有非虚构的痕迹。在20世纪历史中，如果说美国出现了新闻调查式的非虚构文学，那么中国等社会主义国家则形成了报告文学的传统，如美国记者约翰·里德的《震撼世界的十天》、埃德加·斯诺的《红星照耀中国》等都是20世纪最重要的报告文学。在这种思路之下，我发现在20世纪中国历史中有一类非常特殊的非虚构作品，这就是国际友人写的中国报道，而且其已成为20世纪中国对外宣传的重要组成部分。

2019年春天,我在凯风基金会资助下组织了"凯风沙龙·国际友人与20世纪中国"项目,邀请相关研究者、作家来与学生们分享国际友人与20世纪中国的故事。如邀请了加拿大华人作家李彦老师讲诺尔曼·白求恩的故事、对外经贸大学阳和平教授讲他的父母阳早和寒春来中国的故事、北京大学中国埃德加·斯诺研究中心主任孙华老师分享《红星照耀中国》与斯诺的故事等。借助国际友人的目光,我们得以重返20世纪的历史现场,对20世纪中国经验进行再反思。近些年关于中国故事的讲述经常跳过20世纪历史,把当下与古代对接起来,这就使得五四以来的现当代中国历史变得非常暧昧,或者说现当代历史处在被遗忘当中。这一方面是因为中国实现了现代化,无须凸显一种现代焦虑感,反而需要追溯传统中国和悠久历史来作为现代中国的源头;另一方面,在这一后革命的语境下,现代中国的现代性、当代中国的当代性都消失了,传统与现代、现代与当代不再是冲突关系,20世纪的革命也被解释为一种传统中国的延续和复活。在这个意义上,通过国际友人的视野回溯20世纪历史,是为了找到一种进入中国现当代历史的方式,重新获得一种现代感和当代感。

这些国际友人写的中国报道是20世纪中国历史中最特殊的一类非虚构作品。他们有的是外媒驻中国记者,也有的是参与中国革命、社会实践的技术专家。这些国际友人写的中国故事,大部分属于中国共产党对外宣传的范围,而且是非常有效和成功的对外宣传。如1936年美国记者埃德加·斯诺发表的《红星照耀中国》、1944年到延安访问的中外记者团所写的延安报道等,成为对外讲述中国共产党的历史及其根据地治理的重要方式,也为抗战时期的中国争取到了宝贵的国际支援。这些来到中国的外国记者,除了撰写大量新闻报道之外，还参与到中国教育、医疗、外交等事务中，甚至有的留在中国，成为中国人民的老朋友，如新闻领域的爱泼斯坦、著名医生马海德等。

这些国际友人按照所从事的职业大致可以分成三类：第一类是埃德加·斯诺、爱泼斯坦、史沫特莱、斯坦因等新闻记者，他们在根据地采访调查，对外写出了大量的关于延安、解放区的报道，如斯诺的《红星照耀中国》、史沫特莱的《中国红军在前进》等。比斯诺的《红星照耀中国》还要早的一篇关于中国的报道是捷克新闻记者埃尔文·基希用德文写的，他是共产党员，也是最早把报告文学作为一种战斗性、介入性文体的记者。20世纪30年代初期他受苏联委派来到中国，在北京、上海等城市进行了大量的实地采访，于1933年出版了《秘密的中国》一书，向西方世界展示了现代中国社会的方方面面，1936年作家周立波把这本书的内容陆续翻译成中文，对中国报告文学的发展产生了很大影响。1936年埃德加·斯诺在宋庆龄等人的安排下从国统区来到陕北，进行了几个月的深度采访，采访对象上至毛泽东等中国共产党领导人，下至普通的红军战士，斯诺以独特敏锐的记者视角观察延安，描绘了大量的生活细节，使得《红星照耀中国》这部纪实文学作品具有较强的可读性。这部书作为一次成功的对外宣传，第一次讲述了红军的发展历史和毛泽东的故事，是一部在西方产生巨大影响的、使西方人了解当时中国真实状况的作品。其他国际记者如爱泼斯坦、史沫特莱、斯坦因等，他们也用英文写了很多中国报道。同时值得注意的是，这些国际友人除了记者的身份外，还亲身参与了中国的革命与建设工作，如史沫特莱参与了延安鲁迅艺术学院的外语教学，发起了节制生育运动、灭鼠运动等卫生运动。这些外国记者、作家的经历和作品在中国具有一定的知名度，但他们相互间的人际网络、信息网络如何组织和维系，与国际共产主义运动的关系具体是怎样的，目前鲜有人研究和整理，这其实联系着一种被历史遗忘的国际视野。比如整合欧美左翼知识分子的英国援华会在国际援华运动中扮演了关键角色，英国援华会筹集的绝大部分资金流向了白求恩的国际和平医院，而其出版的刊物《中国报道》最早刊登了有关白求恩、斯诺和史沫特莱等人的文章，其中《红星照耀中国》也是由英国援华会的左翼读书会出版发行的。这些"国际友人与中国故事"背后的人际网络、传播网络、权力网络甚至是资金网络，都是考察20世纪中国对外传播机制的关键，值得深入研究。

第二类是科学、技术专家，如写了《翻身：中国一个村庄的革命纪实》《深翻：中国一个村庄的继续革命纪实》的韩丁以及韩丁的妹妹寒春和妹夫阳早。韩丁是一位农机专家，受《红星照耀中国》的影响来到中国，1945年参加联合国援助中国的项目，后来到解放区的北方大学担任英语教师，在这个过程中亲身参与了山西长治张庄的土地运动，并搜集了大量的资料。解放之初他留在中国，培养了新中国第一批拖拉机手。1953年他回到美国，受到麦卡锡主义的迫害。韩丁花了十余年完成《翻身：中国一个村庄的革命纪实》，这是一部用现实主义的手法讲述中国土地革命和人民翻身运动的史诗作品，这本书的影响力在西方仅次于《红星照耀中国》。70年代中美建交之后，韩丁担任美中友好协会会长，多次回到中国，参与到80年代中国农村现代化和机械化的实践中。韩丁的妹妹寒春和同学阳早40年代末期来到延安，就再也没有离开中国，一直在中国从事农业、畜牧业方面的研究工作，为中国奶牛养殖和牛奶质量提升作出了突出贡献。还有一位著名的技术专家是燕京大学的电报专家林迈可，1941年太平洋战争爆发之后，林迈可和妻子来到陕北，担任晋察冀根据地的通信技术顾问，创建新华社英文广播部,帮助根据地改造发报机和培养无线电技术人员。抗战后他回到英国,写了《抗战中的红色根据地》一书,讲述了他对根据地的观察,其中提到他认为当时根据地有两点做得非常好:一是后勤保障工作,根据地虽然物资极度匮乏,但通过高效率的税收和群众动员,使战士打仗没有后顾之忧;二是情报工作也很出色,中共的高级密码很少被日军破获,而根据地的通信网络也非常畅通。这些都涉及根据地的行政和社会治理经验。又比如英国人大卫·柯鲁克、伊莎白·柯鲁克夫妇,他们于20世纪40年代末期被派到中国观察土地革命运动,后来完成了《十里店:中国一个村庄的革命》和《十里店:中国一个村庄的群众运动》等研究中国土改的社会学著作。其中大卫·柯鲁克是英国共产党员,参加过西班牙内战,也和白求恩相识,他们都受斯诺写的《红星照耀中国》的影响。柯鲁克夫妇完成土地革命调查之后,就一直留在中国,一心为中国培养英语和外交人才,是新中国外语教育的创始人和重要参与者。2019年,庆祝中华人民共和国成立70周年,伊莎白·柯鲁克被授予国家"友谊勋章"。从这些不同领域的外国专业技术人员在中国的工作、生活与革命实践中,可以看出新中国的诞生、发展和建设与国际援华运动、国际共产主义运动之间有着更为深刻的联系。

第三类是从事摄影、电影等影像工作的艺术家,如伊文思、布列松、安东尼奥尼等。荷兰纪录片大师伊文思30年代来中国拍摄了《四万万人民》,把中国也作为世界反法西斯阵营的组成部分,并在武汉"偷偷"赠送给根据地一台摄影机,袁牧之、吴印咸等30年代从上海到延安的左翼电影人用这台摄影机拍摄了纪录片《延安与八路军》。70年代伊文思又到中国拍摄,这部作品就是由12部独立纪录片《大庆油田》《上海第三医药商店》《北京杂技团练功》《对上海的印象》等组成的《愚公移山》,这部纪录片提供了与常见的"文革"影像不同的普通中国人的日常生活场景。法国摄影大师布列松则在40年代末期来到中国,是在上海解放前夕坐最后一班飞机飞到上海的,当时的布列松为美国《生活》杂志供稿,他正好见证了上海解放的全过程。后来他出版了《从一个中国到另一个中国》的摄影集,展示了旧中国向新中国的转变。50年代后期布列松又被邀请到中国来,但那次拍摄的照片在西方发表后,国内展开了对布列松的批评,认为这些照片丑化了中国的"大跃进"运动。与此相似,70年代后期,意大利电影大师安东尼奥尼受邀到中国拍摄了纪录电影《中国》,也遭遇了50年代布列松相似的情景。这些艺术家在不同时代多次到中国拍摄作品,他们的关于中国的影像在当时和事后引起了极大争论,我们不仅要关注这种"看与被看"之间所引发的误读,更应该看到这些影像工作者与20世纪历史中更广阔的国际背景之间的关系,从30年代席卷全球的左翼运动到80年代末期冷战终结,中国也处在这种特殊的国际网络之中。

当然,还有许多曾经在中国扮演过重要角色的国际友人和组织,被历史有意无意遗忘或忽略,对他们的发现和梳理将是进入20世纪中国历史的重要方式。国际友人的经验和叙述为我们理解20世纪中国与世界的互动关系提供了新的视角,从而能更深刻地理解20世纪独特的全球政治图景。国际友人的个体生命经验与20世纪全球左翼运动的思想与行动网络交织,与中国的革命和社会建设相互作用,呈现出一个复杂、动态的全球20世纪时代景观,也为我们审视与反思当下的国际关系和全球秩序提供了独特的视野。借由国际友人重建我们与20世纪的对话关系,也需要避免用怀旧的、崇敬的心态将这些国际友人的中国故事浪漫化,其落脚点仍在于更全面、公正地审视中国的历史、现在与未来。

2019年底,我组织研究生按照各自兴趣,分别撰写一位国际友人的故事,我们定期举办讨论会,共同商量写作方法和写作角度,有的还以国际友人为主题发展为硕士论文。在这个过程中,我邀请好朋友、也是批评家和作家的李云雷参与其中,他早就写过两篇非常好的国际友人的故事,也对国际友人与20世纪中国历史有深入理解,他对学生们的初稿提出了很多有帮助的修改意见。这两年来,感谢凯风基金会秘书长甘东宇老师和项目经理周安安老师支持"国际友人与20世纪中国"项目,并提供场地供大家举办沙龙活动。感谢清华大学新闻与传播学院李彬教授推荐清华的研究生参与写作,使得两个高校的同龄人有了更多知识上的互动。感谢本书责任编辑、上海大学出版社文化编辑部副主任陈强老师的信任和辛苦付出,把这本书和2020年出版的《应知故乡事:返乡者眼中的中国乡村图景》作为"新青年非虚构写作"的系列丛书。

最后,要感谢参与写作的十余位90后研究生,感谢他们愿意花一两年的时间共同做一件有意义的事情,这将是我们友谊的见证。他们是北京大学新闻与传播学院研究生谭晓祺、黄嘉莹、刘纯懿、田文佳、张鑫智、马遥、杨悦言、苏琦,清华大学新闻与传播学院研究生吴余劲、李颖、叶倩、徐鹏辉、李嘉贝,香港中文大学新闻与传播学院博士研究生白晨雨、杨仪,英国谢菲尔德大学社会学院博士研究生沈英子,感谢我的学生谭晓祺组织和协调大家的写作进度。我们以这种方式研究国际友人的历史,也重返20世纪中国的历史现场,相信更能深刻理解"中国是从哪里来,要到哪里去"的大问题。在此,不得不提到白晨雨博士的意外离世,这本小书也是对这位年轻而充满理想的好友、同道的纪念。

2021年是庆祝中国共产党成立100周年的特殊时刻,谨以这本小书向20世纪参与中国革命和建设的国际友人们致敬,这些"不远万里"支持和援助中国的国际主义战士,不仅用笔记录了20世纪中国的巨变,也用专业知识参与到改天换地的社会建设中,他们的人生以及他们的著作是20世纪历史中最生动的中国故事。

2021年9月21日中秋节

燕园南门

埃德加·斯诺的中国"奏鸣曲"

一顶红军八角帽,正静静地躺在橱窗中。随着时间的流逝,这顶帽子在现在看来已经显得陈旧;而橱窗所属,是中华人民共和国的博物馆"殿堂"——中国国家博物馆。

仅仅只是一顶普普通通的红军八角帽而已,为何能够在最高"殿堂"被参观者们静静地行注目礼呢?

因为,这顶八角帽曾经被两位影响了中国的"巨人"所使用,一位是毛泽东——中华人民共和国的缔造者;另一位则是本文的主人公——埃德加·斯诺(Edgar Snow,1905—1972)。

埃德加·斯诺,美国著名新闻记者,曾兼任燕京大学新闻系讲师,他多次进入边区,为西方世界带去了当时第一手"红色中国"的消息,成为第一个采访边区的新闻记者,并撰写了著名的《红星照耀中国》(*Red Star Over China*,又名《西行漫记》)一书。新中国成立后,斯诺曾数次回访北京等地,受到了党和国家领导人的高度评价,被称为"中国人民的老朋友"。

一、结缘中国、奔向红区

1905年,埃德加·斯诺出生于美国密苏里州的堪萨斯城,一个位于美国中部地区的小城市。

实际上,现在密苏里州的堪萨斯城只是"堪萨斯城"这个地理概念的一半,它与堪萨斯州的堪萨斯城相连、并称"双城"——堪萨斯城是一个销售农牧产品及其加工食品为主的中心,这也就意味着这座"双城"拥有大片的土地,绿草如茵,恬静而又美好。斯诺与好友查尔斯·怀特就在这样的环境下长大,后者评价斯诺:"他像我们一样长大,只不过他比大家看到了更多的东西。"①

要想看得更多,就得付诸行动。斯诺骨子里是一个完完全全的行动主义者,或者说,是一个天生的冒险家。他在给父母亲的信中这样写道:"我一直对千篇一律的生活方式和劳神的思想方式感到有些压力,就像一部庞大的机器里的一只齿轮……笼罩在我头上的陈旧的生活方式应该终结了……我所喜爱的生活,现时的幸福就是一个:那就是旅行!!!冒险!!体验!……"②

少年时代,斯诺进行了多次旅行冒险的尝试,使得他接触了真正的底层人民。埃德加·斯诺曾与怀特以及另一个同伴鲍勃·朗进行了"西进运动"——从堪萨斯到加利福尼亚州的萨克拉门托,他们一路见证了铁路工人大罢工中底层工人们的苦况——这是斯诺第一次真正接触到底层人民,给予了他最初的震撼。

而选择记者这份职业,俨然给他提供了一个实现"冒险精神"的绝佳途径。早在中学时期,斯诺便创办了兄弟会报纸《德塔》,并兼任这份报纸的经理;中学毕业后进入堪萨斯城初级大学,在初级大学的报社半工半读一年;1925年斯诺曾在哥伦比亚大学夜校学习了"广告写作"和"广告心理学"两门课程;当年秋,斯诺进入了密苏里大学新闻学院广告班学习。学院培养了大量的毕业生,这些毕业生中有部分前往远东工作,尤其在中国的数量为最多。这也就形成了所谓"中国的密苏里新闻垄断",这种垄断的力量不仅仅局限在中国的新闻界,而且还深入了教育界——白瑞华受燕京大学校长司徒雷登邀请,被时任密苏里大学新闻学院院长迪恩·威廉派遣,前往当时的燕京大学创办新闻学系,担任首届系主任,并以此招收大量密苏里大学毕业生前来任教。实际上,在燕京大学新闻学系成立以前,1920年,密苏里大学毕业生们已经在上海成立了"密苏里联谊会"。密苏里大学新闻学院的垄断之力,为毕业生们提供了具有诱惑力的前途,斯诺选择了密苏里大学,同时也选择了中国——这是斯诺结缘中国的开始。

然而,骨子里的冒险精神让斯诺不安心于寓居大学"象牙塔"之内。1926年,斯诺离开密苏里大学新闻学院,前往纽约的斯科维尔兄弟广告公司工作;1927年他变卖了手头的股票,获得了一笔金钱,骨子里的冒险天赋促使他走向了世界、走向了中国的怀抱。

1928年,23岁的斯诺第一次踏上了中国的土地。拜约翰·鲍威尔(John Powell)所赐,斯诺甫一到埠,便获得了上海《密勒氏评论报》的一个职位,不久他受报社派遣乘火车沿铁路干线进行旅行采访。

他的职业生涯正式开始,而他也正式与中国结缘。

斯诺从1930年开始,担任美国"统一新闻协会"远东特派记者,专职在远东地区游历并撰写报道。在此期间,他的思想出现了较大的转变:1930年3月至1931年5月在印度旅行期间,他接触到马克思主义,并曾经向印度著名共产党人苏哈西妮(Suhasini)请教。来到中国后,他在北京的清华大学图书馆大量阅读马克思主义著作,这些作品主要由英国左派社会党人赖斯基教授(Harold Laski)、约翰·斯朱科(John Stracky)以及编辑维克多·戈伦茨(Victor Gollancz)在伦敦出版,后来斯诺的《红星照耀中国》也由他们推动在英国出版。斯诺坚定反对日本军事扩张以及各种形式的法西斯主义——甚至在斯诺眼里，国民党政府就代表了法西斯。

1933年结束了特派身份之后，1934年至1937年，斯诺在担任多家报刊的特约记者的同时，兼任燕京大学新闻系讲师，主讲"新闻特写"和"新闻通讯"两门课程。在此期间，发生了一件最为重要的事情：在宋庆龄的介绍下，斯诺成为第一个进入陕甘宁革命根据地采访的西方记者。

实际上，斯诺早在作为《纽约先驱论坛报》的特约记者时便采访过宋庆龄。当时在史沫特莱（Agnes Smedley）的引荐下，宋庆龄在静安寺路的巧克力商店与斯诺会面，这次意义重大的会面让他深刻认识到当时国民党的本质及其对于"三民主义"的背叛，以及中国人民反对帝国主义、封建主义斗争的本质，"他（指蒋介石）使得中国倒退了许多年，使革命付出了远远超出它本来需要的代价，变得远为恐怖。他终究会失败的"③。此外他也了解到宋庆龄相信中国共产党的原因是因为在当时中国诸多复杂交错的各类政治力量中，为了穷人而奋斗的就只有中国共产党这个关心四万万人民利益的政党。他回忆这次会面时表示"宋庆龄的教育，消除了我的一些无知，通过她我体验到了中国的美好思想和感情"，认为"宋庆龄帮助我认识了国民党的情况，认识了孙中山的为人及其未竟之志"，同时提到了宋庆龄于他而言的重要作用："及时地认识了宋庆龄，使我能够领悟到：中国人民能够彻底变革他们自己的国家，并且能够迅速地提高他们的国家在世界上的地位。"④之后，斯诺一直与宋庆龄保持着往来。

1935年，北平爆发了"一二·九"学生运动，宋庆龄从上海寄送钱款给身在北平的学生，并且公开声援这次学生运动；而斯诺夫妇也亲身参加了这次运动，并且利用自身的庞大人脉，花大力气邀请驻华外国记者报道这次运动：1935年11月1日，斯诺夫妇翻译北平学联起草的《平津十校学生自治会为抗日救国争自由宣言》，并陆续联系了路透社弗兰克·奥利弗（Frank Oliver）、合众社华北分社记者F.麦克拉肯·费舍尔（F. MacCracken Fisher）、合众社与华北明星报记者厄尔·利夫（Earl Leaf）以及约翰·鲍威尔等人，推动了外国新闻机构对这次运动的关注；斯诺夫妇还借出了居所的客厅给学生作为运动策划的场所。学者张牧云对他们在"一二·九运动"期间的活动及其意义予以了精辟的总结：

> 斯诺、海伦在一二·九运动的酝酿、发生与扩展阶段发挥了重要作用，而这得益于他们在30年代结交的三个重要交际圈。其一，斯诺、海伦通过与宋庆龄、鲁迅的交往进入上海、北平两地左翼文化人交际圈。他们与胡蛮、孙席珍、杨刚、萧乾的文化往来促使斯诺夫妇在思想上倾向左翼文化运动，坚定反法西斯主义立场。其二，斯诺以其记者身份广泛结交英美驻华新闻人，斯诺夫妇通过与费舍尔、鲍威尔、厄尔·利夫、奥利弗、威尔士的持续联系，争取西方主流媒体对学生运动的同情。其三，斯诺夫妇与北平学生黄敬、姚依林、陆璀、黄华、李敏、张兆麟等保持着互相信任、互相依赖的关系。斯诺夫妇帮助学生联络西方媒体，营造国际舆论；学生为斯诺夫妇提供第一手信息，并成为斯诺夫妇与中共联系的重要媒介。斯诺夫妇在这三个核心交际圈穿针引线，左翼文化人、学生与跨国记者之间也不断互动与碰撞。这样，在一二·九运动后，关心中国革命与中共的跨国记者群体逐渐兴起。⑤

正是在这场学生运动中斯诺表现出了对于中国人民的关心，成为宋庆龄在1936年推荐他前往陕甘宁根据地采访的最佳佐证。

1936年，风云变幻的一年。这一年，日本发生了"二二六"事件，德国军队悍然违反《凡尔赛条约》进驻了莱茵兰地区，意大利军队攻占了埃塞俄比亚首都亚的斯亚贝巴……世界各地弥漫着战争的阴云。但在中国，似乎出现了一点和平的曙光，张学良秘密与红军进行了多次和谈，相关消息传到了斯诺的耳朵里，他认为这是一个绝好的进入"红区"的机会，尽管那时他根本不知道红军、红区是什么样子，而正是这种未知激发了他骨子里的冒险天性："红区"对他而言是"未知之地"⑥，但他也意识到进入"红区"采访机会难得，"机会千载难逢，不能错过。我决定抓住这个机会，设法打破这一已经持续了九年的新闻封锁"⑦。在这种冒险精神的支配下，斯诺主动前往上海请求宋庆龄安排他进入陕甘宁边区，最终成功地开始探索这片"未知之地"，一个新的"乐章"也就此"奏响"。

二、"共产党人究竟是什么样的人？"

> 我和红军相处的四个月，是一段极为令人振奋的经历。我在那里遇到的人们似乎是我所知道的最自由最幸福的中国人。在那些献身于他们认为完全正义的人们身上我强烈地感受到了充满活力的希望、热情和人类不可战胜的力量，自那以后，我再也没有过那样的感受了。
>
> ——埃德加·斯诺：《复始之旅》

1936年6月，斯诺从北平出发，7月到达了陕甘宁边区的保安县（今志丹县）。正如斯诺在《复始之旅》中所写的那样，在陕甘宁边区的四个月"令人振奋"，而这四个月让他真正认识到了"何为红军""何为共产党人""何为中国"。

只不过,在到达保安县之前,斯诺眼中的"红军""共产党人"的形象是混乱不堪的:一方面,在他的眼里,共产党是"中国要摆脱一切弊害祸患的唯一救星",另一方面他也注意到了国民政府的说法,共产党不过是一些高级土匪,"红军不过是由'文匪'领导的一种新式流寇"⑧。之所以出现这种混乱的认知,是因为斯诺的消息大多来自国民政府控制下的各类宣传机构,国民政府有意将共产党人及共产党人领导的红军塑造成国民政府的对立面、中国的"灾难制造者",因此不停地在报纸上悬赏缉拿毛泽东、周恩来、朱德等共产党领导人,甚至发布"毛泽东已死、朱德病重"等假消息;但讽刺的是,这些共产党领导人随后又在报纸上出现,并且亲自指挥作战。这种"死而复生"的戏剧感不免让"共产党人"这一身份带上了一丝神秘的圣人色彩,这种"神秘感"在《红星照耀中国》中的"未获解答的问题"一节以82个问号表现了出来,而也正是这种"神秘感",无疑激发了斯诺骨子里的冒险精神,推动他尝试走进这股"东方的魔力",他写道,这值得"拿一个外国人去冒一下险"。

这无疑是一次极高价值的"冒险"。比如,毛泽东最为著名的照片要数那张他以显得有些残破的门与土墙为背景,头戴红军八角帽、眼睛微微注视着左前方——而这张原名为"苏维埃的巨人"的照片,正是出自埃德加·斯诺之手。它在1936年11月14日的《密勒氏评论报》刊登之后,引发了轰动,西方媒体也开始转载,比如美国的《生活》杂志就刊发了这张照片,从而使毛泽东为全世界所知;现在这张照片也是陕西省志丹县的保安革命遗址的毛泽东旧居中一张显眼的照片,后来也为中国官方所采用。后来,毛泽东在1937年见到海伦·斯诺和这张照片后表示"没有想到,我看起来会是这个样子!"惊叹与满意之情溢于言表。

照片背景中残破的门与土墙,不由得让人想起斯诺笔下对保安县的描绘——尘土飞扬、条件艰苦的小城,数十间草屋和铺子东倒西歪。基础设施极为简陋:"外交部招待所"是一个拥有四间小砖房的院子;"红军大学"干脆就是由若干个窑洞组成的;出版社也坐落在窑洞里,许多书报是利用国民党散发的传单在背面重新油印而成的。饮食也是如此:食物主要是小米、卷心菜和河边种植的瓜类,猪肉、羊肉和鸡肉成了少有的奢侈品……

斯诺第一次见到毛泽东——这个"南京悬赏二十五万元要他的首级"的共产党人,印象居然如此普通:"他是个面容瘦削、看上去显得像林肯的人物,个子高出一般的中国人,背有些驼,一头浓密的黑发留得很长,双眼炯炯有神、鼻梁很高、颧骨突出,是一个非常精明的知识分子的面孔。"⑨更关键的是,"他毫不介意和行人一起走",没有一点架子;而作为一支红色军队的领导人,他的衣食住行也如此普通:毛泽东与夫人住的是家徒四壁的窑洞,穿的是和普通红军战士没有任何差别的普通军装,甚至还打上了补丁;主要的奢侈品是一顶蚊帐,"所有的财物依然是一卷铺盖,几件随身衣物";"吃的是辣椒馒头,或者是酸梅甜食……"⑩

相比之下,国民政府及其官员们是怎么样的呢?这些人极尽奢华之能事,身居高位却仍不满足。例如,国民政府的财政部长孔祥熙,在斯诺的笔下是一个彻头彻尾的贪污犯:购买美国轰炸机时每架要求回扣一万六千美元,扣发"工合"经费索取五万美元回扣等;"孔家的所作所为,对中国官场的毒害的确比任何一家都深,使整个官场都贪污腐化"⑪。而蒋中正——这位国民政府的最高领导者,面对这样的贪污恶况,他没有竭尽全力阻止,而是完完全全放纵了孔祥熙本人及其妻子宋霭龄的贪污行为。所谓"上梁不正下梁歪",整个国民政府内部自高官以下贪污成风,成为滋生系统性腐败的温床,乃至于后来成为"四大家族"敛财的巨大工具。而民众的生活民不聊生，外交政策失败，日本入侵的阴影早已在中国的天空覆盖。国民政府却依旧大力推行所谓"清党"政策，甚至提倡"攘外必先安内"，大肆捕杀共产党员，"国民党从来没有明确提出要与共产党在道义上较短长，而只是与共产党人在使用武力方面比高低"⑫，从而失去了大量的民心，导致斯诺出现了一些转变。他在后来与美国总统罗斯福见面时表示"蒋介石是个独裁者，他很聪明，但又无能，他不知道中国人民需要什么，不知道怎么为人民办事。这一点和毛泽东大不相同。你要知道中国是一个农业国家，农民占了一大半，不能赢得绝大多数的民心就很难统治中国"。很显然，在"红区"的这段经历促使了他的转变。

但即便是如此严酷的客观环境，也无法阻止共产党人与红军的决心。斯诺笔下的"红区"尽管各类设施简陋，甚至连最高领导人的也是如此，但在共产党人的领导下，"红区"却建立了一系列较为完善的政策制度，真正做到"重新分配土地，取消高利贷，取消苛捐杂税，消灭特权阶级"等，自上而下设立各层级苏维埃政权，建立各类组织机构，吸引民众参与，"只要有方法，有组织，有领导，有可行的纲领，有希望——而且有武器，他们是会斗争的。中国共产主义运动的发展证明了这一点"。⑬共产党人是真正的为民者。

斯诺在采访的四个月期间，和毛泽东——这位中国共产党的领导人、中国共产党员的杰出代表进行了多次谈话，对他进行了深入的了解。在他的眼中，毛泽东本人是"一个记忆力惊人"的人，对于国内外都拥有一定的了解，尽管他本人从未出国；毛泽东还是一个"颇有天才的军事和政治战略家"，身负"天命的力量"的毛泽东是一个非凡的领导人，但又不搞个人崇拜，"毛泽东虽然毫无问题是共产党中杰出的人物，但他绝不是一个独裁者。他是一个公认的领袖，他的一切决定，都是讨论和集体判断的结果。共产党中没有像蒋介石在国民党中所居总裁的同样地位"⑭。毫无疑问，在斯诺看来，这种集体的力量是共产党成功的法宝。共产党人不搞贪污、团结群众，绝不是国民政府那样的组织，这让斯诺最终相信共产党最后能够成功。

除了毛泽东之外，斯诺在这近四个月的停留中还采访了周恩来、朱德、彭德怀、贺龙、徐海东、林彪等人，忠实地记录了"红区"的种种。他在一封信中写道："他们让我自由地拍摄我所选择的任何镜头。在收集材料、安排采访等方面，我得到了一切可能的合作。他们的确对我进行了一些宣传，但远不如我在非'匪区'所惯于领教的多，为此我很感激。"⑮正是在这样的支持下，斯诺最终把所记录的种种凝结成了《红星照耀中国》。"红色的中国，充满着自由、民主、战斗的精神，真是一个神奇的乐园"就此跃然纸上，为海内外所熟知。但最为重要的是，《红星照耀中国》让西方、让全世界知道了中国工农红军"长征"的伟大，书中以"第五次围剿""举国大迁移""大渡河英雄"和"过大草地"四个小节构成了《长征》一章，使得埃德加·斯诺本人成为西方世界中最早报道长征、最早具体描写红军长征中的细节以及整个长征过程的西方记者。

《红星照耀中国》的出版，引起了国民政府的恐慌。1937年，《红星照耀中国》在英国出版英文版，次年在上海"孤岛"时期，胡愈之以"复社"名义，策划并且组织翻译出版了第一个全译本，所据底本即为1937年英文版。短短的十个月内该书便印行了四版，在国民党统治区流传，引发了统治区民众对"红区"的美好向往；国民党因此查禁了该书，但该书仍被改为各种名字（《西行漫记》即为其中之一），以油印本、摘印本等形式（如摘录第四章《一个共产党员的来历》并改名为《毛泽东自传》）在各地区流传。毫无疑问，斯诺忠实的记录笔触是《红星照耀中国》出版、流行的重要保证，该书的出版打破了国民政府的封锁，是"忠实描写中国红色区域的第一部著作"⑯，具有极高的价值；这也间接促使他为中国抗战积极奔走，内战结束后积极推动新中国走上世界舞台。而在新中国成立之后，《红星照耀中国》的影响并未消散，1979年后该书由北京生活·读书·新知三联书店重译再版，并请胡愈之先生为新版本作序，一时风行全国；此后这一新版本也由不同出版社一版再版，影响力大大增加；2020年4月，该书被中华人民共和国教育部基础教育课程教材发展中心列入《中小学生阅读指导目录（2020年版）》初中段名单之中，《红星照耀中国》所传达的精神将在中学生心中绽放。

回头来看那张著名的八角帽照片，毛泽东评价道："没想到我的照片会有这么大的威力。斯诺先生让世人看到我们共产党人和红军并不是红毛绿眼睛、杀人放火的'土匪'，我们非常感谢他！"⑰

三、"中国人民的老朋友"

在访问陕甘宁边区后，斯诺陆续在上海、北京、香港等地活动，参加了一系列支持中国各方面发展、抵抗日本侵略的活动。1938年，他在香港参加了由宋庆龄发起的"保卫中国同盟"；1939年，成立"中国工合国际委员会"并担任委员一职，以多种渠道运输海外物资、接受海外捐款，通过"中国工合国际委员会"送往八路军和新四军所在地，同年9月他再次赶赴延安拜访毛泽东并记录了这几年来延安的新变化：

> 延安地区原来是世界上最穷、最落后的地区之一，但边区

政府经过几年切实的努力，在这里建设了有文化和繁荣的社会生活。实行了免费义务的小学教育，建立了中学、中专和高等院校，包括一所女子大学。成千上万的青年经过敌占区徒步几百英里来到延安求学。建立了公共卫生系统和几家医院。那里有许多工业合作社，也有一些国营工业，但是私营工商业也很兴旺。陕甘宁边区的农民开垦了六十万英亩的生荒地；在政府的帮助下，有几万名敌占区的难民在那里安了家。鸦片根绝了。在我参观过的地区，有效地禁止了卖淫和对儿童的奴役，而且也没有乞丐。闲散的人都组织起来劳动。每一个村子和县都有选举成立的行政委员会。边区政府是由普选出来的代表选举产生的，这在中国历史上是第一次。[18]

1941年1月"皖南事变"发生之后，斯诺在《纽约先驱论坛报》上大声为新四军疾呼，指责国民党恶意攻击新四军，因此他受到了国民党当局的压力与迫害，采访权被无理取消，被迫于1941年2月返回美国。临行前他表达了对中国的热爱："亚洲看起来的确好像是我实际的家，而美国则是一个未知的世界。此刻我的躯体和精神好像呈分裂状态，我的躯体是在飞机上，但我的精神却留在中国。"[19]

返回美国之后，斯诺并没有停止他的记者生涯。他依旧在海外为中国大声疾呼，让世界了解当时中国的真实情况。1942年，他加入了《星期六晚邮报》，以记者身份前往印度、苏联和中国等第二次世界大战中的"东方战线"（英国首相丘吉尔语）进行采访，他在印度停留的时候，曾搭乘美国陆军航空队的运输机前往重庆。在重庆，他用锋利的笔触揭露了蒋介石政府内里贪污腐败的面目。他认为蒋介石政府即便有来自美国的外来援助，也无法增强中国的抵抗活动,在报道中他写道:这是因为"通货膨胀及其派生的囤积居奇,毁灭了国民党控制的地区"[20],蒋介石"按兵不动"就是为了达到"孤立共产党人"[21]的目的!

从第二次世界大战到新中国成立这段时间里,埃德加·斯诺陆陆续续出版了一系列著作、进行了一系列公共活动,这些著述和活动大多结合了他自身在世界各地,尤其是在中国的采访经历,向世界展示了真正的中国,尤其是中国共产党人的面貌。20世纪50年代美国"麦卡锡主义"开始盛行,美国国内一切疑似与共产党有所关联和同情共产党人的人士,都受到了或多或少的监视与迫害。埃德加·斯诺也未能幸免,FBI上门要求他本人坦白一切共产主义活动,斯诺并没有因此屈服,反倒是认为当时的美国充满了"偏见、保守和反共情绪"。正因为如此,这间接导致斯诺于1959年迁居瑞士,尽管麦卡锡已经在1954年被"拿下"。

1960年,斯诺在阔别中国多年后重访了新中国他在《红星照耀中国》中所记录的毛泽东的预言已经成为现实:"中国的现代化应该由共产党领导无产阶级革命,建立生产资料公有制,动员全体人民和他们强大的劳动力去完成。"[22]只不过,斯诺此次访华和1936年访华时一样,新生的中华人民共和国依旧受到西方世界的封锁,而且于斯诺而言,"麦卡锡主义"的阴影仍然若隐若现——他仍旧使用了"找老朋友"的"老办法",致信毛泽东等领导人以及路易·艾黎等国际友人,最终实现了重访中国大地的愿望。1960年10月22日,毛泽东会见了斯诺,双方谈论了台湾问题、新中国进入联合国、突破经济封锁、世界和平等问题,可谓无所不谈。这些内容正如学者张红指出的那样:

> 其一是以自信的、独立的、人民的观点和信念探讨超越时

代和所有国家的发展途径和治理方式；其二是以和平、平等、解放为号召和对外政策话语解释中国共产党的道义使命和对外行为。㉓

斯诺1960年的这次为期数月的采访别具意义：这是1949年以来毛泽东第一次接受美国籍记者采访；除了采访毛泽东，斯诺还重新踏足了延安，成为第一个返回延安的外国人；毛泽东等领导人还特别允许他在军事设施内部进行拍摄记录，这样的"特权"绝无仅有。因此，斯诺对新中国的社会主义建设进行了诸多的忠实且客观的记录，包括基础设施建设、教育、医疗卫生、文学艺术等多个方面，最终凝结成了1962年出版的著名的《大河彼岸》（又名《今日的红色中国》）一书。而斯诺回国后，还在美国多地辗转发表了50多次演讲，重新建立了外界对于新中国的印象——他试图以身作则，击破中美之间的隔绝敌对状态。

1964年10月，斯诺以法国《新直言》周刊记者的身份再次踏上了中国的土地，和往常一样走访了多地。斯诺拜访了毛泽东、周恩来等新中国的国家领导人。毛泽东与斯诺进行会谈时涉及了中美关系、美国在越南、原子弹、联合国、第三世界国家等多个方面的问题。在这次采访期间，斯诺还独家获得了中国第一颗原子弹成功爆炸的"劲爆消息"，周恩来亲手将多张原子弹爆炸的绝密照片交给斯诺，慎重嘱咐他："龚澎都没有见过这些照片，你们在座的（指陈忠经、勇龙桂、唐明照等人）都没有看见过。你今天晚上不要马上发电报出去，可以立即回瑞士去发。"㉔可见周恩来对于斯诺的信任程度之高，堪称"老朋友"。而斯诺借由这一次独家报道再次声名大噪、引发了世界的轰动，展现了新中国的成长。

1968年，斯诺自费拍摄纪录片《四分之一的人类》，两年后斯诺偕夫人于1970年8月至1971年2月再次访问了中国。此时的斯诺身体已然有些差劲，但是他仍然和往常一样与中华人民共和国的主要领导人进行交谈，获取令其他外国记者非常羡慕的"独家内幕消息"。而在1970年10月1日，中华人民共和国国庆大典上，毛泽东和斯诺亲密地站在一起的照片被摄影记者杜修贤抓拍下来。到了当年的12月18日，毛泽东和斯诺进行了最后一次长谈，斯诺试探性地问："主席愿意见他（尼克松）吗？"毛泽东的回复是"他如果想到北京来，你就捎个信，叫他悄悄地不要公开，坐上一架飞机就可以来嘛"[25]，态度轻松但又不失稳重。这次会面之后几天，《人民日报》头版刊发了杜修贤抓拍的照片，大标题是《毛泽东主席会见美国友好人士埃德加·斯诺》，照片广传世界，当天的报纸头版《毛主席语录》一栏的内容是"全世界包括美国人民都是我们的朋友"，无意间释放出了一个中美关系解冻的信号，而埃德加·斯诺本人，也成为中美友谊破冰的"代言人"——时任美国国务卿亨利·基辛格评价道：

> 毛泽东和周恩来对我们敏锐地观察事物的能力估计过高，他们传过来的信息是那么转弯抹角，以致使我们这些粗心大意的西方人完全不了解其中的真意。10月1日，中国国庆节那天，周恩来把美国作家埃德加·斯诺和他的妻子请到天安门城楼上，站在毛旁边检阅一年一度的国庆节游行，而且照了相。这是史无前例的，哪一个美国人也没有享受过这么大的荣誉。这位高深莫测的主席是想传达点什么。斯诺后来自己谈论这一事件时指出：'凡是中国领导人公开做的事情都是有目的的。'事情过后我才终于理解到，毛是想以此作为象征，表示现

在他亲自掌握对美国关系,但是这在当时真是一种远见卓识。我们在关键时刻理解不到他的真意。事情做得过分微妙,反而达不到通信联络的目的。㉖

但可惜的是,1970年毛泽东与斯诺的最后一次长谈的内容直到1971年4月30日才在美国的《生活》杂志刊登;1972年,尼克松访问了中国,而斯诺已经在此之前永远离开了人世。

四、国际友人与我们

斯诺去世之前,在遗嘱中要求将自己骨灰的一部分埋葬在中国。遵照其遗嘱,他的部分骨灰被安放在了北京大学未名湖畔。他的意愿之所以实现,这归功于新中国领导人对他的高度特殊信任,毛泽东表示"我对你不讲假话,我看你对我也不讲假话",周恩来更是直接表示"您是中国人民真诚的朋友!"正是这种信任,让斯诺得以亲身走访中国大地,深入了解新中国建设成就,深入新中国领导人之中,向世界传达了真正的新中国形象!

埃德加·斯诺,曾经称自己为"世界公民",而他的行为也确实是实践了自己的这一理想。更为重要的是,这一理想带着浓厚的"中国色彩",某种程度上是讲述了一个居于新中国的"人类命运共同体"的故事,其重要性不言而喻。他身后,在美国,玛丽·克拉克·戴蒙德建立了"埃德加·斯诺纪念基金会";在中国,建立了"3S研究会"(后来改名为"中国国际友人研究会"),埃德加·斯诺——这位"中国人民的老朋友"、为新中国热切奔走的人,他的精神通过这些组织正一代代影响着后世。

而现在,那顶八角帽的光辉正静静地照耀着我们。

北京大学未名湖畔的斯诺之墓

曲终,人不散,精神不死!

(撰文:吴余劲)

注释

① 约翰·汉密尔顿:《埃德加·斯诺传》,柯为民、萧耀先译,辽宁大学出版社1990年版,第3页。
② 约翰·汉密尔顿:《埃德加·斯诺传》,柯为民、萧耀先译,辽宁大学出版社1990年版,第19页。
③ 埃德加·斯诺:《复始之旅》,宋久、柯南、克雄译,新华出版社1984年版,第98页。
④ 埃德加·斯诺:《复始之旅》,宋久、柯南、克雄译,新华出版社1984年版,第96—99页。
⑤ 张牧云:《再论斯诺、海伦与一二·九运动之关系》,《中共党史研究》2018年第2期,第98页。
⑥ 埃德加·斯诺:《复始之旅》,宋久、柯南、克雄译,新华出版社1984年版,第182页。
⑦ 埃德加·斯诺:《红星照耀中国》,董乐山译,生活·读书·新知三联书店1979年版,第7页。
⑧ 埃德加·斯诺:《红星照耀中国》,董乐山译,生活·读书·新知三联书店1979年版,第2页。
⑨ 埃德加·斯诺:《红星照耀中国》,董乐山译,生活·读书·新知三联书店1979年版,第61页。
⑩ 埃德加·斯诺:《复始之旅》,宋久、柯南、克雄译,新华出版社1984年版,第191—192页。
⑪ 埃德加·斯诺:《复始之旅》,宋久、柯南、克雄译,新华出版社1984年版,第263—267页。
⑫ 埃德加·斯诺:《复始之旅》,宋久、柯南、克雄译,新华出版社1984年版,第207页。
⑬ 埃德加·斯诺:《为亚洲而战》,宋久、柯南、克雄、新民、董乐山译,新华出版社1984年版,第240页。
⑭ 埃德加·斯诺:《红星照耀中国》,董乐山译,生活·读书·新知三联书店1979年版,第190页。
⑮ 埃德加·斯诺:《斯诺陕北之行的自述》,裘克安译,《新闻战线》1979年第6期,第73页。

⑯ 石春蓉:《〈西行漫记〉的翻译和版本》,《文史杂志》2014年第4期,第108页。
⑰ 中国共产党新闻网:《斯诺与毛泽东戴过的红军帽》,2016年12月28日,来源:Http://dangshi.people.com.cn/n1/2016/1228/c85037-28982822.html.
⑱ 埃德加·斯诺:《复始之旅》,宋久、柯南、克雄译,新华出版社1984年版,第408页。
⑲ 北京大学新闻网:《埃德加·斯诺:情系中国、长息燕园》,http://124.205.78.192/xwzh/129-100463.htm.
⑳ 约翰·汉密尔顿:《埃德加·斯诺传》,柯为民、萧耀先译,辽宁大学出版社1990年版,第147页。
㉑ 约翰·汉密尔顿:《埃德加·斯诺传》,柯为民、萧耀先译,辽宁大学出版社1990年版,第147页。
㉒ 埃德加·斯诺:《大河彼岸》,新民节译,新华出版社1984年版,第27页。
㉓ 张红:《中华人民共和国成立后斯诺与毛泽东的交往再探析》,《湖南科技大学学报》2020年第1期,第15—22页。
㉔ 刘奋之:《周恩来接待斯诺访华内情》,《炎黄春秋》2003年第1期,第10页。
㉕ 毛泽东:《毛泽东外交文选》,中央文献出版社、世界知识出版社1994年版,第592页。
㉖ 陈敦德:《毛泽东、尼克松在1972》,中国文史出版社2009年版,第66页。

海伦·斯诺:"新世界的探索者"

我在旧书摊上买了一本《一个女记者的传奇》,是海伦·斯诺(Helen Snow, 1907—1997)写的自传,封面很旧,纸页也已经泛黄,但是读着这本书,我却好像走进了一个生动活泼的历史世界。海伦·斯诺是埃德加·斯诺的夫人,埃德加·斯诺的《西行漫记》最早向世界讲述了中国红军与延安的故事,在海内外广为人知,相比之下,海伦·斯诺的知名度略有逊色。在读这本书之前,我虽然知道海伦·斯诺,但印象中只以为她是埃德加·斯诺的夫人和助手,并不知道她也是一位著作等身的作家,是可以与埃德加·斯诺比肩而立的著名记者。后来我想,造成这一印象的原因,除了个人知识的贫乏之外,也有一些客观原因:一是海伦·斯诺的重要著作《红色中国内幕》在国内大多翻译成《续西行漫记》,既然是"续",便会让人感觉似乎是依附性或后续性的作品;二是《红色中国内幕》虽然与《西行漫记》同样重要,但毕竟不是"第一部",在原创性与开拓性上略逊一筹;三是此书发表时海伦并没有署上真名,而是用了一个笔名——尼姆·威尔斯。如此,相比于埃德加·斯诺,海伦·斯诺便有些边缘化,较少为人所知。而在20世纪80年代以后,国内对革命史的热情顿减,对于外国人讲述中国历史的著作,我们更多关注的是《拉贝日记》、《明妮·魏特琳日记》(如在《金陵十三钗》和《南京安魂曲》中)、白修德《中国的惊雷》(如在电影《一九四二》中)等作品,在这样的情势之下,始终关注中国革命的海伦·斯诺便相对受到了冷落。

《拉贝日记》《明妮·魏特琳日记》讲述的"南京大屠杀",《中国的惊雷》记述的"河南大饥荒",都是中华民族历史上悲惨的一页,是中华民族的"受难史",如果只读这些作品,我们看到的便是一幅幅人间惨象,很难理解中国为什么能够浴火重生,为什么在遭遇如此深重的苦难之后仍然能够恢复生机。海伦·斯诺的著作恰恰回答了这个问题,她让我们看到了一个新的世界,一种新的"中国人"。这里的底层民众不再是逆来顺受忍辱偷生的人群,而是组织起来掌握自己命运的大众;这里的社会组织不是如国民党政权那般充满了贪腐、内耗与倾轧,而是充满了理想、信仰与乐观精神,在这里,海伦·斯诺看到了中国的未来与希望。我们可以想象,在暗无天日似乎看不到任何出路的中国,埃德加·斯诺和海伦·斯诺对延安的发现,是怎样唤醒了中国青年的心,是怎样震惊了整个世界。

一、1937年的海伦·斯诺

在今天,当我在暗夜里追随海伦·斯诺1937年的身影与笔触,走进一个新世界时,也仍然难掩内心的激动。然而令人疑惑的是,一个美国人,一个20多岁的青年女性,一个并不信仰共产主义的人,为什么千里迢迢,从美国到中国,从北京赴延安,到那么艰苦的环境中去采访一批陌生的中国人?即使在今天,这也是一件并不容易做到的事情,而在战乱频仍、局势复杂的1937年,就更加充满风险了。只有意识到海伦·斯诺与当时中国的差异,我们才能了解她跨越了多么巨大的鸿沟。

海伦·斯诺1907年出生于美国犹他州锡达城一个中产阶级家庭，在24岁时，她乘坐"林肯总统"号客轮驶抵上海黄浦江码头。这个读过赛珍珠的《大地》、E. T. 威廉斯的《中国的昨天和今天》的青年人，怀抱着成为一个大作家的愿望，踏上了中国的土地，这是1931年的中国。

到中国的第一天，海伦·斯诺就遇见了埃德加·斯诺，两人一见钟情，开始了共同的事业。他们从上海到北京，又于1936年、1937年先后到达苏区，在那里的采访让他们写出了震惊世界的《西行漫记》《红色中国内幕》，第一次向世界讲述了中国共产党人的故事，让海外媒体看到了他们的形象与精神，以及中国的未来。在今天，这是人们都已经熟悉的事情，因而我更感兴趣的是一些细节，是与我们通常印象中不同的斯诺夫妇的形象。

比如他们婚礼的盛大。"我不顾许多麻烦，坚持要在圣诞节的正午在东京的美国使馆结婚，由未来的大使约翰·阿利森和他的未婚妻珍妮特作证婚人。之后，我们在皇家旅馆穿上了日本的结婚和服。我穿的和服是手工印染的黑色绉绸的，有一条拖到地板上的裙子和袖子。上面一半有大红色的丝的条子——在中国和日本，新娘一定要穿红颜色——还有一个红的和金色的织锦腰带。和服的下摆周遭是起伏的蓝色和白色波浪和白色海鸥在上面飞翔的图案。我觉得我似乎是从海上升起的希腊女神阿弗罗苔特，只是穿了冬衣。我们开始在日本各地小旅馆度蜜月，坐在草垫上吃素烧。在滨海的热海我们发现了为完美的蜜月安排的纯粹好莱坞的布置：房间有纸糊的窗户，两边镶着竹壁，小旅店伸出到海面上，北斋画里的波浪在底下击荡着。"[①]

又比如他们在北京生活的豪华。"在北京，你可以设计你想要的任何东西,花的钱不比在商店买的多。我过着豪华的日子。……装置整所房子的全部开支大约是100美元,或400—500块银元。我们在北京期间,每个月日常生活费用是50美元——而且生活得像王子一样。……每个月房租15美元,两个仆人八美元,中国家庭教师费用五美元。……在北京,晚餐至少要有两种酒,甜味葡萄酒和红酒。我们得遵守这个习惯。……我由衷地赞成英国人的一个习俗,爱狗和马。我们的狗是白色的,漂亮的。它的名字叫'戈壁',原因是它的祖先来自沙漠……"②

再比如,在与斯诺结婚后,海伦仍有不少"追求者"。"我在中国的地位对我极其重要,绝不能毁于一件'乱七八糟的事'。我必须是恺撒大帝的妻子,纯洁又纯洁。我可以有几个'特殊的关系',但是条件是无论外表也好,实质也好,我必须忠诚于丈夫,而且一开始在我的爱慕者脑子里就得树立这些根本原则。我小心翼翼,航行在正确的航道上,埃德认为理所当然地我会那样做——但是骨子里却产生了嫉妒。"③

这样的海伦·斯诺对我们来说是陌生的,因为在我们一般的印象中,斯诺夫妇是中国革命的同情者与报道者,是与苦难深重的中国紧密联系在一起的。这在抽象的意义上并不错,但我们常常会忽略了他们是生活在具体现实中的人,他们有着美国人的生活习惯与思维方式,也有着他们所属的中产阶级的道德伦理观念,在20世纪30年代的中国,他们作为美国人是受到特殊保护的群体,这和中国社会普罗大众风沙扑面、艰难拮据的生活方式有着极大的不同。当然,指出这一点并非要否定斯诺夫妇对中国革命的贡献,恰恰相反,我们是把这些贡献放在他们所生活的整体环境之中,这样在与中国人生活方式的差异比较中,我们就可以更加看出斯诺夫妇的可贵,也可以看到他们作为具体"个人"的丰富性与复杂性,这也正是历史的迷人之处。

尽管有着种种差异,作为追求进步的人士,海伦和斯诺却热情参与中国的学生运动与社会活动,也是在《一个女记者的传奇》中,我才第一次知道,斯诺夫妇不仅与延安、与共产党有关,他们还与中国现代史上的其他大事有着千丝万缕的联系,其中最重要的是"一二·九运动"、西安事变,以及1972年的中美会谈。

在1935年底爆发的"一二·九运动"中,斯诺夫妇发挥了独特而重要的作用。在学生运动爆发之前,燕京、清华大学的学生领袖黄华、姚依林、龚普生、张兆霖、张淑义、陈翰伯等人,便时常到斯诺家中来,这里成了他们的一个据点,一个酝酿与讨论的中心,也是躲避军警追捕的避难所。在学生运动中,斯诺夫妇也参与了游行,以他们的特殊身份掩护学生,并且撰写稿件、翻译学生运动的宣言在海外发表,在舆论上造成了很大的影响。

"一二·九运动"对驻军在西安的张学良产生了巨大的震动,一些参与运动的青年学生参加了他在东北军中组建的"青年团",他们成功地使这位当时中国的二号人物从法西斯主义转变为"反法西斯主义",他对蒋介石"攘外必先安内"的政策消极对待,与红军停战,接受"抗日民族统一战线",并最终发动了西安事变。

在这些影响现代中国命运的重大事情上,我们可以看到斯诺夫妇的身影,在那个风雨如晦的年代,他们仿佛翱翔在惊涛骇浪之上的两只海燕,是那么矫健。

二、苏区记忆

进入苏区,是斯诺与海伦生命中最具华彩的段落,斯诺1936年到达了保安,海伦则在1937年到达了延安,一路上他们历经艰险,穿越了重重障碍。如果说斯诺进入苏区,是在东北军与红军停战的间隙,他的行动也出乎国民党政府的意料,那么当斯诺的文章陆续发表、引起国际上的广泛关注之后,海伦再一次进入苏区,则是难上加难了。此外,当时的政治局势也发生了重大而微妙的变化,时间正是在"西安事变"之后、"七七事变"之前,蒋介石对待抗日的态度尚不明朗,国民党政府与东北军、苏维埃政府之间的关系微妙复杂,而又瞬息万变。在《一个女记者的传奇》和《红色中国内幕》中,海伦描述了她进入苏区的艰难历程,这简直像一篇历险小说一样惊心动魄:"12点45分,墙缝里仍然看不见点香烟的亮光,我的心都沉下去了。但是我可不打算错过任何机会。我用尽平生之力吸一口大气,跳出窗外——居然没有扭伤脚脖子!这天夜里月色特别好,但我以全速跑过楼房和大墙之间的20码空地时,投下了长长的身影,很容易被人察觉。……可是,我房间的窗子太高,不能再爬回去了,也不会有人来接应我。只有试试这最后一着:我等院子里的巡逻队一过去,就向大门口冲去,想用命令式的语气强行通过……我得穿过大院的边缘,几次挣脱钉在一边的铁丝网,而我那高大清晰的身影,约有十码长,不住地在明亮的月光下上下晃动,好像故意和我恶作剧……我到了大门入口处,总算没有让大楼前的人看见,然后,以庄重的步子走向铁门。……我一直处于恐怖之中,唯恐招待所门口的警察到里面查问,或是侦探已经在追捕我了。我简直快要放弃一切寻找门路的希望了,这时我忽然看到一辆自行车飞掠而过。'喂!'我大喊一声,认出这个人像是我那位朋友。"——正是在这位朋友的帮助下,海伦逃出了军警布下的层层罗网,抵达苏区。在四个月之后,当海伦离开苏区进入西安时,经历了同样一番历险,她还要为这次出逃付出代价。

海伦不惜冒着生命危险去搜集素材,最终于1938年9月写成的

《红色中国内幕》(又译《续西行漫记》),究竟是怎样一部书呢?我手头的这本书是解放军文艺出版社2002年第1版、2010年第三次印刷的。在这些年中,中国已经发生了天翻地覆的变化,在《红色中国内幕》中,我们可以看到中国发生变化的根源与动力。全书共分五部分:第一部分"到苏区去"描述了海伦到苏区之路的艰辛;第二部分"中国苏区之夏"、第三部分"妇女与革命"、第四部分"从苏维埃走向民主"构成了全书的主体,描述了海伦对中国共产党重要人物的采访,以及她的采访经过;第五部分"中日战争",主要描述的是海伦对当时中日战争形势的分析。海伦在对苏区采访的基础上,确定了中国必将胜利的判断,同时她也指出中国必胜的前提是变单纯的政府抗战为"全民抗战",这是极具见识的。要知道她去采访时,国民政府尚未开始全面抗战,而她完成此书时,抗战正处于最初的困难时期,中国军队在正面战场节节败退,华北、华东的大城市陆续沦陷,像她这样在中日力量对比中鸟瞰全局的分析与判断,颇具穿透历史的洞察力与预见性。

　　当然书中最重要的是主体部分,在这三章中,海伦从政治、经济、文化等各方面介绍了苏区的状况,尤为重要的是,她提供了34篇中共重要领导人的"小传",包括朱德、周恩来、蔡畅、徐向前、叶剑英等,这对斯诺的《西行漫记》是一个极大的补充(《西行漫记》中只有毛泽东、贺龙等少数几个人的"小传"),可以让人们更为清晰、丰富地了解苏区的整体情况,也让共产党重要领导人的个人形象更多地为人所知。海伦之所以能够采访到这么多共产党的高级领袖,一是当时正值中日战争的关键时期,军队的很多领导人回到延安来开会;二是毛泽东、朱德等人高度重视她的来访,在她到延安的第二天,就亲自到她的住处去看望,为其他人接受采访树立了榜样。这些人物"小传",可以让我们从这些领袖个人经历的角度理解中国革命,更加形象、具体、更具说服力。这些"小传"的价值可以体现在这样一件小事上:当20世纪70年代海伦再次访问中国时,她发现当时关于朱德"个人经历"的描述,仍没有超出当年她的记述。

关于海伦采访朱德,还有一件轶事。当时美国著名左翼作家史沫特莱也住在延安,她特别崇拜朱德(后来著有以朱德为主人公的《伟大的道路》),曾对海伦采访朱德大发雷霆。多年之后,海伦见到朱德时还谈到此事:"你记得史沫特莱发现你把自己的经历简要地讲给她的时候,她发了多大的脾气吗?她对你非常崇拜,所以不愿意让任何别的外国人写你。听到海伦这番话,朱德朗声笑道:'是这样。'海伦又解释说:当年史沫特莱毫无顾忌地对总司令大发雷霆,怪他不该在我刚到(延安)不久就把自己的经历讲给我听了——他的生平当然是我争取搞到手的第一个目标。史沫特莱的一通埋怨使朱老总大为惊讶。在延安,谁也不懂什么叫抢新闻,也不明白她何以希望完全垄断朱德生平的报道。她对我大动肝火,不过我并没有把自己的参访本撕掉,尽管我同史沫特莱是好朋友,我很理解她的愤怒。"

或许是身为女性,相比于《西行漫记》,海伦在《红色中国内幕》中更加关注妇女问题,她不仅专门介绍了向警予、蔡畅、刘群先、康克清、丁玲等重要人物的传奇经历,而且对"红色共和国的妇女"群像和她们的生活状态做了描绘。她认为苏区妇女的地位大大提高,在政府部门、群众组织、各生产部门甚至军队中都发挥了重要的作用。

与《西行漫记》一样,《红色中国内幕》在海内外产生了巨大的影响,此书1939年在纽约出版后,《纽约先驱论坛报》便在头版发表评论称赞道:"她有写游记的天赋,有这种以殷实材料,源源不断地叙述幽默风趣、五彩缤纷的奇闻轶事的天赋",该书"富有戏剧性,有声有色,充满激情,有新的材料,应当使它成为一本畅销书";武际良在《海伦·斯诺与中国》一书中说:"胡愈之,又立即将海伦的书稿组织翻译成中文,并把这本书秘密带往香港、新加坡、印尼等地,在广大华侨、华人中广为传播,引起了巨大的反响。许多华侨青年读到这两本书,返回祖国奔赴延安,走上抗日救国前线。"

1972年海伦重返中国时,在湖南遇到过一位当年读过此书的年轻人,"李振军是一位老革命。他腋下挟着一本破旧的书,请海伦亲笔签名。海伦把书接过来一看,是一本中文版的《续西行漫记》。李振军对她说:'我做梦都没有想到我能够见到你。很久以前,我读了你的书,写得很成功,很漂亮,我看到了里面的照片。这本书不同于其他书,这是一本经典著作。我在延安抗大学习过,我一直把你的书带在身边,让别人读,一直很好地保存着,后来又让我的孩子读。我从延安到了冀北,一直作战。每当我们追击日寇时,我总是把你的书放在一个特别的地方。我把它藏在一户贫农家里,打完仗回来再取它。'……听了李振军的这一席话,海伦大为感动,她说:'去延安,写那一本书,只为像你这样的一个人去读,也是值得的。许多年来,没有什么比我看到你拿着这本破旧的书使我更高兴的了'"。

作为一个作者,海伦是幸福的,而此书也使她与中国结缘,成为最著名的中国报道者之一。即使在今天阅读此书,我们仍然会为书中流露出的对中国命运的关心、对人类解放与正义事业的热情所感动。在读这本书时,我心中时常会闪现出两个似乎矛盾的形象:一个是时髦的美国女郎,一个是苦难深重的中国及奋发进取的共产党人群像,后者是由前者描绘出来的,我想海伦的重要性或许也正体现在这里。她的身份与形象,使中国苏区的故事在世界、在资本主义的文化逻辑中更容易被传播与接受,而她之所以去苏区采访,恰恰是为共产党人的理想与文化所吸引,这看似一个悖论,却让我们看到了一种奇妙的力量。

三、超越时空的情感

1949年海伦与斯诺离婚,在不少中国人看来,这似乎是难以理解的,两个人看上去那么和谐,又有共同的事业,怎么会那么轻易就分手了呢？事实上,1937年海伦返回北京后,一直与斯诺并肩作战,两人各自出版了《西行漫记》与《红色中国内幕》,并与路易·艾黎一起发起了"工合运动",倡导工业合作社以支援中国抗战。1942年,海伦和斯诺先后回到美国,像英雄和电影明星一样受到了极大的欢迎。但是他们各自忙于事业,聚少离多,长时间不生活在一起,斯诺写道:"我同尼姆(海伦的笔名)在美国重逢时,爱情的影子已经从我们的眼睛里消失了。互相违约而不是互相信任,是问题的焦点;我们见面时,不再是情投意合,而是反目相眦,重温旧好的努力全部付之东流。"1945年,他们两人正式分居,斯诺在日记中写道:"只要遇到理想的女性,我想尽快地再结婚,生几个孩子,有一所有孩子的住宅,有农场,有花园,但是,我还没有遇见最合适的女人。"1946年春,斯诺邂逅了女演员洛伊丝·惠勒,很快坠入爱河。"1947年2月的一天,斯诺从国外采访回来,他提着旅行箱回到麦迪逊。当他悄悄地站在小农舍的后门口时,听见屋里传出海伦正在埋头写作,飞快地敲击着打字机键盘的咔哒、咔哒声,他犹豫着,几次举手想敲门,却又放下手来。最终斯诺迈着沉重的步子悄然离去,从此再也没有回来。"1959年,斯诺举家离开美国,迁往瑞士居住,1972年在日内瓦的家中病逝。

海伦与斯诺离婚后没有再婚，一直居住在麦迪逊那所小房子中。对于离婚，她虽然不无遗憾，但也接受了，多年之后她写道："我想到这两个20多岁的年轻人——他们多么勇敢，他们向人们要求的，甚至他们相互之间要求的，是多么少，而他们献出的，又是多么多！他们从不提起，连他们之间也不提。这个经验应有比1949年离婚更好的结尾，可是这样的结尾已寓在其中。没有委婉动人的情节，没有悲剧，没有冲突，没有善与恶的斗争，哪有好的戏剧呢？"《海伦·斯诺与中国》分析认为："海伦和斯诺在思想观念上对中国的事情志同道合，是在事业和工作上富有合作精神的令人羡慕的一对夫妻。他们都独立思考，目光敏锐，眼界开阔，有事业心，工作上配合默契。……但是，他们各自的性格、气质、作风和对个人生活的理念和态度却相去甚远。海伦热情好动，喜欢交际，爱争论，心直口快，做事麻利，追求事物的完美，并有点争强好胜；斯诺则生性文静，思考缜密，做事从容不迫，为人随和，有风度，个人生活随意，不修边幅，喜烟嗜酒，在小事上漫不经心。他们结婚十多年而始终未能磨合，谁也不想改变自己。这使他们的关系越来越紧张，时常发生争吵，最终只好分手。"

此后，海伦一直生活在美国，在20世纪50年代麦卡锡主义甚嚣尘上时，她由于与中国共产党的密切关系，曾受到美国国会非美活动调查委员会的调查，她的生活也一直很清贫。在写作之外，她没有正式职业，数十年里她写作了近50部书稿，其中很大一部分是与中国相关的，但是能够公开出版的很少，她靠为别人查家谱增加一点收入，但也很有限。1972年中美会谈之后，中美两国的关系逐渐正常化，海伦于1972—1973年、1978年两次重返中国，受到了中国领导人的接见。她曾经采访过的共产党人此时已成为中国的领导者，朱德、康克清、邓颖超等人与她亲切会谈，毛泽东、周恩来等人与她有书信来往,她也被视为"中国人民的老朋友"之一。更具传奇性的是,1979年邓小平访美期间,她将一张纸条赠送给了邓小平,那是1937年海伦离开延安时,毛泽东亲笔写给任弼时、邓小平的纸条,内容是请当时在前线的他们给海伦以帮助。

  在这里,需要提及的是,70年代海伦来中国的旅费是她自己筹措的,"黄华曾向海伦提出,中国有关部门愿意为她负担整个旅行的一切费用,海伦谢绝了老朋友的盛情。她说:不论是埃德加·斯诺还是我,从不接受任何政府或团体一分钱,如果接受了,我就失去了读者,我们是独立思考者"。海伦长期生活贫困,生活拮据,为筹措旅费变卖了不少自己的心爱之物,但是在她身上,我们也看到了一个知识分子最可宝贵的品质,这也是海伦让人钦佩的重要原因。

  《一个女记者的传奇》初版于1984年,是海伦对自己在中国的岁月的回顾,这部作品的引人入胜之处在于,它既讲述了海伦个人的故事,也讲述了中国的故事,让读者可以从一个不同的角度去重新看待中国历史与中国革命。在这部书中,我们可以发现一个外国人的视野,在谈到相关事物时,海伦总会以西方文化中的人物与事物做譬喻。比如在写到彭德怀时,她说,"他在红军中是最出名的最清教徒式和苦行僧式的人,奥利弗·克伦威尔和彭比起来,这方面还是大有逊色的",再比如,"所有关于中国共产党的谎言和怀疑犹如耶利哥的城墙在真理的号角中倒塌了,这真理就是一篇报道",在今天我们很少看到这样的比较和比喻,海伦的独特视角给我们带来了一种新的眼光。而"戴维以一种家长式的目光打量每一个人。五个人围坐一圈,黑发的头都向前俯着,几乎碰在一起成一个圆圈,紧张地低声谈论着",描述的则是"一二·九运动"中学生领袖的秘密会议,这里的"戴维"是当时24岁的俞启威,如果不了解背景只读此段文字,或许会以为在读外国小说。这样的陌生感来自海伦看待中国的眼光——她是在以西方文化的眼光看待中国，而我们通过她的眼光看待熟悉的中国，也获得了一种新鲜感。

关于这本书，还有一个小故事。此书在美国出版后，销路不好，"只有对中国有兴趣的人才肯买一本，还有2 500册积压在仓库里，莫诺公司已将书的原价17.85美元降为3美元，如果再卖不出去，就只好做纸浆了。海伦很着急，她写信给安危，问可否为西安地区买一些，'中国人拿到英文版做何用？也许可以作为课堂教材或课外读物，它是一本旅游指南性的工具书'"。这本书当然不只是"旅游指南"，而是记述了海伦的青春岁月及其与斯诺的爱情、与中国革命的渊源，由此我们也可以看出当年海伦生活的困窘。我手中的这一本，是新华出版社1986年出版的中文版，印刷了17 000册，但定价只有2.15元，不知当年是否付给海伦版税，也不知这能否缓解她的困境。但这本装帧朴素且已泛黄的旧书，却为我打开了一扇通向海伦的窗口。海伦还有不少著作出了中文版，如《中国为民主奠基》《中国新女性》《七十年代西行漫记》《重返中国》《毛泽东的故乡》等，一位海外研究者说："海伦是幸福的，她的书在美国未能出版，在中国却一本接一本地出版，这对海伦晚年孤寂的心，是多么大的安慰啊！"但是海伦还有一些手稿未能出版，"其中不乏当年访问红区的一些口述实录，是弥足珍贵的第一手资料"，我们希望这些珍贵的史料能够早日在中国出版。

我手中还有一本斯诺编辑的现代中国小说集《活的中国》，这是海伦协助斯诺在1936年编选的，书中收录了鲁迅、柔石、茅盾、丁玲、巴金、沈从文、萧乾等人的短篇小说，旨在向海外推介现代中国进步作家的作品。海伦还为此书写了一篇《现代中国文学运动》介绍五四运动以来中国文学的发展，斯诺在序言中评价此文说："作者是研究现代中国文学艺术的权威。此文是在对原著作了广泛而深入的调查研究的基础上写的,执笔之前又曾同中国几位最出色的文学评论家商榷过。我相信这是第一次用英文写成的全面分析的探讨。"在1983年出版的这本书中文版的序中,萧乾说:"文中尽量详细而具体地揭露了、义正词严地声讨了国民党反动派对左联作家的迫害和血腥镇压,……不管文章有多少错误,她的出发点是明确的:为了使世界进步人士了解、注意并重视中国新文艺运动。"

海伦于1997年去世。在那之前,她获得了来自中国的一些荣誉,也在她的小屋中接待了很多中国朋友。海伦对中国始终饱含深情,她在《永恒》一诗中写道:"我愿在墓中面向东方,那是太阳升起的地方。"在去世之前,海伦曾有一个心愿,想将她与斯诺在中国的经历拍摄成一部故事片,但是这个计划却没有实现,原因一是在美国筹措资金十分困难,二是斯诺后来的妻子洛伊丝拒绝合作,她想拍自己的片子。在中美文化交流日益频繁的今天,我想如果以海伦与斯诺在中国的故事拍摄一部影片,将会是极富历史价值与象征意义的,这是一部真正传奇性的"史诗":两个美国青年在20世纪30年代来到苦难深重的中国,以他们的敏锐与正义感寻找到了改变中国命运的动力,并融入了中国革命之中,而他们之间的爱情故事又是那么动人心魄、荡气回肠。我想这样的影片,将会最终完成海伦的心愿,也将会为我们呈现一个更加真实的中国——一种不同于《金陵十三钗》《南京,南京》《一九四二》等影片的"活的中国",我想这将会是一部具有社会与市场效益的"中国大片"。当然相对于海伦所给予中国的,我们所回报给她的还是太少,我想,只有更多中国青年像当年的海伦与斯诺一样,为正义而奔走,甚至超越国族的界限,超越自身的局限,才能使他们真正感到欣慰。

(撰文:李云雷)

注释

① 斯诺:《一个女记者的传奇》,新华出版社1986年版,第62—63页。
② 斯诺:《一个女记者的传奇》,新华出版社1986年版,第81—82页,85页。
③ 斯诺:《一个女记者的传奇》,新华出版社1986年版,第171页。

爱泼斯坦与中国的不解之缘

从新中国成立以来,有一批富有国际主义精神和关注着中国建设和发展的外国友人,他们不远万里,踏上了新中国的大地。他们的背景和行业各不相同,但都以自己独特的方式支持着新中国的革命建设事业,伊斯雷尔·爱泼斯坦(Israel Epstein,1915—2005)便是其中的一位。爱泼斯坦传奇的一生,与中国有着难舍难分的缘分,他同我国已故的国家名誉主席宋庆龄有着紧密的友谊,和许多同代的中国青年和新闻工作者保持着亦师亦友的关系。爱泼斯坦在中国的数十年,一直奋斗在新闻工作的前线,不断地为中国人民斗争。

爱泼斯坦曾在回忆自己的一生时谈到,他认为自己走了一条奇特的道路:那便是从国际主义到爱国主义的蜕变。有人评价认为爱泼斯坦这句话高度概括了他的一生。爱泼斯坦1915年出生于波兰华沙,父母为犹太人,原来居住在波兰。在机缘巧合下,爱泼斯坦两岁时跟随着父母从波兰来到了中国,并在中国度过了自己的童年和少年时期。在中国土地上成长起来的爱泼斯坦开始关注中国的新闻事业,并认识许多当时也参与了中国革命的友人,如斯诺等人。与友人的相识和不谋而合的想法,使爱泼斯坦更加坚定地走向了支持中国革命事业的道路。在战争前线,爱泼斯坦以他专业和独特的新闻视角，真实而深刻地报道了中国人民为解放而斗争的伟绩；在宋庆龄的领导下，爱泼斯坦加入了保卫中国同盟，开始从事中国的对外传播事业；在《新闻通讯》工作期间，爱泼斯坦为中国革命事业争取了广泛的国际人士支持；在新中国成立后，爱泼斯坦和宋庆龄一同创办了《中国建设》，期望通过一段段文字和一张张新中国的图片，给世界展现新中国崭新而富有活力的一面。

爱泼斯坦的足迹遍布了中国的大江南北，他用了一生的时间来了解中国、认识中国和理解中国。他悉心地研究中国的社会和历史，带着革命的热情参与到中国的革命事业和新闻事业中，并写下了数部对中国、对国际都产生深刻影响的著作。

一、初识宋庆龄

爱泼斯坦回忆自己的童年时说到，他从小生活在中国，在很小的时候，已经耳闻过宋庆龄的名字，当时的爱泼斯坦知道，她是中华民国临时大总统孙中山的夫人。1924年，爱泼斯坦10岁的时候，第一次在报纸上看到了宋庆龄，那是孙中山和孙夫人到达天津后拍摄的一张到访照片。不久之后，孙中山离世，他又在不同的杂志上看到了关于孙夫人的报道。爱泼斯坦从孙夫人的故事和几幅照片中，感受到了宋庆龄独特的人格魅力，让他记住了宋庆龄和孙中山先生的故事：如为寻求统一中国的道路，孙中山携孙夫人一同北上；孙中山逝世后，宋庆龄向国际社会宣告了孙中山的遗嘱；1927年，宋庆龄公开反对汪精卫和蒋介石背弃孙中山的行为。这一系列铿锵的伟迹，使爱泼斯坦认识到了宋庆龄独特的风采，也对她留下了深刻的印象。

第一次真正见到宋庆龄本人，是在1938年的广州。当时的爱泼斯坦是美国合众社的记者。在抗战全面爆发后南京沦陷,广州和武汉也随之受到了严重的威胁,当时的爱泼斯坦正在广州前线报道。爱泼斯坦每天看到日本人狂轰滥炸这座城市,但这里的人民并没有屈服。在这样的危急时刻,宋庆龄亲自来到了广州,加入了浩浩荡荡的游行队伍,并走在了队伍的前列。爱泼斯坦清晰地记得,那天是9月18日,七年前,是日本占领中国东北三省的日子。这一天成千上万的广州民众涌向街道,打着火把呼喊着口号,宋庆龄神态镇定地走在了游行队伍的最前端。正是这样的画面,给爱泼斯坦的心里留下了不可磨灭的印象。

随后,宋庆龄召集了爱泼斯坦等一批重要的中外人士,共同商量成立"保卫中国同盟"(以下简称"保盟")广州分会。宋庆龄告诉爱泼斯坦,在此之前她没有见过他,但早在《中国呼声》《民主》等杂志上看过爱泼斯坦所写的文章,对他的视角、看法和观点有着基本的了解。不久后,广州沦陷了,爱泼斯坦被宋庆龄邀请到香港,积极参加"保盟"的中央委员会,负责编辑机关报《保盟通讯》。从此刻起,爱泼斯坦和中国的革命事业紧密地联系在了一起。

《保盟通讯》的负责人是俞鸿钧,曾担任国民政府上海市市长。因为是孙夫人推荐的人,爱泼斯坦应聘时,俞鸿钧对他还是很满意的,尤其是爱泼斯坦在广州时的新闻工作经历使他十分满意。随后不久,爱泼斯坦便担任了报纸编辑部的负责人。因为当时在"保盟"的工作基本上是尽义务,没有报酬,因此爱泼斯坦在香港同时找了另外一份差事——在《香港每日新闻》工作。爱泼斯坦灵活地运用两个刊物作为他的阵地,通过这两个渠道,发挥了香港与全世界联系的窗口作用,使香港成为一条重要的连接世界的通道。正是这一条通道,使得当时的中国获得了全世界反法西斯力量和海外华侨的支持,有力地推进了国共两党的统一战线和全国人民的抗日

1938年，宋庆龄（左四）和爱泼斯坦（左一）等"保卫中国同盟"中央委员会成员在香港

斗争。

每当回忆起和宋庆龄在香港一起共事的岁月,爱泼斯坦总是十分的兴奋和愉悦。他说宋庆龄是"保盟"的灵魂,她有着独特的工作原则和磁石般的个人魅力。当年"保盟"香港委员会的人数并不多,但整个机构充满着活力和朝气,宋庆龄当时只有45岁,每个人都把她当作慈母一般对待,其他成员普遍都在二三十岁,而当时的爱泼斯坦年纪最小,只有23岁。在宋庆龄的周围,团结着一批年纪不同但有着共同理想的志愿人群。

爱泼斯坦说,宋庆龄以非常民主的方式处理"保盟"组织里的同事关系。在日常工作中,她非常平易近人,不论什么工作,包括打包运输救济物资,都会和大家一起干。正是这样的组织氛围,使爱泼斯坦在当时的新闻工作上有很大的空间,对待不同的具体工作、选题和报道,宋庆龄都会先听大家的意见,在倾听完大家的意见后,她才会发表自己的看法。在宋庆龄主持的会议上,每一位成员都可以就自己的想法畅所欲言,在这个组织里,每个人的目标和想法都是高度一致的。

1939年到1940年间,在宋庆龄的领导下,"保盟"的工作有序地进行着,并迅速地发展起来,获得了国内外广泛的支持和赞助。"美国援华会"通过"保盟"进行捐款,通过"保盟",中国与许多国外的援华组织建立起了紧密的联系。这些组织主要是由同情中国的外国人和身居海外的华人华侨组成的,这些心系中国的人们将捐款和救援物资从世界各地发往中国。爱泼斯坦曾亲眼看见同伴们募集的捐款和物资,被运送到"保盟"的办公室中,同时"保盟"里的各种宣传品也从办公室发往各地。每一笔捐款、每一项物资,不管数量多少、金额大小,宋庆龄都会亲自在收据上签名。

爱泼斯坦除了在"保盟"负责宣传工作,还为宋庆龄担任名誉主席的工合国际委员会编辑了一两本宣传小册子。正是在工合国际委员会工作的这段时间,爱泼斯坦的第一本著作《人民之战》问世。他在这本书中以他的视角,讲述了中国抗日战争头两年的真实情况。宋庆龄也曾高度赞赏这本书:"与其他外国人写的有关中国抗战的著作不同,因为它是一手获得的分析资料,并把目前的斗争和过去的历史和对未来的展望联系了起来。"

在香港的这些年,爱泼斯坦每天都在"保盟"里从清晨工作到深夜,他丝毫不觉得疲惫,甚至还有时间参与到其他国际援华组织的宣传工作中。他说,在和宋庆龄共事的这段日子里,他觉得自己浑身有使不完的劲。

二、突破重围进入内地

在日本偷袭珍珠港并同时进攻香港之际,"保盟"中央委员会紧急召开会议,一致决定,让宋庆龄立即离开香港,奔赴重庆,做重建机构的准备。其他的"保盟"成员在香港做好撤离的准备,不能让核心关键的机密资料落到日军手里。随着战局的失利,爱泼斯坦也决定从香港撤离,但不幸被关进拘留营,后来又冒死逃离到澳门。在战火连天和港口封闭的局势下,寻求机会进入内地,与宋庆龄会合。

抗日战争期间,中国大部分的对外港口都被日本所占领,而国民政府也封锁了其余的港口。海岸线上的小渔村和小的上岸滩头,在此时便成了独特的自由"港口",货物和旅客的进出,都是通过这些小通道。19世纪,中国被迫签署了许多不平等条约,其中有一个不平等条约规定,香港周围的水域在名义上属于当时的英国,但靠近水域的岸滩,却不在英国的掌控范围内。当时这样约定的目的主要是期望依赖于英国强大的海上军事力量,保护香港的商业免受海盗的掠夺。这个独特的条约也成为对外港口封锁期间,保证旅客免受日军轰炸、安全登岸的"绿牌"。这条独特的登岸路径也成为爱泼斯坦进入内地的路线,只要登上海岸,就能摆脱日军的轰炸。沿着树林遮蔽的小路,爱泼斯坦到达了一个小河湾,在那里等待着船夫的到来,只要过了这个小河湾,爱泼斯坦就进入了内地。

在排除万难渡过港口后,爱泼斯坦来到了第一个内地城市。在他眼前的,是被战火轰炸得面目全非的楼房,城市的中心已经被敌人所占领了。但街头的人流依然熙熙攘攘,商业买卖依然在进行着,青年男女依然穿戴整齐。这样的对比使爱泼斯坦这位外来者惊叹,他第一次感受到中国人民那股不可征服的韧劲和无法摧灭的生机活力。

在这座城里,爱泼斯坦见到了形形色色的旅客。有的是香港货运公司的雇员,公司在这里设立了运输分部;有的是外国货物如香烟、石油的代理人,期待寻求着新的商机;有的是天主教的牧师,打算帮助红十字会把一些医疗物资送到内地的医院去;有些是学校的教师和校长,因为战争的侵袭迫不得已把学校迁到英国的殖民地去;剩下的旅客更多是海外华人,他们来自中国广东北部和西部的农村,为了生计和财富漂洋过海,远赴苏门答腊、马来西亚、越南等地区经商、打工。随着抗日战争的加剧和国际形势的紧张,这些华人在海外遭受了质疑和压迫,在印尼,只要被怀疑向中国寄钱,就会被当地政府直接没收财产或驱逐出境。这些海外华人不堪压迫,返回中国。这些人告诉爱泼斯坦,他们一直相信,只要坚持,中国一定会取得抗日战争的胜利。爱泼斯坦通过一位翻译,问身边同行的一位老妇人为何要跋山涉水回到中国,她的回答十分简单:"在哪里的日子都不好过。如果我们在外面受欺负了,我们可以回家。但是日本人要来抢走我们的家，我们没有了家，我们还能去哪里呢？"①

路过第一个城市后，爱泼斯坦沿着小江支流进入了东江，爱泼斯坦利用这漫长的漂流时间，开始观察着中国的村庄。爱泼斯坦通过当地人了解到，这里拥有足够稻田和劳动力的农民，可以通过日常的农活自给自足；那些无地、少地的人群以及难民们，只能通过挑货担为生；那些既有充足土地，又有足够青壮年劳动力的家庭，通过贸易获得了可观的额外收入。在这条河流的两岸，成千的男性、女性都以挑货担为生；当没有旅客和货运路过时，他们便继续捕鱼。

尽管爱泼斯坦选择这条进入内地的小路已是如此的隐秘，日本人仍然知道这条路线。沿线的所有靠岸点、车站和重要的桥梁，都成为日本人反复轰炸的目标。有人告诉爱泼斯坦，在他来的前两个星期的那次轰炸，是最严重的。这条两百里长的路上，有六个聚集点，这里聚集的大批挑夫、旅客和船民都在轰炸中丧生。一艘大驳船被炸弹击中，而船上是300多名带着妻儿回国的海外华人，船上的人们无一幸免，都在这场轰炸中丧生。可两周后，这里的一切依然照常，路线照常运作，看不到任何事情发生过的迹象。

在公路干道旁的一个站点，爱泼斯坦结束了他的漂流，来到了另外一个城市。由于这个城市处在水上交通线和陆运的交界之处，已经被日军轰炸成了一个废墟。映入爱泼斯坦眼帘的只有断壁残垣，村民用木板简单地修补一番，作为日常食宿之处。道路也变得泥泞不堪，挑夫通过时泥沼没过了膝盖，卡车艰难地前进着，溅起了一堆黑色的泥浆。

爱泼斯坦在这个站点搭上了一辆载货卡车，颠簸地通过了广东的北部山区，最后到达韶关的关口。韶关位于广州汉口铁路线上，是当时的广东省会。从韶关出发，可以乘着火车到达湖南和广西，再经过公路抵达全国各地。爱泼斯坦发现这个城市里人口众多,每个人都忙于手中的工作,自信而带有活力。日本人曾两次攻打韶关,最终都以失败而告终。一位自广州失陷后重逢的朋友对爱泼斯坦说:"这里的战斗精神很足,比后方的许多地方都要好。"

这一路的颠簸和坎坷,使排除万难进入内地的爱泼斯坦发现这个国家顽强而坚韧的生命力。海外华人们总是认为,只有中国强大而独立,获得自由和良好的治理,他们才能在不同的国家获得平等的对待;国内的人民,无论战争如何一次次摧毁家园,都有一股韧劲使他们在废墟中保持生机。

三、重庆再聚

几经周折,爱泼斯坦终于到达了重庆,与宋庆龄成功会合,并继续在重庆的"保盟"工作。爱泼斯坦刚来到重庆时,"保盟"在重庆并没有固定的办公地点,只能在宋庆龄的起居室里工作。没有印刷设备,就只好托朋友以旅游的名义悄悄把稿件带到外国,在国际组织支持者的帮助下印刷出版。1943年的"保盟"年报《在游击区》就是在纽约印刷的。尽管在重庆的宣传组织工作十分艰难,但重庆也有着其独特的有利条件。作为战时的陪都,许多来自同盟国的外交官员、军事人员和国际救援机构人员都在重庆,同时重庆也吸引了许多国际新闻记者来到这里,他们都想见到宋庆龄,听听她独特的见解。中共中央代表周恩来当时也来到了重庆,国民党也无法阻止宋庆龄和周恩来的会面。

从香港到重庆,宋庆龄延续着在"保盟"的工作,继续为支持抗日战争进行义演、宣传和义卖救助。宋庆龄在"保盟"里积极的活动,为当时的重庆源源不断地获得了许多国际救援物资。在重庆,宋庆龄和不同同盟军的使团保持着友好的关系，也会邀请低级的士官和军队士兵去她家。宋庆龄平易近人的一面使得她在各个使团中，都获得了普遍的赞誉。

爱泼斯坦在重庆"保盟"所做的工作，主要围绕着抗日战争进行宣传和呼吁，以获得国际组织的支持。在宣传工作中，宋庆龄曾和爱泼斯坦讲述了她的宗旨，要基于真实和正义来传播新闻信息。随后爱泼斯坦争取到了一个宝贵的机会——前往延安，这是爱泼斯坦心中的神圣之地。在延安，爱泼斯坦看到了一个充满活力、朝气蓬勃的中国共产党领导下的根据地生活，这里的每个人都是有理想和目标的，这样的氛围让爱泼斯坦心向往之。他采访了毛泽东主席、朱德总司令等重要的中共领导人之后越发坚定地认为，这是一个值得让中国人民信任的、可以代表中国人民根本利益的政党和组织；同时他认为支持中国革命和根据地建设也是值得的。

在延安时，爱泼斯坦有一次和毛泽东的单独谈话并未公开报道，也未曾留下任何的文字记录。爱泼斯坦首先代表宋庆龄给毛泽东带来问候，同时向毛泽东详细地介绍了宋庆龄组织领导的"保盟"在重庆的工作，以及"保盟"是如何连接中国和国际社会来获得世界的支持的。爱泼斯坦问毛泽东"保盟"应该如何为延安提供更加有效和稳定的帮助，毛泽东听后，递给了爱泼斯坦一张所需物品清单，让他带给宋庆龄。

爱泼斯坦还曾经去过周恩来工作的窑洞，在窑洞里，他告诉周恩来，他利用往返延安和重庆的机会，将宋庆龄在重庆募集的生活物资、医疗设备、药品以及重要的无线电设备都带到了延安。而牙科钻头、外科手术用线、无线电零件等体积小而珍贵的物品，则都放在自己的口袋里带到了延安。

这些宝贵的与中共领导人亲身交流的经历，使爱泼斯坦在延安获得了大量进行新闻报道的机会。这段访问延安的经历,深深地触动了爱泼斯坦。在这里,他不仅看到了充满生机活力的革命区,同时也看到了满腔热血的领导人和军民,这里许多新鲜的东西,都成为爱泼斯坦后来写作的基础。在离开延安后,爱泼斯坦迫不及待地将自己的所见所闻以及体验感受写成书。在此后的几年里,爱泼斯坦撰写出版了多种关于这段经历的书籍,包括《中国未完成的革命》《中国劳工札记》《我访问了延安——共产党领导的中国西北解放区目击记》。爱泼斯坦曾谈到《中国未完成的革命》的书名来源于孙中山先生著名的一句话:"革命尚未成功,同志仍须努力。"

1947年,《中国未完成的革命》顺利出版,该书出版后爱泼斯坦寄了一本给当时身在印度的斯诺。斯诺收到书后在给爱泼斯坦的回信中写道:"这确实是一部很好的作品,充满正确的判断和精确的见解。要是我能早点读到这本书,那该有多好。"②斯诺对爱泼斯坦说他特别喜欢爱泼斯坦在书中谈到的访问山西的章节。爱泼斯坦在书中提到斯诺和罗斯福的谈话:"他打算同中国的两个方面都打交道,直到他们联合起来。"③斯诺表示,这个谈话和爱泼斯坦在书中的判断是一致的,罗斯福的确曾经计划向八路军直接提供军事援助,直接支持中国共产党的革命。斯诺在回信中表示他在不久后将加入爱泼斯坦的行列中,朋友这般真挚而热切的回信,使爱泼斯坦再一次坚定了自己在中国的新闻事业。

在随后的日子里,爱泼斯坦从重庆回到了美国,继续支持宋庆龄的革命工作。在抗战胜利后,宋庆龄领导的中国福利基金会继续想方设法从海外获得资金和物资的支持,来帮助中国战后重建。但这样的募捐工作开展得十分困难,美国政府的对华政策也发生了翻天覆地的变化,美国援华会获得的救助资金大大减少,基金会的募集工作面临着前所未有的困难。1947年6月,宋庆龄发布了《中国福利基金会有关情况的报告》并寄往美国，爱泼斯坦在宋庆龄的要求下，为在美国出版该报告而竭尽全力。他主要负责编辑工作，随后这份报告更名为《孙夫人的报告》。除了在美国发行以外，宋庆龄还争取该报告在澳大利亚、英国、新西兰等多个国家和地区发行，期望获得更多国家的援华组织的支持，以获得更多资金和医疗设备的捐助。

尽管难以量化估算这份报告在宋庆龄的努力之下，最终为中国带来了国际组织多少的援助和募资。但可以肯定的是，爱泼斯坦为这份报告在海外各国的出版付出了颇有成效的努力。这份报告帮助海外友人以及国际援助组织更好地了解了宋庆龄及其创办的机构，同时也更好地理解当时中国的处境和宋庆龄的真切想法，为中国争取更多的海外募资起到了积极的作用。这也是抗战胜利后，爱泼斯坦在美国为宋庆龄领导的中国福利基金会应对前所未有的困境的成功举措。

四、参与创办《中国建设》

爱泼斯坦从重庆回到美国的这段日子里，积极地为中国革命事业而努力。爱泼斯坦和妻子还曾发起了承认中华人民共和国、开展友好和贸易活动的签名。这般积极地在美国支持中国共产党的活动，使爱泼斯坦招致美国政府的迫害和憎恨，他和妻子被美国政府威胁、跟踪和盯梢，甚至要被驱逐出境。在这种环境下，爱泼斯坦和妻子下定决心离开美国重返中国，他们向宋庆龄讲述了自己在美国的困境，宋庆龄当即对他们发出了回到中国的邀请。

宋庆龄的这一份邀请，不仅是邀请爱泼斯坦和他的妻子重新回到中国，也是赋予了他们新的职责。当时恰逢宋庆龄创办新中国的刊物——《中国建设》，宋庆龄对爱泼斯坦夫妇说，十分期待他们重新回到中国，也期待他们一起创办新的杂志，正如当年在"保盟"创办《保盟通讯》那样，共同创办更正式、内容更加丰富的《中国建设》。1951年8月8日，宋庆龄向爱泼斯坦夫妇发出了一封热情的任命函，表示："非常欢迎你们成为中国福利会国际宣传部的正式成员，你们已经分别被任命为《中国建设》杂志的执行编辑和助理编辑。期望我们能共同组成一个充满朝气蓬勃的部门，编写出生动、准确和意义深远的宣传材料，详细地向世界介绍新中国的巨大进步。"

爱泼斯坦和妻子带着宋庆龄的热切期盼，离开美国重新踏上了中国的土地。爱泼斯坦一到北京，便马上投入杂志的筹备工作中。杂志创办初期只有少数几个编辑人员且没有办公地点。《中国建设》的创刊栏目和架构，是爱泼斯坦和同事们在一个公园长椅上讨论拟定的。爱泼斯坦作为杂志的编辑，不仅负责审核改稿工作，也经常参与到撰稿工作中。爱泼斯坦要求杂志社的记者和编辑们直接用英文写稿、编稿，他说这样的方式可以有效地提高作者和编者的英文水平，同时也可以保证这本对外宣传杂志的文章质量。通过直接用英文编辑的方式，可以很好地避免生硬的中文翻译，避免"翻译味儿"的出现。

丰富的采访、编辑经验和渊博的学识，以及在中国多年来的亲身经历，使得爱泼斯坦有着很高的文字和编辑素养。正是过去多年，爱泼斯坦走遍中国各个革命根据地的经历，使得他往往能指出新闻选题和写作中的关键要素。一些稿件，经过他的点睛之笔，稍加润色，便成为一篇出色而耐人寻味的文章。爱泼斯坦不仅对文章内容要求严格，对于杂志的编排、格式、印刷等形式问题，也有着很高的要求。每一段文章的编排、每一张照片的角度和裁剪、每一幅

爱泼斯坦与宋庆龄

配图的创作，都经过爱泼斯坦的审核，都体现了他独特的新闻见解。正是爱泼斯坦如此精益求精的新闻精神以及对新闻工作的热爱，使他获得了同事的赞扬。1979年3月，根据胡耀邦的指示，爱泼斯坦成为《中国建设》杂志的总编辑。

爱泼斯坦对于工作的认真和全身心付出不仅体现在创办《中国建设》杂志上，同时体现在其他的写作上。即使是好友出书邀请他来写序言，他也会一丝不苟地亲自撰写，他从不接受别人提前写好、让他来签字的行为。爱泼斯坦认为只要不是他写的，就不是他的风格，不能代表他真实的想法。因此但凡署名"爱泼斯坦"的文章，一定是爱泼斯坦亲自完成的写作。当时《中国建设》有一个评刊会，定期或不定期地针对过往已发的文章进行回顾，分析评估文章的内容质量和读者反馈等，如哪篇文章好、哪篇文章不好，读者最喜欢哪篇文章，都会进行讨论。尽管后来爱泼斯坦退居二线，但他依然坚持亲自审核稿件和提出意见，并听取对稿件的反馈意见。他说，这是宋庆龄交代给他的工作，他必须认真做到极致。他认为，负责任地对待杂志，负责任地完成中国对外宣传工作，就是对宋庆龄的事业负责。

爱泼斯坦这份极致的认真也被宋庆龄看在眼里，宋庆龄生前对爱泼斯坦的新闻事业予以高度赞扬。1980年3月，宋庆龄曾致信给爱泼斯坦，信中写道：《中国建设》取得这样的成绩，是由于你和全社干部殚精竭虑去实现我们已故总理生前亲自表达的对我们的希望和指示。在这封信的字里行间，人们能感受到宋庆龄充满了自豪和欣慰。这封信不仅高度赞扬了爱泼斯坦在杂志社的新闻工作，同时也表达了对他们俩的共同好友周恩来的怀念。

《中国建设》是宋庆龄一手创办的，因此参与创刊的爱泼斯坦对此十分热爱。爱泼斯坦经历了这本杂志的创办、成长和发展的全部过程，这是宋庆龄的事业，也是爱泼斯坦的事业。杂志社的同事们回忆到，爱泼斯坦对杂志的责任心已经渗透到了血液里。最经典的例子是，杂志社的每个同志都害怕将稿子交给爱泼斯坦审核和批改。因为每个人都知道，只要稿子交给爱泼斯坦，必定面临改动，有时候稿子还会被修改成一张"大花脸"。但是每个人又不得不承认，爱泼斯坦的每次改动都是有道理的，有时甚至能避免一些被疏忽的严重问题。

爱泼斯坦认为，《中国建设》作为一本对外宣传的杂志，杂志社的编辑们必须懂英文。他认为熟悉外语和不熟悉外语，对于外文刊物的编辑有非常大的差别。曾经有一次，上级想把杂志的西文版本撤销，爱泼斯坦收到同事的反馈后马上向上级写信，请求保留住西文版本。同时爱泼斯坦毫不犹豫地向中央反馈了这个问题，最终在他的努力下杂志的西文版得以保留了下来。

自从爱泼斯坦从美国重返中国，接受了宋庆龄的邀请参与到《中国建设》杂志的筹办和创刊工作中，这就成为爱泼斯坦往后一生的工作了。爱泼斯坦在《中国建设》杂志社担任过执行编辑，后来一步步升到总编，再到顾问，直到生命的终结。他始终认为，这是宋庆龄创办的事业，亦是自己一生所为之奋斗的事业。

在中国对外传播事业中，爱泼斯坦没有忘记宋庆龄那番热切的嘱咐，没有辜负自己的心之所向，直到生命的尽头还关注着这本对外宣传杂志的发展，同时还在关心着宋庆龄创办的中国福利会的发展。1988年，爱泼斯坦担任了中国福利会的副主席，并参加了一年一度的执行委员会会议，对每年的组织工作提出他的建议。1994年，爱泼斯坦获得了"宋庆龄樟树奖"；樟树，是宋庆龄生前最喜爱的树木，它郁郁葱葱，幽香沁脾，质地坚硬，品格高洁。爱泼斯坦的一生，的确具有樟树一样的品格。

1995年，在爱泼斯坦80岁的寿宴上，在领导人和朋友们的赞扬和祝贺下，爱泼斯坦被请到台上致辞。爱泼斯坦作为从事了一辈子新闻工作的人，在这样隆重的场合，他的发言依然离不开他所热爱的新闻宣传事业。他说："我多年来一直在对外宣传战线工作，我想就对外宣传工作谈自己的想法。"2005年，在爱泼斯坦90寿辰的发言中，他讲话的核心内容依然围绕着纪念"二战"和抗日战争历史。爱泼斯坦将他一生的热血洒在了中国的大地上，将最热切的情感投入了中国革命和新闻宣传工作中，这就是爱泼斯坦，一个真挚、诚实、执着的人，如樟树一般，高洁而坚韧。

（撰文：谭晓祺）

注释

① 黄浣碧口述：《爱泼斯坦与宋庆龄传记》，东方出版中心2014年版，第62页。
② 黄华、周幼马：《从国际主义到爱国主义的爱泼斯坦》，《今日中国》（中文版）2005年第4期，第22—25页。
③ 丁晓平：《关于中国：罗斯福与斯诺的三次密谈》，《同舟共进》2013年第2期，第41—45页。

史沫特莱：用毕生谱写中国战歌

有这样一位美国记者，她目睹了抗日战争时期日本对中国的侵略，向世界发出了正义的声音；她撰写了《伟大的道路》《中国红军在前进》《中国人民的命运》《中国在反击》《中国的战歌》等著作，向世界宣传了中国的革命斗争，成为不朽之作；她访遍了中国华北、华中的大部分地区，用热情召唤更多的国际友人一同为中国抗战出力。她就是美国著名记者、作家和社会活动家艾格尼丝·史沫特莱（Agnes Smedley，1892—1950）。

20世纪初的美国科罗拉多州南部，空气中弥漫着矿山与钢厂的刺鼻味道，这是洛克菲勒的科罗拉多燃料钢铁公司坐落的地方，也承载了史沫特莱贫瘠困窘的少年记忆。1904年，在史沫特莱12岁的时候，她的父母举家从密苏里州的小农场搬到了科罗拉多州的特立尼达地区，父亲成为一名矿工，这个家庭从此开始了她后来在自传中所称的"一种到处徘徊的生活，寻求总也得不到的成功、幸福和财富"。

史沫特莱的父亲当矿工、干粗活，在一次次抱负落空后开始借酒浇愁，母亲打零工、替人洗衣、给宿舍看门，勉强维持着这个八口之家。史沫特莱小学没有毕业，没有上过中学，但她充满幻想，喜欢编故事，零零碎碎地读了手边能找到的所有书籍。史沫特莱从小

1899年，史沫特莱家庭合影（后排左一为艾格尼丝·史沫特莱）

就认为世上一切美好的事物只有通过斗争才能到手，母亲的苦难人生也让她拒绝做围着锅台转的家庭主妇。母亲去世后，她离开了家庭，毅然去闯荡她自己的人生。

二十出头的史沫特莱，白天工作，晚上在纽约州立大学听课。在这期间，她为宣传社会主义思想的《号角》周刊和女权运动刊物《节育评论》撰稿，还结识了许多印度朋友。在同他们的交流中，史沫特莱深信只有推翻英国的统治，才能振兴印度，她也成为印度青年朋友们的联络中心。1918年，史沫特莱因破坏美国中立法的罪名入狱六个月。然而对史沫特莱来说，入狱意味着不必再为吃穿发愁，可以专心埋头读书写作，到出狱时，她已完成了一组名为《铁窗难友》的短篇小说。出狱后的史沫特莱，得知自己的大弟弟在帮人打零工时出了事故去世，厂主给了父亲50块钱的埋葬费，而自己17岁的小弟弟为生计所迫参军入伍，已经上了法国战场。此时已经离婚的史沫特莱，对结婚不感兴趣，生活困顿，也一时找不到自己值得为之奋斗的职业，于是决定先走出去见识大千世界。1919年底，史沫特莱以服务员的身份只身一人踏上了去往欧洲的货轮。"这次冒险的结果如何，难以预料。至少在生长我的这个大地上，我可以经风雨、长见识，青春不再来，我不能虚度此生，如同一般女孩子那样平平地生活下去。"①史沫特莱写道。

到达德国后，史沫特莱循着在纽约的印度朋友给她的流亡柏林的印度人的姓名地址，去寻找他们。她与印度的革命领袖维伦德拉纳特·贾洛帕达一见钟情并开始同居，在长达八年的时间里她同维伦德·拉纳特一起支持印度的独立事业，还在德国柏林大学研究生院当英语教师，钻研亚洲历史，发表有关美国和德国政治的文章，还出版了小说《大地的女儿》。1926年，印度民族主义领袖贾瓦哈拉尔·尼赫鲁的一场关于中国的演讲激发了史沫特莱对于中国的兴趣，她开始阅读中国历史，出席由在柏林的中国人举办的政治集会。两年后，史沫特莱攥着去往中国的火车票，以《法兰克福日报》驻中国特派记者的身份，再次只身奔赴人生的下一段旅程。那时的她还不知道，自己的余生将与千里之外的华夏大地紧密相连。

一、初到中国：摸索与明志

1928年末，史沫特莱越过苏联边境进入中国。尽管她已经读过很多关于亚洲的书籍，但当她真正置身于这片陌生的东方土地时，贫苦悲惨的底层人民生活情景和东西方之间巨大的文化差异还是让她惊愕不已。

让史沫特莱印象深刻的一幕是她同中国苦力的第一次照面。当她从苏联火车转乘中国火车准备去往旅途的最后一站时，一群衣衫褴褛的中国苦力蜂拥而上抢搬她的行李，六个大汉挤着抢四个行李箱，还有两个小伙儿争夺她的打字机。他们抢到行李就跑，冲到待开的列车后开始向史沫特莱要"脚钱"。为了打发他们，史沫特莱一一照付，然而给得越多，他们更加胡搅蛮缠，甚至挥着拳头威吓。车厢里的中国列车员看到了，大喝一声，连踢带打地把苦力们轰下了站台。

多年以后，看惯了生死斗争的史沫特莱仍旧记得她初来乍到时遇到的这场闹剧，她认为这是那时中国社会的象征：强者横行霸道，弱者受尽欺凌。

1928年末的中国，孙中山先生已经逝世三年。人们对近两年前的"四一二"大屠杀还记忆犹新。蒋介石正竭力将国民党变成个人独裁的工具，大肆逮捕杀戮共产党员和反对者。而伴随着1927年的南昌起义，中国共产党走向了通过武装革命夺取中国政权的道

美国女记者、作家艾格尼丝·史沫特莱

路。北伐战争此时已进入尾声，1929年元旦，史沫特莱在哈尔滨目睹了国民政府青天白日满地红旗在东北的升起，奉系军阀首领张学良通电全国，宣布东北从即日起遵守三民主义，服从南京国民政府，改变旗帜。

刚到中国的头几个月里，史沫特莱在中国到处旅行，从哈尔滨、沈阳、大连到天津、北平和南京，在与当地官员、学者和老百姓的交往中她慢慢了解到中国人待人接物的文化习俗，也逐渐看清了国民党政权的真实面目。

身为一个高鼻梁、蓝眼睛的美国人，初到中国的史沫特莱与身边的中国人格格不入。生活在中国的外国人，包括史沫特来在内，大多都比一般中国人富裕。大多数洋人从来不做体力活，他们居住在租界中，生活安乐，有仆役侍候左右，一般只与上流社会的中国人和其他外国人来往。在这种情况下，外国驻华记者们根据中国报刊的文章、政府的正式公告、与有影响力的熟人的谈话，勾勒出笔下的中国图景。而他们的采访对象往往是那些对国民党政府感到满意的人物，他们与中国普通老百姓的生活脱节，对于中国人民的苦难也见怪不怪。一位在中国居住多年的德国人曾一本正经地对史沫特莱说："中国人对砍脑袋是不怎么在乎的，他们对此习以为常。"②

作为欧洲一家重要报纸的驻华记者，史沫特莱不难见到各类重要人物。然而在一次次采访碰壁后史沫特莱逐渐明白，中国是个政治上保守秘密的国家，刨根问底、直截了当的提问，尤其是当涉及非法鸦片买卖、贪污腐败或政府帮助百姓的计划等实实在在的问题时，对方会噤若寒蝉，委婉谢绝。于是，史沫特莱慢慢地适应了与官员、学者的应酬往来，在酒席宴会的闲话中建立相互信任。

史沫特莱的工作和国籍带来的特权让她生平第一次觉得自己是个有钱的阔人，她也曾一度沉浸在纸上论道、美酒佳肴、推杯换盏的"精神贵族"的表象中。然而，在北平的一次聚会让她清醒过来。饭桌上，东道主大谈特谈中国没有阶级，阶级是马克思学派的虚构，自己的包车夫拉着自己时，两人像老朋友一样有说有笑。散会后，酒足饭饱的史沫特莱和友人坐在月光下的黄包车上，由咳嗽不停、饥肠辘辘的车夫拉回家去。她听着友人哼着"有一个囚犯不肯出狱，只因为那囚牢是爱的监狱"的戏文，看着前方气喘吁吁的车夫，不由得想起了自己父亲的背影。她曾经也是个买不起房子只得住在城外的帐篷里，因为家里连张床单都没有而感到难为情的矿工家的小女孩啊。她被同伴虚假、伪善的言论激怒了。

"你们听着吧！把你们的包车夫拉回家去吧！我们全体都下车去，把车夫拉回家去！让我们以身作则用实践证明中国没有阶级！"③史沫特莱厉声说道。

史沫特莱对于中国现实的把握，在这种傲慢与愚蠢、伪善与真实的冲突中慢慢成长起来。她在东北居住的三个月里，从各种消息渠道了解到日本人对铁路系统、政府机关、人民团体、工厂矿山、土地投资等方面的政治渗透和经济控制的程度，了解到哪怕中国方面有一点点改良，日本人都认为是对自己的莫大威胁。史沫特莱据此写了《日本在满洲的铁拳》的报道，论述日本企图占领东北的计划，然而她供职的《法兰克福日报》却怀疑报道的正确性，这篇报道直到1931年"九一八"事变后才得以发表。

在南京，史沫特莱刚开始听到国民党人士开口闭口谈工会，以为国民党是代表民族主义者利益的党④。然而她采访工会时发现，整个工会办公室只有一个伏案打瞌睡的被叫来做样子的人，他对工会会员数量、会费使用情况等一问三不知。史沫特莱慢慢了解到，所谓工会，不过是国民党用来征收会费和镇压工人的工具。会费是强迫工人缴纳的苛捐杂税，工会主席、买办、工头等角色，则是用来监视工人的,把心怀不满、持有异见的工人迫害为共产党分子加以铲除。

1929年秋,应陈翰笙的邀请,史沫特莱和他一起去往上海西边富庶的无锡滨湖地区做调查。该地区地主制度势力强大,一年前上千个农民曾联合起来造大地主的反,最终却失败了,四十多个农民被当地最有权势的朱姓地主打死了。史沫特莱正是去那个朱姓地主家里做客。这个朱姓地主是该区的区长、国民党区委书记长、保安团团长,也就是当地行政、立法、司法三权独揽的土皇帝,是远近闻名的"杀害共产党的刽子手"。

刚到村子时,一大队武装警卫前呼后拥地保护他们一行,穿着破破烂烂的农民在一边看着,静默无声。朱家大院像中世纪封建领主的庄园,三面有碉堡式的围墙,四处通电网,庄外挖有壕沟。而农民住在又矮又湿的茅屋土房里,木板床上仅有破烂的棉絮被头,屋中没有几件像样的家具。朱家小少爷新婚燕尔,和新娘一起来同史沫特莱说话。新郎是中央大学的学生,能讲英文,新娘从师范学校毕业,这两位是当时被认为能统治所谓"现代中国"的有着封建背景的代表。只见新娘严肃又谦恭地说,中国人要比外国人低一等,中国的教育也实在落后。史沫特莱看着她美丽的脸蛋,一时无话可说。

吃晚饭时,史沫特莱听到角落里有铁镣响动的声音,后来通过私下问士兵才知道是因为又关押进来两个农民。史沫特莱于是偷偷去看望这两个农民。他们被关押在黑暗的房间里,一个已到中年,面黑人瘦,一个二十出头,面部浮肿。两人被上了镣铐,躺在杂乱的稻草上,死死地盯着以为和地主是一伙的史沫特莱,并不回答问题。当晚睡在朱家客房的史沫特莱,彻夜难寐。

白天,史沫特莱到各个村子里调查,只见一个老农拿着一捆稻子来到朱某兄弟的面前,弯腰及地,哀求地主能行善减租。因为病虫害,他的水稻减产一半。然而朱家兄弟却粗声数落着农民的不老实,不予理睬。

终于,当史沫特莱和陈瀚笙私下单独在一起时,她忍不住脱口而出:"要是来一支军队把朱家人关起来,救救老百姓才好!"⑤

在实地调查和亲眼看见中国的现实情景后,史沫特莱清晰地看到摆在自己面前的两条路:她可以在残酷的现实之中筑起一道冷酷无情、漠不关心的高墙来保护自己;也可以站在生命的湍流中,忍受艰难险阻,挺住突然袭击、病魔缠身甚至生命危险,对这片土地产生真实的影响。是独善其身还是激流勇进,年近不惑的史沫特莱毅然选择了后者。

二、常驻上海:对抗与掩护

史沫特莱在中国的前五年,主要以上海为大本营,并四处旅行、采访。20世纪二三十年代的上海,约有三百万人口,外国人主要居住在租界中,史沫特莱当时就下榻在法租界一所公寓里。1927年蒋介石发动"四一二"反革命政变后,整座城市长久笼罩在白色恐怖的阴云与恐惧中。

有一次,史沫特莱去拜访一个图书馆员朋友,看到一群中外密探正在抓捕对面住着的一对夫妻。图书馆员对史沫特莱说,那几个密探还在等那对夫妻的朋友来拜访,那位朋友正好也是自己的朋友,密探想把他们一网打尽。史沫特莱当即自告奋勇地去给那位朋友通风报信,成功解救了他们。

尽管危险,史沫特莱还是继续与各类人物接触,这其中有作家和学生、社会名流和持异见者、各国专家和记者等。她写文章揭露蒋介石政权下各种腐败和侵犯人权的事件,帮助中国朋友把一些呼

1933年,史沫特莱(左一)在上海与萧伯纳、宋庆龄、蔡元培、鲁迅的合影(从左至右)

吁翻译成英文、德文在国外发表。史沫特莱在上海最早结识的朋友中有一位是日本记者尾崎秀实。尾崎秀实虽然是日本人,但并不支持日本对中国的侵略政策。通过他,史沫特莱结识了许多上海文艺界的朋友,其中有一位是史沫特莱认为在中国的若干岁月中对自己影响最深的人物之一的鲁迅先生,她认为鲁迅是"中国的伏尔泰"。

1930年仲秋的一个下午,一对当教员的夫妇来拜访史沫特莱,并带来了两个请求:一是邀请史沫特莱为研究亚洲被压迫民族问题的新刊物《大道》捐款和撰写有关印度的文章;二是请史沫特莱出面帮忙租一家外国小餐馆,作为庆贺鲁迅先生五十寿辰的茶话会和晚宴的场所。第二个请求无疑是危险丛生的,宴会邀请的上百宾客都是当时思想界中处境比较危险的代表性人物。这对夫妇保证,前来祝寿的宾客都是口头邀请并且相约不生事故,餐馆周边的街头巷口也都会有人放哨。

史沫特莱答应了请求,租到了一家荷兰西餐厅。祝寿这天下午,史沫特莱和两个朋友站在餐厅的花园门口,注意着从长街上过来的客人。鲁迅及其夫人、小儿子来得很早,他身穿一件乳白色绸衫,着软底布鞋,梳着如刷子般整齐的平头短发。在史沫特莱看来,鲁迅的举止、谈话,甚至每个手势都散发着难以言表的和谐、完善的人格魅力。站在他面前,史沫特莱开始自惭形秽,觉得自己粗鲁鄙野,像个土偶。

宾客渐渐鱼贯而入,整个盛会人才荟萃,思想界革命先驱济济一堂。洪深教授带领的复旦大学剧艺社演出了易卜生的一些戏剧和洪教授编写的一两个剧本。左翼青年作家、艺人、翻译家组成的剧艺社演出了罗曼·罗兰、高尔基和雷马克等作家的剧本。接着,史沫特莱的友人告诉她那个身高体瘦、快步如飞的青年是共产党报刊《上海报》的编辑;那个头发蓬乱、西装褶皱的人之前因为"红军协会"中国代表的嫌疑被捕,坐牢几个月后刚刚出狱。

放哨任务结束后,史沫特莱进入了餐室。她听取了那个头发蓬乱的人讲述自己的狱中生活,也通过《上海报》编辑的讲述第一次听到了红军的兴起、秋收起义后农民加入红军的报告。接下来,冯铿在演讲中讲到了发展无产阶级文艺的必要性,同时请求鲁迅担任左翼作家联盟和左翼艺术家联盟的保护人和"导师"。

鲁迅在大家的讲演结束后,用平静的语气讲述了中国半个世纪以来思想界的混乱。他讲到,他出身农村,充分体验了农民和学者的生活。他不相信对缺乏工农生活痛苦体验的知识青年能够创作出无产阶级文艺。创作应该来源于实践,而不是理论。鲁迅说,在一个把最温和的文艺当作政治犯罪的国度里,谁能保护谁呢?但是他将继续努力将西方优秀的文艺作品整理介绍给中国青年,并乐意当青年的指导者。他劝知识青年多去体验工农的生活,从生活中积累写作素材。

一个青年向史沫特莱抱怨鲁迅,认为鲁迅对于无产阶级文艺的态度让人失望。然而史沫特莱认为,中国的知识分子四体不勤,很少从事体力劳动。他们对于工人和农民的态度,虽然充满同情、悲天悯人,但是却往往自我超然、鄙视群众,写出的便也多是缺乏经验、东施效颦、粗制滥造的俄国式作品,因此史沫特莱完全同意鲁迅的看法。

史沫特莱和鲁迅、茅盾结下了深厚的友谊。他们三人一起为欧美新闻界写稿,替中国知识分子受到的政治迫害在国际上发声,争取国际文艺界的支持。他们还一起收集德国民间艺人凯绥·珂勒惠支夫人的版画集,把国外无产阶级版画引入中国,促进了我国革命版画的发展。三人在一起,经常一谈就是几个小时。史沫特莱写道:"我们三人谁也不是共产党员,然而我们三人无不认为帮助和支持为解放穷苦大众而战斗、而牺牲的人们是无上光荣的事。"⑥

1931年2月7日，左翼作家联盟五名重要成员胡也频、柔石、殷夫、冯铿、李伟森被国民党淞沪警备司令部秘密杀害。事发后，史沫特莱赶到了鲁迅的书房，看到鲁迅面目黝黑、头发散乱、两颊深陷、目光幽深，语气充满了愤恨。鲁迅交给史沫特莱一篇名为《写于深夜里》的文章的手稿，希望史沫特莱帮忙翻译成英文在国外发表。史沫特莱和茅盾看完文章后，认为这篇文章发表后很可能导致鲁迅被捕遇害。

"有什么要紧？"鲁迅愤慨地说道，"总得有人出来讲话！"⑦

史沫特莱说服鲁迅另拟了一篇就屠杀作家、文艺家而呼吁西方作家援助的公开声明，由茅盾润色后，史沫特莱把它翻译成英文，之后，她安排人把文章带往纽约、柏林、莫斯科等地发表。这篇文章引起了国际社会的很大反响，五十多名美国作家联名抗议国民党杀害中国作家的罪行，数以百计的来自世界各地的作家、艺术家的抗议函电涌入了国民党总部，使国民党大为震惊。

然而，国际国内形势仍在恶化中。1932年上海"一·二八"事变前不久，史沫特莱被她所供职的《法兰克福日报》解聘了。当时德国的政治气候已发生变化，并且由于史沫特莱敢怒敢言，国民党政府曾先后三次向德国政府提出解除其记者职务的要求。在解聘史沫特莱后，报社指定了一个德国人接替她的职务，这个德国人后来当上了纳粹的宣传部长。

失去工作的史沫特莱不得不节衣缩食来维持生活。她开始整理自己曾发表过的作品，编撰成《中国人的命运》一书并于次年出版。史沫特莱对江西苏区也很感兴趣，虽然因各种客观阻碍未能亲自实地探访，但她掩护过不少来自苏区的地下工作者，为他们请医找药、藏匿文件，向他们询问了解苏区的情况。她当时的受访者中有两名红军指挥员,一位是后来在1938年牺牲的周建屏,另一位是50年代作为中国派往越南的高级军事顾问陈赓。通过与他们的交流,史沫特莱写出了第一批向西方介绍江西苏区的文章。此外,史沫特莱也开始根据自己搜集、采访到的资料,着手撰写《中国红军在前进》一书,希望报道工农兵和知识分子反迫害、争取自由民主的斗争情况。由于史沫特莱和中国红军的秘密联系,国民党和英国警方进一步加紧了对她的监视,她不得不频繁在法租界更换住所。一天,美国驻上海领事馆的一个官员邀请史沫特莱吃饭,想让她当特务,为美国提供有关中国共产党的情报,但是被史沫特莱坚定地拒绝了。

1933年初春,史沫特莱疾病缠身,精疲力竭,但她最为关切的还是那部有关江西苏区的著作。当莫斯科的一家出版社表示愿意为这本书预付稿费时,她决定前往苏联休养身体,同时进行写作。然而,当她在苏联完成这本书,并获得不菲的稿费收入后,史沫特莱的内心却依然渴望回到中国。于是,史沫特莱返回美国,希望可以找到一份报社驻中国记者的工作。然而由于她的观点难以符合大部分重要报刊的宗旨,和正面报道蒋介石、相信中日战争可以避免的基调不符,她未能如愿。虽然她没能找到一份固定的为报纸写作的工作,但她还是决定回到中国。

"我下定决心,要把我收集到的有关中国革命的种种事实写出来,公之于世。我要写普通的群众、战士和知识分子——写那些从各种形式的压迫之下求解放而斗争的人民。"史沫特莱写道[⑧]。

三、西安事变:张学良的播音员

1936年9月,史沫特莱接受刘鼎的邀请,从上海来到西安。刘鼎自1936年初开始以张学良最高副官的身份在西安活动，秘密充当张学良和红军之间的联络员。1936年5月，他为张学良和周恩来安排了一次秘密会见，需要有一位进步而同情中国共产党的国际记者来报道这一成果，史沫特莱就是这位被选中的国际记者。

12月初，西安的紧张气氛一触即发。张学良、杨虎城两位将军和蒋介石在临潼召开军事会议。蒋介石一一召见东北军高级将领进行谈话，用金钱和地位收买他们为他卖命，不再效忠少帅。而这些东北军将领的答复是，他们的家乡被日寇侵占，家破人亡，只有跟着少帅打回老家去。游行示威的学生活跃在西安街头，要求全中国团结起来抵抗日本。12月9日，学生们上街游行纪念一年前发生在北平的"一二·九"抗日救亡运动，而因为蒋介石及其卫队到来而变得更加大胆的西安警察向游行的学生开了枪，打死9人，并逮捕了几十名学生。

张学良少帅勃然大怒，要求释放被捕学生。然而蒋介石过于自信地给了张、杨为期两天的最后通牒：停止违抗命令，立即出兵剿共，否则交出军事指挥权。

12月12日，破晓之前，张学良派出一支部队在临潼逮捕了蒋介石，把他带到了西安。杨虎城的部下则扣押了住在西安招待所中的蒋介石的随员。事变后不久，政治委员周恩来、总参谋长叶剑英等红军代表到达西安同蒋介石谈判。史沫特莱同周恩来和叶剑英进行了一次谈话，史沫特莱了解到他们此行并不是为个人恩怨而来，而是为了国家统一的新时期铺路而来①。此后，史沫特莱便在张学良的总部做每晚40分钟的英文广播，对西安每日要事和西北政界重要人物的采访做扼要报道。

当时，除了对共产党持敌对态度的南京国民党方面发布的公告外，史沫特莱的报道成为国际社会了解西安动态的唯一来源。这也让史沫特莱成为国际性人物,引起了巨大的争议。1937年1月初,多家美国报纸不断对她做头版报道并配以贬义标题,如"美国女人帮助中国人暴乱""美国姑娘,赤色祸害""庞大的军队在她背后"。美联社的一篇长篇报道夸大史沫特莱在西安的言行,说她有可能成为"高居于亿万黄皮肤人之上的实际上的'白肤女皇'"。而美国共产党也按照莫斯科的调子,在《工人日报》发表文章攻击史沫特莱,批评她支持张、杨的立场,说她不应该公开批评蒋介石,这使得史沫特莱和美国共产党之间的隔阂越来越深⑩。

西安渐渐平静下来,蒋介石在圣诞节获释并飞返南京。2月底,蒋介石宣布将停止对共产党的敌对行动。史沫特莱也收到了一份她渴望已久的、来自中国共产党总部延安的正式访问邀请。怀着激动的心情,史沫特莱与朋友们聚餐告别后,踏上了去往延安的道路。

四、延安、西安与汉口:苦甜参半的岁月

延安是陕西北部贫困山区最重要的交易和行政中心,在历史上也是商人和入侵者前往西安的门户。西安事变后,红军便开进了延安山寨。在当时,外国新闻记者被明令禁止进入红军根据地。1937年1月12日,史沫特莱趁事变后的混乱局面,躲在红军护送人员的卡车后车厢里,悄悄混出了封锁线。

急于访问红军的史沫特莱,在前往延安的途中,获得了第一次机会。潼里是当时的红军第一军团总部驻地,她在这里逗留了两个星期,见到了贺龙、彭德怀、左权,并在丁玲的陪伴下继续前往延安。在史沫特莱眼中,丁玲——这位新认识的中国朋友,是她所认识的在有关妇女和婚姻的观点上和自己相近的中国共产党女党员,她们

都坦白直率、无所顾忌、风风火火，而且习惯于"像男人们"一样自由自在地生活。尽管因语言不通交谈困难，但她们之间却发展出了一种相互尊敬的感情。

历经三个星期的周折，史沫特莱终于来到了延安。一下车，丁玲便立刻带史沫特莱去见朱德和毛泽东。史沫特莱对他们两人的第一印象是：朱德生性合群、平易近人，毛泽东则超然离群和"在精神上落落寡合"。第二天，史沫特莱应邀在延安的正式欢迎集会上发表演说。在讲话里，她说美国人民理解中国人民为反对日本侵略而进行斗争的感情，"你们并不孤立，你们的斗争也不是没有引起关注……你们的斗争是全世界反法西斯运动的一部分"[11]。这篇演说饱含深情、激动人心，当史沫特莱讲完时，观众全体起立热烈鼓掌。

作为众所周知的中国共产主义运动的外国友人之一，史沫特莱的到来得到了陈赓、刘鼎、丁玲、周恩来和其他她在上海庇护过或在西安共事过的同志的欢迎，她也得到了采访毛泽东、彭德怀、朱德、周恩来等人的机会[12]。

到4月，史沫特莱已经安顿下来，着手较长期的写作计划，其中最重要的是有关朱德的一部传记，为此她经常在晚上和朱德使用中文、德文、英文的混合语进行长时间的采访。其成果就是史沫特莱辞世后六年才得以出版的《伟大的道路——朱德的生平和时代》。

这本书在史沫特莱的众多著作中尤为著名，与斯诺的《西行漫记》一样，是向西方介绍中国共产党革命历程和抗战中国的经典著作。这本倾注了她毕生心血与热情的著作，记录了朱德同志60岁以前的生平，通过讲述朱德经历的革命事件，再现了朱德矢志不渝的革命领袖形象，同时也反映了中国新民主主义革命波澜壮阔的历

史沫特莱在延安

史进程。

除了采访与写作，史沫特莱还同时投身于另外好几个项目。她呼吁国际社会向延安提供物资和医务人员。著名的加拿大外科医生白求恩（Norman Bethune）之所以会到中国西北来，也部分地归功于史沫特莱的号召。她还是一名干劲十足的图书馆员，负责扩大新建不久的窑洞——鲁迅图书馆外文部。她还努力吸引外国记者来访延安，鼓动他们突破西安的国民党封锁，促使维克多·希恩、厄尔·利夫和海伦·斯诺陆续到来。她甚至还介绍引入了交谊舞，发动了节制生育运动、灭鼠运动和有关卫生的重要宣传。在她的影响下，大批捕鼠器从北京和上海运至延安，对抑制当地的鼠患起到了重要作用。

史沫特莱活跃在延安的时期，是1937年抗日战争全面爆发前的六个月战争间歇期。在相对缓和的外部环境下，中国共产党正进行着一项项"实验"：在农村成立新的统一战线，成立联合管理机构，第一次举行了选举，跨越阶级界限的妇女和青年团体组织起来，扫除文盲运动也在进行中。

史沫特莱为这一切改变而感到振奋，或许是因为觉得看到了革命的未来，她于1937年3月或4月，提出了加入中国共产党的申请，但遭到了拒绝。当得到否定的答复时，她号啕痛哭，近乎歇斯底里。宣传部长陆定一向她解释这是因为她作为一名外国记者留在党外会起更大的作用。

1937年9月，史沫特莱决定启程前往西安，计划到八路军抗日前线去和朱德、周恩来会合。准备离开时，她的心情是苦甜参半的。一方面，她在延安感到了真正的愉快，与不少共产党人结下了深厚的友谊；另一方面，入党遭拒一事也成为她一时无法纾解的心结。她决心继续为中国革命而战斗下去，这是她自己交派给自己的任务。

历经十天路途,史沫特莱从延安到达西安。她发现,西安的气氛自1月以来已经大为改善,统一战线实现后,政治上的紧张关系已经缓和,共产党人可以在西安各处自由活动了。10月初,她受邀前往八路军防区,在太原受到了周恩来、朱德等人的热烈欢迎。在此之后的三个月,她一直留在那里,白天采访、行军,夜晚打字、整理成果,也是在这段时间里,她将札记结构成了日记体的叙事长篇,形成了第二年在纽约和伦敦同时出版的《中国在反击》一书。在这本书里,她记录了一个夜晚,她看到饥饿的士兵们如"管弦乐队在夜间演奏"般放声歌唱的场景,她写道:"我渴望着突然获得一种洞察力,使我能够看清他们的头脑和内心,描绘出他们对于这场伟大斗争的信念,为了这场斗争,他们献出的不仅是生命。"⑬

1937年11月20日,南京国民政府宣布迁都重庆,但是国民政府主要军政机关都留在了武汉。1937年底,朱德请史沫特莱到汉口去,发挥作为一个记者和医疗器材供应工作组织者的作用。1938年1月,史沫特莱到达汉口后,和她来自英美等国的外交界朋友进行联系,并与中国红十字会理事林可胜一起为中国红十字会筹款,宣传中国伤兵的英雄故事与悲惨境遇。在汉口,史沫特莱与和她一样的国际新闻工作者们发展起了一种独一无二的战友情谊,达成了要报道团结起来的中国人民抵抗日本法西斯侵略者的英勇斗争的政治共识。这段时期,统一战线正处于最和睦的阶段,这也是中国知识分子多年来所见到的最自由的环境,他们出版新的杂志、上演新的剧本、举办各种艺术展览,史沫特莱还专为中国出版物写了一些有关鲁迅、日军战俘和中国伤兵的文章。

好景不长,汉口于1938年10月17日陷落。此时,史沫特莱已经悄悄动身,去寻找新成立的共产党领导的部队——新四军。

五、到前线去：唱响中国的战歌

从1938年11月至1940年4月,史沫特莱开始了为期一年半的旅途,她跋涉于从武汉以东的长江两岸的山陵之间,从南边的湖南、湖北,到北边的安徽、河南。在这些地区,她访问了共产党和国民党所领导的抗战军队,也成为在中国战区持续访问时间最长的外国记者。史沫特莱在1943年出版的《中国的战歌》中详细描述了她在这18个月中的经历,战争与革命是她的主题。她以壮阔的、激动人心的笔触,描绘了一系列关于战斗、日本军队的残暴和中国军民英勇行为的生动图景。从历史学家的观点来看,《中国的战歌》一书的巨大力量之一在于,描写了战争的后果——中国农村中发生的社会转变。通过史沫特莱的眼睛,人们看到了农村妇女如何被组织起来在军事和社会生活中发挥积极作用；如何通过开展群众性的教育运动,使摆脱文盲状态的人数增多起来；民主实践如何被介绍到乡村的政治生活中去,成为动员民众抗日的组成部分。在很大程度上是由于这些变化,蒋介石才未能在抗日战争结束后重新控制中国农村。

除了采访与写作,史沫特莱还为新四军医疗队伍的建立做出了突出贡献。她从1938年到1939年冬,遍访了长江以南新四军三个支队所属的20个医疗队,在上海的《密勒氏评论报》上发表了一系列报道新四军医疗需要的文章,还在私下向各界朋友呼吁捐款,为新四军争取了大量援助,成为中国同事眼中的英雄。

到1940年4月,由于史沫特莱的健康状况每况愈下和日军对游击队的钳形攻势加紧收缩,史沫特莱离开战区,前往重庆。在重庆,

史沫特莱访问新四军军部期间,在泾县章家渡与新四军军医处卫训班学员合影

她与国际新闻界及外交使团又恢复了接触，发表了多次演说，又于6月前往贵阳为胆囊手术做检查。8月26日，史沫特莱抵达香港继续就医。卧病期间，史沫特莱一边休息一边写作，对英国在香港的卫生、教育和福利政策写了一篇措辞尖刻的抨击性文章。1941年1月初，皖南事变爆发，国共双方关系破裂。这一事件使史沫特莱感到震惊和无能为力，她断定，也许最好的选择是回美国去，恢复健康，写一本书，做一些事情影响公众舆论以支持中国的抗战努力。5月，她搭乘一艘开往加利福尼亚的挪威货轮回国了。此刻，史沫特莱确信，远东的前途取决于华盛顿和美国的公众舆论。她正回到舞台中心，决心为这场辩论做出贡献。

六、回到美国：为中国共产党争取支持

1941年5月下旬，史沫特莱回到了美国洛杉矶。此时的她，年近半百、身无分文，除了1934年短暂的来访，已经阔别祖国21年。这一年，皖南事变给远东带来的潜在危机迫使罗斯福总统重新考虑他的对华政策，即向国民党和共产党人提供均等的支持，以作为牵制日本的最有效策略。8月14日，罗斯福和英国首相丘吉尔发表了《大西洋宪章》，其中第三点即为支持各国人民选择政府形式的权利。

为了向美国公众宣传一种修复统一战线的政策，史沫特莱作为为数不多的十分熟悉中国共产党人的非共产党人士，成为进行公开演讲的颇受欢迎的人选。史沫特莱在各地演说，感情激动地吁请美国对英勇的中国人民增加援助，随着国际局势的变化，各种政治信仰的美国人都开始接受一个强大团结的中国是保障美国在亚洲利益的关键这一观念。到了9月，史沫特莱加入由政界、教会、商界、

1938年7月，来自新西兰的路易·艾黎被任命为行政院的技术顾问，代理"工合"总干事。他迅速集合了一批有才干的年轻人，在汉口建立起机构，并着手实施将武汉的企业迁往西北。申新四厂最终迁到陕西宝鸡，而许多小厂的设备被集中在宝鸡的蔡家坡，并很快在宝鸡建立起中国"工合"的第一个地区办事处——西北办事处。"工合"在宝鸡发起运动的时候，七名铁匠组建了第一家合作社，利用迁往内地的一些设备开始生产。由于市场供应短缺，两个星期之后，又有十多个合作社相继组建。三个月后，生产鞋、食品、棉纱、毛毯、毛巾等生活品和军需品的合作社一应俱全。艾黎在宝鸡的西北办事处亲自指导工作。

1939年3月，艾黎从宝鸡工合西北办事处来到凤县，成立"工合"双石铺事务所。他在柏家坪山根下，从两孔窑洞开始，领导"工合运动"。在这里，他先后建立起机器、造纸、制革、纺织、供销等17个合作社，还在嘉陵江边安装水力发电机，使双石铺街市首次使用上了电灯照明。之后，又在双石铺建立"工合"小学及附属幼稚园、招待所、黄牛铺通讯处和"工合"医院。从1938年到1942年的五年时间里，工合组织从69个发展到1 590个，月产值达2 400多万元。"工合运动"不但支持了抗战，对堵截日货的倾销，打击日军"以战养战、以华制华"的策略，也发挥了重要作用，被称为抗战的"经济国防线"。

就在"工合运动"蓬勃发展的时候，艾黎突然接到了重庆发来的解职令，以艾黎与"共产党秘密交往"为由，解除了他行政院技术顾问的职务。国民党意识到，"工合是一个庞大的工人阶级组织，如果被共产党掌握，后果将不堪设想"。就在"工合运动"举步维艰的时候，在一个黑暗的夜晚，艾黎再一次看到了希望的灯盏。

1939年2月，艾黎搭乘印度援华医疗队的车来到延安，在陕甘边区的经济事务部的一间房子里第一次见到了毛泽东。对于那次突然的会面，艾黎后来回忆说："当时我正同朱德坐在那里，还有许多部队的司令员，毛泽东忽然走了进来，我用上海话夹杂着南方话和他交谈，他善于倾听别人讲话，总是启发你多讲。"⑥

在一个大雪纷飞的夜晚，毛泽东身穿棉衣，在昏暗的灯光下对艾黎说，希望"工合"能够支持八路军，在晋西北地区建立一个能够制造大批手榴弹的工厂。很快，艾黎就找来专业人员，夜以继日在最短的时间内画出蓝图，并制订生产计划。一天，他带着资料找到接头人，没想到与他接头的竟是一个已投靠国民党的叛徒，那些珍贵资料全部被没收。艾黎感慨道："那些年工业合作协会办事处的历史就是一部不断遭受反动派镇压的历史。"

为了使"工合运动"在全国广泛地开展起来，六年间，艾黎奔走了大半个中国，行程达三万公里，援助了二十多万名失业者和难民。

在这一时期，为了获得国际援助，艾黎还十分积极地参与到中国革命的海外传播事业中。1935年，当时国际共产主义运动远东支部的书记美国籍的格兰尼奇和夫人来到上海，艾黎积极帮助他创办了英文刊物《中国呼声》，这是在中国出版的对外介绍中国人民革命运动情况的第一种外文刊物。他为这个刊物写了不少文章，介绍中国红军的英勇事迹、中国共产党的抗日救国主张和中国人民的爱国运动情况。他还在这个刊物上介绍鲁迅的作品。当外国进步人士要访问上海的中共地下工作者或红军的代表时，他不仅是联系人，同时也充当翻译。他亲自联系、安排、护送美国记者埃德加·斯诺和医生马海德到陕北解放区；在上海为苏区筹备了大量的物资，通过各种渠道运到共产党领导下的根据地。为了争取海外援助，筹集"工合"发展基金，1939年1月促进工合国际委员会在香港成立，艾黎担任委员，宋庆龄任名誉主席。美国、英国、菲律宾也成立了支持"工合"的组织。抗战期间,工合国际委员会募集到来自世界各地的捐款达500万美元。1939年,毛泽东和叶挺同志分别写信给工合国际委员会,高度赞扬工合组织对中国抗战做出的积极贡献。

三、创办培黎学校

虽然一路跌跌撞撞,但这并没有击垮艾黎为中国革命事业做出贡献的信念。此后几年,艾黎把精力拓展到教育事业中。他认为,把"工合运动"进行到底的关键,是培养有工业技术的青年人。1940年,艾黎在陕西宝鸡凤县双石铺创办了培黎学校,以期为"工合运动"提供后备力量。培黎,寓意着"为黎明而培训",艾黎坚信,一个新中国即将出现。

双石铺培黎学校开始只有建在山坡上的三个房间,十几名学生,只有一名教师负责孩子们的吃饭问题,还要操心他们的学习。由于条件艰苦,1941年一年中相继有八任校长弃职。就在学校快要办不下去的时候,牛津大学毕业的英国青年何克因"工合运动"主动找到艾黎,成为艾黎的得力助手,不久便被任命为双石铺培黎学校校长。此时的工业合作社和培黎学校不仅是生产和教育单位,同时又担负着公益慈善机构的职能,工业合作社的社员多是失业工人和穷苦难民,培黎学校招收的大都是孤儿难童。在乔治·何克辛勤的工作和出色的才能下,险些关闭的培黎学校迅速发展起来,先后招收了六十多名学生。何克还收养了"聂家四兄弟",当上了父亲。

1943年,抗日战争进入最艰苦的时期。战火烧到了双石铺的培黎学校。国民党特务每隔两三天就会到学校抓青年学生去参军,并且借口艾黎和何克是"亲共"分子,对培黎学校百般刁难。此前的 1942 年 9 月 21 日，重庆国民政府发电文到双石铺，通知艾黎，行政院决定终止他在中国工业合作社技术专家的职务。1943 年 8 月 19 日，陕西省政府向凤县发出密令："外侨艾利（黎）行迹诡秘，即交由新镇长秘密监视，并电中央设法调离该地。"⑦而培黎学校的学生也被地方政府勒令参加国民党青年团。为了学校和学生的安全，艾黎和何克决定把学校迁到河西走廊中部的山丹县。迁校的时候正值冬天，这帮孩子和老外一人裹一件破皮袄，租了一辆羊毛车，装了四缸腌咸菜、腌辣椒等就出发了。西北又冷风沙又大，路上很是艰辛。这趟路历时三个多月，翻山越岭两千多公里，可以说是经历了一次沿着丝绸之路的"小长征"。

远离战火的纷扰，山丹培黎学校逐渐恢复了运转。在山丹培黎学校，他继续实践并发展他的工合教育思想，提出了"手脑并用，创造分析"的教育教学宗旨。学校采取半工半读的办学方式，坚持理论与实践并重，上午上课，下午实习，实习的项目有纺织、裁缝、机械、陶瓷、玻璃、皮革、造纸等。授课方式也丰富多样，老师不仅在课堂上讲授专业理论和技术知识，还结合实际操作开展现场教学、互动教学。老师与学生们同吃同住，同在工地、车组劳动。这种产教结合的方式，使学生既能将所学理论用于实际操作，又能直接从事生产，有力地解决了物资匮乏的问题。

山丹培黎学校不仅培养了一批能吃苦、讲实干的技术人才，还为贫穷落后的山丹县及河西走廊带来了现代工业的启蒙。从 1945 年开始，学校的地质测绘组奔波于河西走廊的山川戈壁进行勘测，收集了百余种矿石标本，了解了临泽、张掖、民乐、永昌、山丹等地的自然资源，并在此基础上开设了二十多个专业学科，编制了地形图、测量图、建筑图等；还相继办起了动力厂、制毯厂、纺织厂、针织厂、缝纫厂等 27 所校办工厂，并从先进工业国家引进机械设备。这些工厂不仅成为学校教学的重要场所,也为当地经济建设奠定了良好的基础。

培黎学校生源很广,有的来自当地的农民家庭,有的是战时保育院选拔来的。艾黎倾向于招收穷苦孩子和灾民家庭儿童,招收这些孩子的原因,除了这些孩子更能吃苦以外,他还认为"他们在旧社会被剥夺了受教育的权利,一旦给他们受教育的机会,就会奋发图强,为人民做贡献"。1942年,河南遭受旱灾和蝗灾,大批难民逃荒到陕西宝鸡,艾黎将几名年纪较小的难民也带到了培黎学校。"努力干,一起干","人人为我,我为人人",艾黎和何克正是用这样的工合精神培养出具有独创精神、高度事业心、责任感和不怕困难、吃苦耐劳的学生。

根据"聂家四兄弟"之一聂广沛的回忆,在山丹培黎学校求学期间,何克和艾黎对自己影响至深。"因为小时候爹走了,亲妈死了,按理说一个孤儿童年应该是很不幸的,可是我恰恰遇到了一个英国人、一个新西兰人。小时候他们照顾我的生活,长大了管我们的学习和吃喝拉撒。对我来讲,从没有觉得自己是一个孤儿,我有家,有爹有妈。那个爹(艾黎)就是妈……"⑧孩子们的头发长虱子,艾黎就给孩子剃头;每个礼拜都去水池给孩子们洗澡,他们开始不敢下去,都被艾黎一个个推了下去,但他也下去保护他们;他担心孩子缺乏营养,千方百计弄来大桶的鱼肝油蘸馍馍给孩子吃。"我现在没有一天不在想念他,我一直挂着他的照片。艾黎就像我的母亲一样,他在我脑海里的记忆是不可能忘掉的。培黎学校让当年很多吃不饱、穿不暖,甚至生命都有危险的孩子,找到了一个共同的家。"⑨

1945年的一天中午,不幸的事情发生了。何克陪孩子们上课时磕破了右脚的小指头,导致伤口感染,连续几天高烧不退。何克患上了破伤风，因为当时的医疗条件有限得不到及时的治疗，他英年早逝。失去了得力的助手，艾黎在悲痛中独自挑起了继续办校的重担。

在艾黎的积极努力下，学校从英国威尔士妇女合作同盟、新西兰海外救济事业团体理事会等处得到了财力支持，为缺医少药的山丹老百姓创办了第一所西医医院，被大家亲切地称为"沙漠医院"。医院有显微镜、X光机等先进医疗设备，向贫困百姓敞开大门，实行免费医治。许多病人从酒泉、武威甚至内蒙古等地慕名而来。在山丹培黎学校的积极努力下，经省政府审批，煤矿区取得了合法开采手续，建成了河西第一眼半机械化采煤竖井，日产50吨煤，除供给学校外，还销往临近各县。学校还在四滩坝拓荒造田，修建暗流截引水利工程，用拖拉机开垦和工作，建成了山丹最早的机械化农场，种植业、畜牧业、手工业多管齐下。现代农业的发展使当地的老百姓大开眼界，从中获得启发，引起了思想的转变，为封闭的河西开拓了一片新的天地。

随着解放战争接近最后阶段，培黎学校受到了更大的威胁。当地军阀马步芳的军队拟定了要杀害六十多名学生骨干和若干名教师（包括路易·艾黎在内）的名单。马步芳派了一千多名士兵驻扎在学校周围，计划在撤离之前破坏整个学校。培黎学校到了生死存亡的时刻，但敌人在究竟如何破坏学校的问题上遇到了困难。因为培黎学校造纸组、电机组、机械组等十几个单位分散在山丹县一块方圆八公里的地区内。学校与当地人民有密切的联系，稍有动作老百姓就会把消息传给学校。马步芳的民团因此迟疑不定。他下令去武威拉了两卡车的炸药，布在学校的周围，准备引爆所有的炸药。然而，解放军正在从青海经扁都口开过来，已经切断了所有西去的路。马步芳的军队还没来得及引爆炸药，就四处逃窜、匆匆撤离，培黎学校因此幸免于难。

1949年9月20日,解放的号角在山丹县城吹响。解放军第一野战军第三军军长黄新廷一进入山丹,便找到了艾黎,希望培黎学校支援西进的人民军队,艾黎毫不犹豫地表态学校将全力以赴。艾黎立即安排学生24小时之内把拆卸埋藏的汽车零部件拉回学校,并全部安装完毕,同时动员学校的技术人员随时待命、听从调配。艾黎先派出三辆车运载部队开赴山丹大马营,解放了军马场,又派出运输组驾驶技术最好的学生和新西兰教师组成了支援解放军运输队,运载解放军和军用物资向酒泉、玉门挺进,加速推进了玉门油矿的和平解放。与此同时,艾黎还组织抢修组帮助人民解放军修炮车、枪炮、机器等,组织学校医院救治解放军伤病员。在艾黎的带领下,山丹培黎学校竭尽所能、倾力相助,为解放大西北作出了重要贡献。

四、晚年的北京岁月

1951年,山丹培黎学校被移交燃料工业部西北石油管理局,更名为"西北石油管理局山丹培黎工业学校",1953年划归西北石油钻探局领导,迁至兰州,改称"兰州培黎石油技工学校",艾黎被任命为终身名誉校长。他带领培黎学校师生积极支持山丹县委、县政府建立政权初期的工作,为机关架设电线,安装电灯、有线广播,还派出汽车供县上有紧急任务时使用。县上开展土地改革时人员不足,艾黎派出教师和年龄较大的学生参加土改工作组。培黎学校培养的第一批毕业生也随着中国解放的进程奔向全国各地,投身于新中国的建设中。

艾黎曾说,"在山丹与青少年一起度过的岁月是我一生中最快活、生活最充实的年代"。应周恩来和宋庆龄的邀请，艾黎从山丹前往北京居住，专门从事维护世界和平运动的工作。1972年，随着美国总统尼克松访华，中国与西方的关系开始松动，新西兰也在同年12月22日与中国建立了大使级外交关系。当时的西方世界对中国所知甚少，大使们到任后一片茫然。但新西兰的外交官发现，他们并不需要从零开始，因为这里有一个路易·艾黎。"他对中国了解那么多，又广受尊重，我们得到了他最热情的指点和帮助。澳大利亚的大使简直嫉妒我们了。"⑩一位新西兰驻华大使这样回忆。

从1958年起，艾黎在北京台基厂大街一号的小楼里居住了29年。他的生活简朴无华，每天的饮食既简单又单调，他不吸烟也不喝酒，马海德大夫的夫人苏菲为他织的毛衣，一直穿到边破线断，也不肯买件新的。艾黎享受部长级待遇，每月工资达800元人民币，但曾担任艾黎秘书的李建平说："他基本没什么积蓄。每月工资800元，扣除生活费之后，剩下的钱不是为山丹培黎图书馆买书，就是资助学校的建设。他去世时，银行里的存款只有3 400多块钱。"1980年，艾黎将自己在华工作几十年收藏的文物全部捐赠给山丹县。

艾黎终身未婚，但他热爱中国的儿童，从战争年代到新中国成立后，总共有六十多个孩子得到路易·艾黎的收养和资助；在晚年，他把更多的爱投向可爱的孩子们，他每年都会印一本新年小画册，刊登他在中国各地拍摄的儿童照片。每到周末，在北京的几个养子都会带着孩子到艾黎这里欢聚。"他老人家八十多岁高龄的时候，每天还戴着老花镜，滴滴答、滴滴答，一直在那不停地用那个机械打字机费劲地敲字，我记得他的著作有53本，译作是13部。我有时候看着他的背影，心中特别感动，一个八十多岁的老人，终身矢志不渝地为自己所喜爱的事业奋斗，像我们60岁退休了，退休后，好像什么事情都没有了。"⑪段海英说。

1984年12月2日,在路易·艾黎87岁寿辰之际,甘肃省委书记李子奇、省长陈光毅、省人大常委会副主任李屺阳前往艾黎寓所向他祝寿,艾黎郑重提出在山丹恢复重建培黎学校的建议,李子奇、陈光毅均表示同意,并商定学校名称为"山丹培黎农林牧学校"。筹建过程中,艾黎在学校性质、招生去向、学制课程、培养目标等方面都明确提出了自己的意见。在新培黎学校校长人选上,艾黎也是费尽苦心、多方协调,最后选定原山丹培黎学校的甲班生、新中国成立后一直在农业部工作的倪才旺。1987年4月21日,在路易·艾黎来华60周年之际,学校正式开学。12月,艾黎90岁寿辰之时,在中央担任领导职务的习仲勋亲临住所祝贺,并接受路易·艾黎的盛情邀请,担任了山丹培黎农林牧学校的名誉校长。

1987年12月27日,路易·艾黎因脑血栓并发心功能衰竭在北京去世,享年90岁。这一年,距离艾黎来到中国整整60年。在遗嘱中,艾黎写道:"务请不要大张其事,这只不过是又一名战士在行进中过去了。"邓小平同志为他题词:"伟大的国际主义战士永垂不朽",并对他做出了崇高的评价:"为中国革命事业尽力的国际朋友有千千万万,像艾黎同志那样五十年如一日,在我们艰难困苦的时期,在我们创业的时期,在我们胜利以后,始终如一地为中国人民做了大量的工作,这是不容易的,所以他受到中国人民理所当然的尊敬。"⑫

艾黎一生笔耕不辍,出版著作七十余部,其作品以诗歌、散文、日记、回忆录等方式,记录了他各个时期在中国和其他国家的见闻。其中,《有办法》是艾黎20世纪50年代初出版的第一本书;《六个美国人在中国》介绍了史沫特莱、斯特朗、斯诺、卡尔逊、史迪威和马海德这六位美国人对中国革命的贡献;《探索创造性教育纪实》提出了创造分析、手脑并用、理论联系实际的教育方针;《瓷国游历记》

路易·艾黎与少年儿童在一起

则是艾黎几十年研究中国陶瓷的一部心得之作。

为了更好地向世界介绍中国，艾黎奔走各地进行采访，并着手翻译中国古诗，其译著有《胡笳十八拍》《唐宋诗选》《李白诗歌200首》《白居易诗选200首》等。为了将中国古代诗歌优美的写意和针砭时弊的精髓准确无误地翻译出来，艾黎专门拜师和虚心请教来访的朋友，常常工作至深夜。他把对中国人民的感情和对中华民族灿烂文化的爱，紧紧地交织在一起。

他一直都保持着写诗的习惯。他认为只有写人民和人民的生活，诗歌才有意义。《大雪压青松》《献给奥蒂鲁阿的诗》《好风集》等诗集，抒发了他对中国的山山水水、对中国人民史诗般的劳动和斗争胜利的赞美之情。

艾黎曾写过一首诗，可以作为他一生的总结："中国给了我生活的目的，给了我一项愿意为之奋斗的事业。这事业一年比一年更加丰富。它使我得以置身于前进中的亿万人民的行列。这一切多么意味深远，谁还能想到什么报酬会比我得到的这一切更加美好。"⑬

（撰文：白晨雨）

注释

① 袁晶晶：《路易·艾黎，邓小平称他为"老战士"》，《环球人物》2012年第29期，第56—59页。
② 刘畅：《路易·艾黎人生》，金羊网-羊城晚报，转引自豆瓣：https://douban.com/note/367363380.
③ 刘畅：《路易·艾黎人生》，金羊网-羊城晚报，转引自豆瓣：https://douban.com/note/367363380.
④ 陈一心：《路易·艾黎在上海的11年》，《百年潮》2017年第4期，第57—61页。
⑤ 刘畅：《路易·艾黎和他的养子们》，金羊网-羊城晚报，转引自新浪新闻：https://news.sina.com.cn/0/2013-02-09/142726245972.shtml.

⑥ 袁晶晶：《路易·艾黎，邓小平称他为"老战士"》，《环球人物》2012年第29期，第56—59页。
⑦ 《路易·艾黎》，《凤县志》，转引自陕西景观数据库，http://www.sxlib.org.cn/dfzg/sxjg/bj/fxjg/201612/t20161220-556093.html。
⑧ 刘畅：《路易·艾黎和他的养子们》，金羊网－羊城晚报，转引自新浪新闻：https://news.sina.com.cn/0/2013-02-09/142726245972.shtml。
⑨ 《新西兰友人路易·艾黎：一生献给中国人民》，《浙江日报》，2014年11月24日。
⑩ 《路易·艾黎：中国给了我生活的目的》，《文汇报》，2010年8月7日。
⑪ 袁晶晶：《路易·艾黎，邓小平称他为"老战士"》，《环球人物》2012年第29期，第56—59页。
⑫ 陈一心：《路易·艾黎在上海的11年》，《百年潮》2017年第4期，第57—61页。
⑬ 陈一心：《路易·艾黎在上海的11年》，《百年潮》2017年第4期，第57—61页。

林迈可与抗战烽火中的红色电波

1937年7月7日,卢沟桥事变爆发,日本侵略者占领了北平。炮火纷飞中,美国人和英国人合办的教会大学燕京大学,成为北平为数不多暂时安全的地方。

在战乱年代,燕京大学依然尽全力为学生们提供最好的教育资源。当时的西方大学流行"导师制"学习制度,为了提高教学质量,校方准备效仿英国牛津大学的新思潮,在燕京大学试行导师制。

关于导师制相关说明的宣讲课堂在燕京大学最大的103教室举办,台下座无虚席,女学生李效黎来时差点找不到一个空座。战火纷飞的年代,李效黎不确定象牙塔一般的校园生活能维持多久,但她知道,敌人永远无法管制的是自己的思想。她决定要珍惜学习的机会,好好读书,用知识武装头脑。

讲台上除了李效黎的院长陈其田,还有一位陌生的外国老师。高高的个子,修长的体型,鼻子上架着一副精巧的眼镜。李效黎从未见过这么漂亮的鼻子,整个讲课过程中,她总是不自觉被这个外国老师的鼻子所吸引。李效黎猜到,这个外国老师,大概就是布告上介绍的,本次导师制的导师之一——林迈可(Michael Lindsay,1909—1994)。

一、探访根据地，寻找红色中国

林迈可来到燕京大学可以说是一个偶然。林迈可出生于英国的一个世代书香的家庭，祖父是历史学家，在苏格兰格拉斯哥的神学院担任院长多年。父亲在牛津大学的贝里奥学院担任院长。林迈可自己也毕业于牛津大学，在那里，他先后学习了自然科学、经济学、哲学以及政治学。

1937年，林迈可刚刚结束在南威尔士州工业调查所的工作，正在寻找新的工作。时任燕京大学社会系主任的吴文藻教授，也正在为燕京大学即将实行的导师制实验物色导师人选。机缘巧合下，林迈可成为目标人选之一。尽管在当时，林迈可对中国还不甚了解，也没有听说过燕京大学，但他还是欣然接受了邀请。一方面他对于导师制在中国首次实行的实验非常感兴趣；另一方面，他也想更进一步地观察和了解中国与中国人民，深入理解神秘的东方文化。

林迈可站在宣讲会的讲台上，向同学们讲述着导师制的计划。李效黎还不能完全听懂这样大篇幅的英文，尤其是林迈可的英文还带着浓浓的牛津腔，但她听明白了大致的概念。导师制的学习方式不需要死记硬背，而是更加锻炼个人的思维能力，这让她十分心动。她决定报名参加考核。经过英文论文和面试两轮筛选，李效黎成为入选的八名学生中唯一的女学生。从此，李效黎开始跟着林迈可学习经济学和方法论。

林迈可是一位非常细心且负责任的老师。导师制学习开始的第一个学期，林迈可发现了李效黎在英文方面的不自信。林迈可思前想后，决定请同事戴德华的太太帮忙。戴德华太太是儿童心理学家，家里正有一个刚学会说话的女儿和还不会说话的儿子。李效黎每周都会去陪孩子们玩耍，与孩子们的交流相对简单，也不会太拘束。在林迈可和戴德华太太的帮助下，李效黎的英文听力和口语水平进步明显。

第二学期，李效黎又遇到了新的学习难题。她跟不上经济学课程中图表部分的内容，林迈可发现后，主动提出要为其补课。在林迈可耐心温柔的讲解下，经过几次补课，李效黎逐渐掌握了图表的知识。她却为此感到失落，因为当自己完全领会图表知识的时候，林迈可先生对她的单独补课也要结束了。单独补课虽然结束，李效黎和林迈可的友谊却持续升温。林迈可的书房里有他自己装配的唱片机，夕阳西下，两人常常一起享受着美妙的音乐和落日的余晖。

1939年暑假前，作为知心好友，林迈可向李效黎分享了他即将前往抗日根据地的计划。这是林迈可第一次在李效黎面前提到"中国共产党"，但实际上，在此之前他已经不止一次探访根据地，接触到八路军了。

林迈可在前往中国的轮船上结识了好友诺尔曼·白求恩医生。在旅途中，白求恩医生非常积极地向林迈可介绍了他心目中的红色中国。两人在轮船上约定好未来在华北再见。1938年初，当时美联社驻北平记者霍尔多·汉森先生的一篇报道吸引了林迈可的注意，他和另外两名燕京大学的外国教师决定趁着复活节假期，去看一看报道中提到的冀中地区活跃起来的"那个组织"，去寻找白求恩医生口中的"红色中国"。

前往冀中的路程相对顺利，林迈可一行人带着自行车先乘火车来到了保定，下车后再一路骑着自行车向农村而去。林迈可还带上了新买的德国造的蔡司伊康照相机和16卷120胶卷，记录他这次不平凡的旅行。作为一名摄影爱好者，林迈可来到中国后拍摄了大量珍贵的照片。林迈可一行三人由于其外国学者的身份，在冀中游击

林迈可在燕京大学书房

林迈可(左二)一行人前往冀中途中

区受到了热烈的欢迎,甚至有专人带他们四处周游。游击区到处都是抗日集会,到处都有新兵正在进行操练。林迈可一行人还被邀请参与了平汉铁路的袭击行动。这次行动虽然炸毁了两三截铁道,有一定的战果,但在行动过程中,指挥官不会根据北斗星辨别方向,带着大家绕了很多路,整个袭击行动的过程并不顺利。

  1938年暑假,林迈可第二次前往冀中。这一次,他和同事戴德华受到了更庄重的欢迎。在进入吕正操将军的司令部时,有军乐队演奏欢迎他们的到来,还有专人护送他们到山西省五台山区的聂荣臻将军的晋察冀司令部。这一次的深入探访,林迈可依旧带上了他的相机,捕捉到了很多历史瞬间。他参观了根据地自制武器的兵工厂,看到了乡村小学写满抗日宣传标语的黑板报,看到了日寇破坏的村庄,也同乡民们一起听了露天的抗日话剧。在五台山,林迈可还与他的好友白求恩医生重逢,这使他又惊又喜。林迈可是在来中国的轮船上结识白求恩医生的,当时白求恩医生的目的地是延安。分手时,林迈可不敢想象他们两人会在未来再次相遇,这次在五台山的重逢让他欣喜万分,为此,林迈可一人单独留下,和白求恩医生度过了一周。白求恩医生的医院设立在一个简朴的农家小院中,他对待病人非常热心与真诚,有时候会因为病人没有得到及时救助而大发雷霆。对于白求恩医生来说,救治病人是最重要的使命。他加入共产党的初心十分朴素动人,仅仅是因为他在访问苏联时期感受到苏联的结核病人受到了良好治疗,因此他决定加入共产党组织。在白求恩医院停留的这一周,白求恩医生治病救人的场景深深触动了林迈可。

  听完林迈可两次前往冀中的经历,李效黎心情有些复杂。她不了解八路军,不了解游击队,她很高兴有人能告诉她关于游击队的事情,很高兴国家还有这样一支坚毅的队伍在战斗,但她又本能地担忧林迈可的危险处境。

林迈可在那个暑假再一次动身前往根据地。这一次的考察，表面上是燕京大学所计划的赴边区考察组的活动，而实际上是党组织有意安排的，让潜伏在燕京大学机器房当机械工人的地下党员肖田带林迈可等国际友人参观根据地，宣传共产党坚持敌后抗战。

李效黎没有想到，这一次的分离竟然如此之久。夏天过后，林迈可还是没有回来。更让她担忧的是，连林迈可的父亲都在打探他的下落，他与所有人都失联了，甚至有传言说林迈可已经被日本人残杀了。李效黎心急如焚，她知道林迈可的秘密，她担心林迈可的安危。李效黎心中明白，她对于林迈可的爱慕已经超过了普通的师生情谊。林迈可不在的这段时间，每每路过他的住所，她的目光总是不自觉地扫过林迈可书房的那扇窗户，看看是否有灯点亮。

林迈可这一次的旅行比之前的都要长。他和几位同事计划穿过西山，访问延安。这一年的雨季发生了严重的水灾，一些计划的路线被洪水阻隔，旅程并不顺利。经过一周的跋涉，一行人到达了聂荣臻将军的司令部，林迈可又一次见到了白求恩医生。当时前线各方面条件艰苦，物资匮乏，白求恩医生没办法吃到自己日思夜想的西餐美食，林迈可便承诺安排好西餐和住宿，邀请白求恩医生日后前往北平家中与他相聚。遗憾的是几个月后，白求恩医生就因败血症而逝世。

当时的军事形势已经不能实现他们前往延安的计划了，林迈可一行人便横穿了正太铁路，前往晋东南的八路军总司令部。在那里，林迈可遇见了朱德将军。肖田作为燕京大学机器房的工人，有着一身操纵机器的好本领，但他没有接受过什么正规教育，和一些知识分子交谈时总感到有一些不自在。朱德平易近人，主动将司令部的机器展示给大家看，并虚心接受肖田提出的建议。包括肖田在

吕正操将军领导的冀中军区司令部欢迎林迈可和戴德华

聂荣臻、林迈可、白求恩(从左至右)在晋察冀根据地交谈

内,林迈可一行人都被朱德的人格魅力所打动。

由于洪水和战乱,林迈可这一次的旅行时间远远超出了计划。11月底,林迈可终于回到了燕京大学。这次阔别,让李效黎和林迈可的情谊再一次升温。一天晚上,李效黎接到了林迈可打来的电话,电话里说急需她的帮忙。林迈可需要李效黎帮忙将一批药品的标签全部撕去,并换成中文标签。看到满地的药品,李效黎心中吃了一惊,但她什么话也没说,立刻行动起来。李效黎不是第一次帮林迈可翻译订单了,在此之前,李效黎也帮他整理过药品的订单。林迈可信任李效黎,知道她是个诚实可靠的女孩。当他手头上有一些危险又紧急的任务,需要有人帮他翻译一些化学用品或者药品的订单时,他能想到的最佳人选就是李效黎。战争时期,虽然有着外国人的身份作掩护,但林迈可大量购买化学用品和药品的行为也是非常令人起疑的;虽然林迈可从不提这些订单从哪儿来,又有什么用,但李效黎心中也能感觉到这件事情不简单。李效黎是聪明又有分寸的学生,每次翻译订单,她从不多问。两人将所有的药品整理完毕,林迈可长舒一口气,向李效黎解释了来龙去脉。这一次林迈可没有隐瞒,他告诉李效黎,这批药品是送给八路军的。

"因为事情是很明显的,任何有血性有思想的人,都有义务去反对日本军队。"[①]通过几次对根据地的探访,林迈可按耐不住血液中流淌的正义感和责任心,他亲眼看见了这支军队有多么缺乏物资,一直以来,他都在用自己外国人的身份帮八路军做一些地下工作。

李效黎一点也没有为自己置身于林迈可秘密的行动中而感到害怕,反而非常感动,感动于林迈可为了中国的抗战而如此勇敢和有担当。在此之前,李效黎没有机会了解当时的局势,更没有机会了解中国共产党和八路军,林迈可为她打开了通向外面世界的一扇窗。

由于战争,美国方面不打算再对燕京大学的导师制计划提供资金,因此在1940年,林迈可接受了英国大使馆的邀请,成为英国大使馆的新闻参赞。离开燕京大学后,林迈可和李效黎没有停止通信,但李效黎心中盼望着林迈可的归来。9月底的一天,正在教室里上课的李效黎,无意中往窗外看了一眼,那个她心底挂念的人,正在教室窗外微笑地看着她。李效黎不敢相信自己的双眼,心中又惊又喜,她没办法再集中于自己的课堂作业,写了错,错了改,改了再错。她既焦急又欣喜,想立刻冲出教室,站到林迈可的面前。

原来是司徒雷登校长不希望导师制就这样结束,因此设法筹措到了资金,邀请林迈可回学校继续教书。李效黎已经不再学习导师制的课程,他们俩也算结束了师生关系,交往更加频繁而不受约束。甚至有几次,林迈可骑着摩托车带李效黎去郊外野餐、游玩。

1941年5月24日,林迈可向李效黎求婚了。6月26日,在李效黎拿到学位证书的第二天,林迈可和李效黎在燕京大学未名湖畔举行了婚礼。燕园里鲜花烂漫,风景宜人。他们没有去度蜜月,因为林迈可的秘密工作还在进行,抽不开身。他答应为三个不同地区的游击队安装收音机,这三支游击队都直接和林迈可联系。他们也没有采购家具装修婚房,林迈可分析世界形势,认为日本加入世界大战是迟早的事情,他们随时要做好逃难的准备,因此没有必要对新居做太多的装修,早晚是要离开这个地方的。李效黎理解丈夫援助八路军的心意,也十分动容。她愈发频繁地参与到这些秘密工作中,成为丈夫的得力助手。他们常常伪装成开车去郊外野餐的夫妇,带上水果和啤酒,而将导线、零件等物资藏在座位下面。路上他们多次遇到日本兵,夫妇俩都从容不迫,化险为夷。

那一年春天,曾经陪同林迈可一同前往根据地的燕京大学机器房工人,同时也是中共地下工作者的肖田被日本宪兵队抓走。肖田从根据地回到北平后,就决定将燕京大学的机器房作为秘密据点为

林迈可、李效黎结婚照

根据地筹集物资。林迈可在上海和香港的时候,为根据地购买了很多北平无法购买的器材零件,并悄悄组装成收发报机交给肖田。肖田则将器材偷偷藏在粪车里,躲过日军的搜查,成功将大量物资送往根据地。正在这条秘密交通线愈发成熟和巩固的时候,因曾陪同外国教授考察边区,肖田引起了敌人的怀疑,被抓去严刑拷打,受尽酷刑。林迈可得知此消息后,筹集了1 000元钱,和肖田的朋友合力将其营救出狱。

1941年12月8日,星期一。李效黎像往常一样打开收音机,想听一听英国广播电台的新闻,但却没有收听到任何内容。她以为收音机出现了故障,便叫醒林迈可检修。林迈可扭动了几下收音机,终于收到一个德文电台在播报新闻,新闻里说日本和美国开战了,燕京大学已经不安全了。

林迈可当即判断出自己危险的处境,他们要立刻离开这里。他在最短的时间内开上司徒雷登校长的车,接上了将要一同投奔根据地的同事班威廉夫妇。同一时间,李效黎也立即在家打点起来,将他们提前准备好的零食背包以及棉衣外套带上。林迈可很快回来接李效黎,他带上了所有的手枪和两只装着无线电零件的箱子,疾驰出燕京大学,向北平西山方向驶去。

后来林迈可夫妇得知,仅仅十分钟后,日本宪兵队就赶到了他们的住所进行搜查。日本人已经认定林迈可是国际大间谍,在燕京大学审问和威胁了林迈可的所有朋友,想要将林迈可找出来送上军事法庭并将其枪毙。

二、投身晋察冀根据地无线电事业

林迈可一行人开车到黑龙潭时,决定弃车步行。他们雇了几个农民挑夫帮他们挑行李。林迈可记得在根据地曾经听说过法国的贝熙业医生救治过八路军，于是想先到贝熙业医生的住处——贝家花园，看看有没有能联系上八路军的方法。到达贝熙业医生的别墅时，只有管家在家。林迈可称他们是贝熙业医生的朋友，管家看到林迈可和班威廉夫妇都是外国人，便热情地将他们引进屋。贝熙业医生不在家，管家依旧款待了他们。林迈可诚恳地告诉管家他们的来意，希望管家可以帮助他们联系八路军。管家犹豫了片刻，告诉他们贝熙业医生已经很久没有回来过了，他不敢再多留林迈可等人，于是找来了几个背夫，送他们离开。

林迈可随即想到另一个法国人蓝先生在关儿岭有一处别墅，想去那里寻找线索。蓝先生也不在家，管家夫妇也误以为林迈可一行人是蓝先生的朋友，热情款待了他们。李效黎告诉管家，如今日本已经和美国宣战了，希望管家能告诉他们一些联系八路军的线索。李效黎对管家说，如果管家不帮这个忙，日本人知道他们来过此处，一定也会连累管家。听了这话，管家决定帮助他们寻找线索。

在管家的帮助下，他们见到了赵先生。赵先生是伪政府控制下的村庄的伪村长，他表面上为敌军效力，其实是为共产党做事的。赵先生很睿智，身材瘦小，十分敏锐。他仔细询问了林迈可一行人的来路，在林迈可准确说出了几个游击队指挥员的姓名后，赵先生才相信了他们，并表示一定会将他们送到安全的地方。

赵先生带着众人在黑夜中启程，最终到达了龙泉寺。经过一天惊心动魄的奔波劳碌，林迈可一行人终于有了一个安稳的落脚点。赵先生拍胸脯保证，这里是日本人找不到的地方。与此同时，赵先生也已经派人通知八路军，于是林迈可等人便暂时在这里等待消息。第二天晚上，他们收到了联络员送来的信件，信中表示了对几位国际友人的欢迎和慰问，并承诺一定会保护他们的安全，携手战胜敌人。

半夜时分,林迈可终于听到了熟悉的声音,是肖芳。肖芳是他几次运送物资前往根据地的接收人。看到肖芳,林迈可终于确定,他们和八路军真的联系上了。肖芳判断形势后决定带着大家立即离开这里。一行人在月光下赶着夜路,直到天快亮才来到了一间农舍休息。接下来几天,他们在肖芳的带领下一直在不分日夜地赶路和转移。

几天后,他们来到了一个比较大的村庄,这里有八路军驻扎,相对安全。林迈可一行人到来的消息在村庄中不胫而走,村民们都跑来看这几个蓝眼睛高鼻梁的外国人,感到十分新奇。在这里,不但八路军士兵们向林迈可他们打听国际局势,农民们也对世界局势有几分了解,并十分关心当前的新进展。更让他们惊讶的是,这里的普通老百姓们都能够上台脱稿演讲,落落大方。李效黎甚至觉得,在对政治的认识方面,燕京大学的学生们都未必有这里的农民了解得多。八路军确确实实在教育着人民。

经历几次转移后,林迈可一行人来到了平西根据地,见到了平西根据地的司令员萧克将军。这是李效黎第一次见到萧克将军,萧克文质彬彬,温文尔雅,她完全想不到这就是国民党口中凶神恶煞、魔鬼一般的萧将军。来到平西后,他们就在萧将军的司令部住下了。

萧克将军非常信任林迈可,知道林迈可精通电讯技术,他便请林迈可去通讯部电台修理收发报机。通讯部电台就在附近的村庄,于是林迈可开始到通讯部工作。林迈可从燕京大学出逃时带上的万能测量表和计算尺,在这个通讯部是仅有的宝贝工具,他再一次感受到八路军抗战的艰苦条件。让林迈可感到欣慰的是,与他并肩作战的同志们都十分朴实友好,林迈可和他们也结下了深厚的友谊。通讯部的王士光同志，在清华大学物理系读过两年书，参加红军后一直在通讯部门工作，会讲外语，成为林迈可在通讯部的好帮手。其他的一些同志也许不如王士光理论基础扎实，但他们都非常勤恳好学，这让林迈可非常感动。

班威廉夫妇在一月的时候离开了平西，他们决定去聂荣臻将军的司令部，林迈可在通讯部的工作还没有结束，他和李效黎继续留在平西。林迈可工作的时候，李效黎常常和村里的妇女聊天。妇女们对李效黎和林迈可的跨国婚姻非常好奇，得知李效黎是大学生时，更是诧异不已。她们没想到坐在面前和她们一起谈天说地的妹子竟然是大学生。李效黎也常常感到诧异，这里的妇女们人人都会讲抗日故事，和她印象中的农村妇女形象大相径庭。村子里的每个村民都参与到了抗日宣传中。战争教育了人民，八路军组织了人民，普通人民的生活完全融化在了抗战的大熔炉里。

过了农历新年，林迈可的工作也暂告一段落，林迈可夫妇便离开平西，受邀启程前往聂荣臻将军的总部。途中，他们参观了白求恩医务学校，学校的师生为林迈可夫妇举办了座谈会。白求恩医生是林迈可的挚友。林迈可还记得，上一次和白求恩见面时，白求恩十分想念西洋美食，他们约定好要在北平林迈可的家中大快朵颐。林迈可非常惋惜这位好友的逝世。

1942年2月底，他们经过沙河，来到温塘，在温塘的经历让林迈可印象深刻。林迈可夫妇非常喜欢温塘的温泉，这里的温泉水非常烫，水中还含有硫黄，治好了林迈可受伤的疥疮。温塘招待所的主人是非常典型的中国人，热情好客。林迈可很喜欢主人第一天为他们准备的烙饼，主人却为没有准备外国人爱吃的鸡蛋感到愧疚。主人提议将鸡蛋加入烙饼，林迈可认为这会破坏烙饼的美味便婉拒了，但主人误以为这位外国贵宾是客气，第二天还是做了鸡蛋烙饼，反倒没有第一天的烙饼原汁原味。晚上睡觉时,主人也总怕炕烧得不够热,怠慢了远道而来的客人,结果由于炕烧得太热,把被褥都烫出了洞。尽管知道这是主人的一番好意,但林迈可不习惯这样的"热情",他认为这是中国的"旧礼节"。

到了春天,林迈可夫妇终于到达了聂荣臻将军的司令部驻地。早在1941年3月,在充分认识到电信通讯对战争以及战后和平发展的重要性后,聂荣臻将军就决定要建立一个八路军的无线电研究组。他们想尽可能地找一些学历相对而言比较高的、懂一些理论研究的学员,边行军打仗边学习。这个研究组万事俱备,只欠导师。当听说林迈可在平西根据地解决了许多电讯难题时,聂荣臻将军又惊又喜,当即邀请林迈可夫妇和班威廉夫妇来边区总部参观,计划着能进一步邀请他们来当导师。

林迈可原本的逃亡计划是从晋察冀根据地前往延安,再从延安到重庆或者直接回到印度或英国,但是当聂荣臻将军挽留林迈可任通讯部技术顾问,帮助部队重建电台,并且培训一批电台人员的时候,林迈可没有犹豫,一口答应,转身便投入了工作。

林迈可夫妇新的居住地在吊儿村。这里有一个专门为外国友人提供住所的大院子,条件十分不错。先前投奔聂荣臻将军的班威廉夫妇已经在这个院子里住下了,布朗杰斯特先生、当舒先生和傅莱医生也先后来到了这所院子。大家笑称这所院子是"国际饭店"。

在聂荣臻将军的指导下,无线电研究组的课程教学也红红火火开展起来。这里没有系统的教材,技术人员的专业基础知识也不够扎实,因此在给技术人员上无线电的工程课时,要从最基础的电学第一定律教起。高等数学、大学物理甚至微积分等大学常见的基础课程也是该无线电研究组的授课内容。为了提高传递信息的效率,

林迈可担任晋察冀根据地通讯部技术顾问

林迈可为学员讲解电讯知识

学员们需要掌握简单的英文词汇和短语,于是李效黎也开始在研究组里担任英语老师。由于开设的课程和普通大学的很相似,这个研究组又被大家称为"吊儿大学"。

林迈可和班威廉也曾怀疑过,在战火纷飞的前线,给学员们教授这些基础课程有什么帮助、对游击战争有何意义?聂荣臻将军解释道,八路军不仅仅是一支战斗队伍,更是一支人民的队伍。为了战后新中国的建设,有必要也有责任在战士中培养一批未来的工程师。两位洋教授对于聂荣臻将军的远见卓识都非常赞赏。正如聂荣臻将军预料的那样,林迈可在晋察冀带出的学生钟夫翔、王士光、林爽等人,后来都成了中国电讯领域的高级专家,为国家的建设作出了突出贡献。

除了培训学员,聂荣臻将军还希望林迈可能够在通讯部承担一些改装旧收发报机的工作。这里物资匮乏,技术水平也不够,收发报机的性能跟不上作战需要。林迈可对这份工作十分上心,他依旧使用着他从北平带来的"宝贝工具"——万能测量表和计算尺,竭尽所能优化着收发报机的性能。在工作中,他迸发出了许多优化通信工具的想法,他也会经常去分区司令部走动,看看分区司令部是不是能为实现他的想法提供一些零件。林迈可很快发现,这里相信科学,这里团结而有凝聚力,只要林迈可能够证明自己的想法是正确且可行的,各分区司令部毫不吝啬地愿意给到他们所能给予的全部帮助。林迈可因此向聂荣臻将军提议,将所有分区零散的零件全部上交总部,方便通信工具的优化效率。聂荣臻将军接受了这个提议,马上向分区政府下令,这让林迈可非常欣喜。

来到吊儿村不久,李效黎有一次突然晕倒,经过傅莱医生的诊断,她怀孕了。林迈可非常兴奋,不再让李效黎参加任何笨重的劳动。李效黎在吊儿村和当地的妇女走得更近了,她们常常一起聊

冀中电台全体人员合影

天,一起去河边洗衣服。

4月中旬,李效黎受邀参加了全国妇女联合会。来参加这次妇女联合会的代表们来自全国各地,她们冒着危险穿过日军层层封锁线来到这里。会议的主题是如何开展抗日战争时期敌后的妇女工作。各村的妇女都被组织起来,分工劳作。年轻力壮的妇女下田干活,年迈或体弱的妇女在家烧饭、缝纫、看管孩子。妇女们都在尽力为抗战奉献自己的力量,即使家中男人上前线或是有别的工作,家里也能做到井然有序、不误农时。此外,妇联的同志们在方方面面都关心着妇女的生活,许多妇女都会求助妇联帮她们解决家庭纠纷。

眼看快到生产的日子了,李效黎离开了吊儿村,在一位管理员兼饲养员的陪同下前往卫生部待产。林迈可留在吊儿村继续工作。李效黎心中隐隐担忧,她很害怕自己会难产,之前给她诊断的卫生员说她胎位不正。李效黎担心自己这一离开就是和丈夫的永别。虽然心中有种种担心,但她知道这里的通讯部十分需要林迈可,她也非常支持和理解丈夫的工作。

一连步行了三天,李效黎终于到达了卫生部。在卫生部待产的日子里,为了防范日军的进攻,李效黎她们进行了两次转移,从卫生部到山沟里的大台村,爬过"阎王鼻子沟"——以难以攀登著名的高峰,终于来到了深山中的骄庆,一个日本人绝对不会来的村庄。这些天的转移对于常人来说都是非常艰难的,更何况是李效黎这样一个即将临盆的孕妇。李效黎不忍让同行的战士背她上山下山,坚持自己走完了全程。两周后,卫生部派来的产科医生杨医生也到达了骄庆。产科医生到来的当天夜里,李效黎就开始腹痛,杨医生检查之后确定一切正常,李效黎即将分娩。

小生命是第二天上午来到这个世界的,虽然小家伙是屁股先出

林迈可在组装电台

来的，让大家捏了一把汗，但后续的生产过程非常顺利。留在吊儿村的林迈可接到任务，要去第三军分区重建电台，他终于有机会在前往第三军分区的途中来看望刚刚生产完的妻子和他可爱的女儿。林迈可给他们的女儿起名"艾丽佳"。

林迈可一家仅仅团聚了三天。三天后，林迈可启程。临走前，他用相机拍下了李效黎抱着艾丽佳的照片。

林迈可结束第三军队分区的工作后，和李效黎带着他们的女儿艾丽佳一同去了第一军分区，后来又因为工作的调动回到了第三军分区。林迈可的工作非常忙碌，整夜整夜工作也是常有的。好在小婴儿艾丽佳给林迈可的生活带来了欢乐和阳光，他总忍不住亲亲抱抱自己可爱的女儿，把她高高举过头顶逗她开心。

在工作之余，林迈可也会观察到根据地可能存在的问题。有一次，林迈可获赠了一本毛泽东论唯物辩证法的小册子。林迈可读完认为这本书写得很好，其中有一些观点和爱因斯坦的观点很像。曾担任过毛泽东秘书的周小舟同志因此和林迈可争论了一晚上，他不相信马克思主义者会和非马克思主义者的阐述是一个意思，他认为只有马克思主义者才是对的。争论过后，林迈可感觉到与在前线作战的士兵相比，后方根据地的工作人员容易出现思想上的教条主义。

结束晋中地区工作后，林迈可一家回到原来晋察冀根据地总部所在地，发现那里已经遭受日军袭击。这是日军所谓的"蚕食"战略，一点点侵占根据地的边缘区域。因此，总部已经搬迁到了温塘，中心电台也搬迁到一个叫中白岔的村子里。

白天，林迈可在电台操控室教大家装配器材，李效黎教大家学习简单的英文。李效黎还响应部队开展生产的号召，养了几只来亨鸡。来亨鸡几乎每天都可以下蛋，这让村民们大吃一惊。到了晚上，林迈可和李效黎就会散步去温塘洗温泉浴，这是那些日子少有的二人时光。

平静而充实的生活被日军的空袭打破。日军的飞机是突然来的，盘旋在村庄上空，往下扔炸弹。一连几天，空袭的恐怖阴影都笼罩在村庄上空。林迈可当时正患着不明原因的病，身上起着水痘一样的小泡，因此被安顿到了山沟里隐蔽。一天上午，李效黎正准备去给电台的技术员们上课，空袭的警报又拉响了。她赶忙回家抱起艾丽佳就向远处拼命地跑。一会儿，又来了七架飞机，李效黎决定不跑了，找了一块大石头将艾丽佳放下，艾丽佳的桃红色衣服太显眼了，李效黎用自己的身躯掩护艾丽佳。

有一架飞机飞得很低，在李效黎母女的上空盘旋着，李效黎甚至能看见飞行员的模样。远远近近声声爆炸声让她心里紧张又害怕，生怕飞行员发现她们。这时，小艾丽佳可能也感受到了恐惧，突然大哭起来。艾丽佳的哭叫声让李效黎绝望，看来这次她们在劫难逃了。幸运的是，头顶的飞行员并没有发现什么异常，盘旋了几圈后又向前飞去。李效黎第一次感受到死神离自己是那么近。过了很久，听不到飞机的动静了，村庄里的人也开始出来走动了，李效黎才确认，自己和女儿暂时安全了。林迈可找到她们时紧紧将妻女拥入怀中。这不是他们第一次遇到危险，每次转移，他们都是在和敌人打游击战，他们也曾正面遇到过敌军，也目睹过战士为了保护他们而牺牲。连李效黎都在转移的途中被迫学习了手枪射击。但他们从来没有退缩过，林迈可和李效黎都深知，对于这支山里的军队来说，林迈可是不可多得的人才，他的帮助对于八路军的电讯工作有多重要。

经过几次转移，林迈可一家又回到了晋察冀军区司令部。在晋察冀边区的两年多，林迈可做出了力所能及的全部贡献。他不但培育了一批又一批电讯技术人员，还把所有能用的元件都用在改装电讯设备方面。

林迈可想要再做点什么。他发现，国民党的情报封锁使共产党的敌后根据地成为一座与世隔绝的孤岛，他们无法和在中国战场的英、美等盟国取得联系，共产党的许多重要情报送不出去，这不利于发挥同盟国的作用；而且如果共产党可以实现和同盟国的合作，那么物资水平可以得到一定程度的提高，这有利于共产党在敌后战场的作战。林迈可想要和英、美驻重庆的机构取得联系，他的想法在晋察冀根据地实现起来比较困难，于是，林迈可决定，到延安去。

三、让世界听到延安之声

1944年4月，林迈可一家动身前往延安。在延安，林迈可一家住进了窑洞。他们很满意这个生活住所，在黄土坡上开凿出的一个个窑洞让林迈可感到十分新奇。这里的住宿条件也比较好，林迈可还拥有一间单独的窑洞作为工作室。

林迈可一家来到延安的第二天，朱德将军就前来看望他们。朱德朴实亲切，一点也没有架子。没多久，林迈可又接到了中共中央委员会晚宴的邀请，在这次晚宴上，他们受到了毛泽东主席的接见。

中共中央委员会的晚宴在杨家岭举行，林迈可一家受邀前往。当时从前线到延安的高级干部几乎都住在杨家岭，林迈可一家先来到了周恩来副主席的住所。周恩来邓颖超夫妇正在门口迎接他们。这是林迈可夫妇第一次见到邓颖超同志，他们知道邓颖超为中国妇女事业的发展一直辛勤工作着，艰苦的条件和颠沛流离的生活让她的健康状况不是很好,但她的眼神温柔又坚定,李效黎认为她由内而外散发着动人的气质。毛泽东主席就站在周恩来夫妇的身后,这也是林迈可夫妇第一次见到毛主席。毛主席亲切问候了他们,尤其是关心了小艾丽佳是否适应这里的生活、健康状况如何。

林迈可不太能听懂毛主席的湖南口音,于是李效黎就担任了翻译。林迈可希望可以尽快投入工作,毛主席却让他再休息一段时间,养好精神。

休息了一段时间后,林迈可再也受不了无所事事的状态,他迫切想要和别人聊一聊他的工作设想,他想要快一些投入工作中去。于是他和朱德在王家坪共进了午餐,表达了自己强烈的工作愿望。那次午餐后,朱德签署了任命书,林迈可被任命为第十八集团军通讯部的无线电通信顾问。

延安的通讯部器材比晋察冀边区的要好很多,林迈可认为自己的设想可以在这里实现。他想要制造一台可以与国外联系的发报机,他想要将共产党的情报和故事传递出去,这也是他来延安最重要的原因。中共领导人对林迈可的设想是有一定质疑的,他们不认为现有的器材和技术水平能让他们拥有一台与国外联系的发报机,但依然同意让林迈可一试。

林迈可在延安遇到了一些前方回来的通讯部老友,他们一起协助林迈可制造这台发报机。计算、推公式、看地图、配零件……虽然工作忙碌,但发报机的制造大体上还是在顺利推进的。有时他们也会产生一些争论,但林迈可总能通过严格的推论让他人信服。1944年8月,他们成功制造出了能够与外国联系的发报机,将信号发射到了旧金山和印度。

这一次,延安的声音真正传到了世界,不仅突破了国民党的新闻封锁,而且实现了直接、及时地与西方沟通,避免了信息阻碍和过滤。

完成发报机的制造后，林迈可被分配到新华社英语部任顾问。他的主要任务是将延安报纸上的文章挑选之后进行翻译和编辑。林迈可在挑选文章时充分考虑了时局，他认为那些对敌方带有辱骂性质的言辞报道并不适合翻译成英文，这些报道不利于国际舆论。

林迈可是一位很有血性和义气的国际友人，与此同时他也保持着理性和客观。林迈可结合自己的切身体会，感受到延安的工作效率明显不如根据地。他想可能是因为根据地条件艰难，需要带领人民一同作战，因此一切行动都快速有力，而延安这边各方面条件好了很多，行政工作比较追求尽善尽美。延安工作效率低的问题并不只有林迈可感受到了，不过很多人不以为意，说可以理解，因为延安是落后地区。林迈可对此非常生气，大家都是从根据地来的，没有理由到了延安就变得懒散起来。

另外，林迈可敏锐地感受到，这里的官僚气息比较浓厚，仿佛有着一种不成文的气氛，对于上级颁布的指示，大家都毫无异议。有一次，有一批记者参观了一所医务学校。当时延安在搞大生产运动，大家都要响应自给自足的方针。据说领导人带头响应，毛泽东主席学会了纺线，朱德将军成为种植莴苣的高手。林迈可不能理解为什么医学院的学生们每天要花大量的时间种地干活，学生前来医学院本应该珍惜学习医术的每分每秒。这批记者参观完医务学校后指出了这一点的不合理性，但当时整个医务学校没有人敢向上级提意见。

林迈可和妻子一直以来都没有加入中国共产党，他帮助共产党的初衷非常单纯：他遇到了八路军，八路军在如此艰苦的条件下坚持作战的精神打动了他，于是他向八路军伸出援手。林迈可不迷信中共领导人，他是非常真诚地希望这个组织可以打赢这场艰难的战争。如果延安的一些问题不解决，等到抗战胜利，这些小问题会变成大问题，小错误会酿成大错误。林迈可知道，很多人看见了延安的问题但不敢提出来，但他没有什么不敢的。于是他着手整理他在延安发现的问题，将文稿命名为《延安有什么问题》。

林迈可还曾就统一时间的问题直接写信给毛主席，提出自己的建议。当时延安并没有统一的时间，有的地方使用华东标准时间，有的地方使用华北标准时间，有的地方使用日晷时间。中央委员会后来发布公告，统一以日晷时间为标准，因为这样更加贴近群众的生活。这个决定也无人提出异议，但林迈可觉得非常不妥。靠日晷阳光下的阴影判断出来的时间是非常模糊的，有时误差会达到一两个小时，并且日晷使用存在着诸多不便。虽然普通老百姓生活中还没有那么强烈的时间概念，但是作为政府来讲有一个统一而精确的时间标准是非常重要的，尤其是在林迈可熟悉的电讯部门，约定的时间更是容不得一点差错。于是林迈可向毛主席写信，表达了自己的见解。毛主席看到来信，认真思考了林迈可的意见，认可了他的想法。毛主席委托自己的助理与各机关进行沟通询问，最终决定将中国中部标准时间作为统一标准。不久，林迈可收到了毛主席的回信，毛主席非常感谢他提出的中肯建议。林迈可认为，当时的延安实行了"知无不言，言无不尽；言者无罪，闻者足戒"的方针。领导人其实并不会反感有不同的声音出现，反而会认真听取意见，态度很诚恳。

林迈可来到延安后不久，一个中外记者团的到来让整个延安欣喜地忙碌起来。1938年以来，重庆国民政府对根据地实行信息封锁政策，以为这样就可以隐藏共产党抗战的事实，对共产党进行任意污蔑。中外记者团的到来使国民党的封锁计划失败了，许多国家对国民党政府施加压力，要求它对延安开放。一直以来，为了让世界听到延安的声音,林迈可也一直在努力贡献自己的力量,他将自己观察到的关于共产党、根据地、八路军的情况编纂成了边区报告,每当有来自美国、法国等不同国家的外国人经过根据地,林迈可都会在其离开时将边区报告交给对方,并希望他们能将报告传播到更远的地方。

中外记者团在延安停留了大约两周。作为一个曾经在重庆做过新闻参赞的外国人,林迈可与外国记者斯坦因、武韬等已经是老相识了。这两周里,林迈可忙前忙后,为延安出谋划策,也参加了各种宴席、采访等。延安毫无保留的真诚,彻底扭转了中外记者团心中国民党政府输出的错误的共产党形象。

中外记者团离开没多久,7月中旬,延安又迎来了一批特殊的客人:一个美军观察组即将来延安访问。这个观察组是美国政府派赴延安地区的一个军事小组,主要考察共产党军民的抗战行动和物资匮乏情况,以及收集共产党军队已获取的日军情报。延安非常重视这次美军观察组的访问活动,为了迎接美军观察组,林迈可和李效黎参与了翻译组的工作,还培训了一批临时翻译。美军观察组到来之后,林迈可还意外发现观察组组长包瑞德上校和他之前在燕京大学见过面,当时包瑞德是去拜访司徒雷登校长的。除了翻译工作,林迈可在这次访问活动中和美国人一起,设计了一个通信网络,以便为美军飞机提供延安的气象情报。

时间过得很快,林迈可和李效黎的第二个孩子詹姆斯于1945年1月底在白求恩国际医院降生。延安的夏日有着迷人的艳阳天,5月,德国法西斯投降的消息传来,人们已经在空气中嗅到即将到来的胜利的芬芳。尽管报纸上还在提醒大家不要放松警惕,但大家胸中的喜悦已经难以抑制。8月,美国在日本广岛投掷原子弹的事件进一步放大了人们的喜悦,日本败局已定,胜利已经加快了

林迈可与美军观察组在休息

脚步。

8月14日夜里，李效黎辗转反侧。她想到这些天，人们都在怀念着1937年以前的日子，畅想着胜利以后的未来。李效黎也在思忖，胜利以后，他们应该是会回到北平的。回北平后干什么呢？颠沛流离了这么久，突然要回归平静的生活，一时间却反倒有些无所适从。

远处传来的似有若无的歌舞声打断了李效黎的沉思。她仔细听了一会儿，的确是秧歌歌舞声，由远及近。李效黎心中升腾起一股难以抑制的紧张和激动，她连忙叫醒林迈可。

夫妇俩走到屋外一看，对面的窑洞上正有无数的火把跳跃着前进，秧歌的歌舞声伴随着一声声响亮的口号："抗日战争万岁！""伟大的中国人民万岁！"

"一定是日本人投降了。"林迈可看着远处跳动的火把，难掩兴奋和激动。

抗日战争胜利了。自1937年起，人们期盼着这一刻，已经很久很久了。

和平的气氛并没有持续很久，内战的阴云又压上人们的心头。

林迈可和中国人民并肩作战了多年，他不希望看到已经受到重创的中国再一次蒙上战争的硝烟。他突然想到自己的父亲已经成为英国新工党政府上议院的议员了，他希望可以借助英国的力量阻止中国内战的发生。林迈可决定尽快回英国，告诉世界中国共产党的存在。

林迈可夫妇临走前，毛泽东主席设宴为他们践行。席上没有旁人，这位领导中国革命的伟大领袖显得有些疲惫。

"仗，我们已经打够了。林先生，你是最了解的，中国共产党真的不想再打仗了。"毛泽东用低沉的声音缓缓说道，"我们是世界上最穷的一支军队，多少年来军队的供给都很差，为了国家的和平也牺牲了太多人的生命。我们的诉求只是希望国民政府承认我们的合法地位。"②

林迈可明白，在谈判中，毛主席作出了实际上的让步以谋求和平，这个举动甚至还遭到了共产党内一些人士的反对。毛主席是真的不忍心再看到中国受到战争的破坏。林迈可丝毫没有怀疑过中国共产党的实力，如果真的要内战，共产党一定是最后获胜的一方，只是战争带来的伤害，真的太大了。

"整个国家都需要和平，蒋委员长是唯一可以给予我们和平的人，他有充分的权力可以阻止两党发生内战。国家的命运掌握在他的手上，他决定战，还是和，未来的中国历史将决定他是不是一个真正的爱国者！"毛主席有些激动，脸微微发红。

毛主席的告别谈话让林迈可动容。林迈可并不是共产党人，但他目睹了中国共产党与强大的侵略者进行斗争的事实，他感动于中国共产党顽强的信念。他希望自己能早一点把中国共产党的故事告诉全世界，希望自己能为阻止内战贡献一点力量。

1945年11月7日，是林迈可夫妇坐飞机离开延安的日子。临走前，林迈可的《延安有什么问题》完稿了，并抄送给了几位领导人。

四、尾声——回到英国

亲历了日本侵华战争的林迈可，目睹了战争对中国的破坏，伤痕累累满目疮痍的中国是经不起再遭受一场内战的。林迈可的父亲林赛此时已经成为英国新工党政府上议院的议员，林迈可希望能借助父亲的政治力量，呼吁英国政府介入这场即将爆发的内战，就

林迈可全家回到英国后合影

算是为了保护英国在华利益，也应该施行一些政策来防止内战的爆发。

现实并没有林迈可想象的那么顺利。尽管《泰晤士报》上发表了林迈可撰写的一系列关于中国八路军抗战的文章，但是英国政府认为中国属于美国的势力范围，英国不可能有独立的对华政策，且英国的外交部坚信李效黎是一名共产党员，因此并不信任林迈可的身份和他的发言。林迈可寄希望于英国政府的这条路并没有走通。

此时的英国，有一个援华网络正在逐渐壮大和延伸——英国援华运动委员会。抗日战争时期，英国援华运动委员会以各种形式支援中国抗战，为了宣传中国抗战而奔走呼号。援华会出版了大量不以营利为目的的政治宣传小册子，在地铁、学校、集会等场所分发，用以宣传最新的中日战争局势。1945年，援华会将林迈可发表在《泰晤士报》上的一系列记录八路军抗战的文章编辑成《华北前线》（*North China Front*）出版。

当时的世界形势对于中国共产党而言并不友好。1945年12月，美国、英国和苏联在莫斯科会议上保证不干涉中国内政，但实际上美国一直在支持蒋介石建立对中国的统治。在美国的压力下，联合国的救济物资也几乎全部运送到国民党统治区。

英国援华会并不是一个支持中国共产党的组织，但是其坚持主张让英国人民了解中国共产党的观点，并且反对蒋介石的独裁政策和他发起的内战。英国援华会的立场在当时举步维艰，组织中不少成员因为政治因素而选择从援华会辞职，包括当时援华会的主席高兰茨。1946年，援华会邀请林迈可担任援华会的主席，林迈可欣然接受了。

林迈可在延安时，就一直保持着独立的身份。尽管多次被误以为是共产主义者或共产主义者的家属，他给予中共领导的军队真诚和援助，也会毫不客气地指出中共存在的不足，甚至进行批评。他认为这种保持清醒的"独立"是非常重要的，然而，林迈可和援华会独立的立场，在冷战的格局下显得十分尴尬。恶劣的外交环境下，中国共产党需要的是毫无保留的实际支持，而不是保持独立立场下的跨国友谊。林迈可却十分排斥这种意识形态色彩浓厚的交往，他希望推进英国与中国友好交往，而并不是仅仅加强共产主义力量的团结。1949年，英中友好协会成立。这是一个与英国共产党有着直接组织联系的团体，很大程度上替代了英国援华会所期待的职能。林迈可认为自己并不适合在这种意识形态色彩浓厚的组织中继续任职，因此最终辞去援华会主席和英中友好协会副会长职务，离开英国，来到澳大利亚执教，援华会也自此解散。

辞去相关职务后，在大洋彼岸的林迈可依然关注着中国的历史、发展和变迁，专心于现代中国历史与政治的相关研究，之后也多次应邀访华，是中国人民永远铭记于心的国际友人。

2015年3月，北京大学图书馆一楼展厅展出了"再见！延安！英国学者林迈可（Michael Lindsay，1909—1994）亲历的中国抗战"图片展。展览中绝大部分的图片由林迈可本人拍摄，他用大量的照片记录下了在中共抗日根据地工作、战斗和生活的经历，真实记录了抗战的历史，也展现出根据地淳朴的风土人情。在当时物资匮乏的环境下，拍照已经是非常不易，经历战争动乱还能将这些照片留存下来更显珍贵。

习近平主席在英国议会发表演讲时曾提到林迈可：

"已故英国议会上院议员林迈可勋爵积极参加中国人民抗日战争，在极为艰苦的环境下，帮助中国改进无线电通信设备，他还冒着生命危险，为中国军队运送药品、通信器材等奇缺物资。历史将永远铭记这些为中英友好、为世界和平正义事业作出杰出贡献的人们。"③

（撰文：田文佳）

注释

① 林迈可：《抗战中的中共》，杨重光、郝平译，解放军文艺出版社2005年版，第60页。
② 李效黎：《延安情》，上海远东出版社2015年版，第288页。
③ 《习近平在英国议会讲话时提到的林迈可是谁？》，新华网，2015年10月22日，http://www.xinhuanet.com/world/2015-10/22/c_128347489.htm。

阳早、寒春：俯首甘为孺子牛的革命伉俪

北京市昌平区的沙河大学城里，有一块面积不小的农田，在钢筋水泥的现代化景观中间，那一抹绿色显得格外突出。这块农田名叫"小王庄农场"，也称北京农机试验站，隶属于中国农业机械化科学研究院（简称"农机院"）。它能在城市扩建中保留下来，要从在这里工作过二十余年的一对美国夫妇说起，他们就是两位著名的国际友人：阳早（Erwin Engst, 1918—2003）和寒春（Joan Hinton, 1921—2010）。

1992年，北京农机试验站（当时名为"沙河农机试验站"）附近王庄村的一些麦地被围起来，准备用于开发，遭到了阳早和寒春的强烈反对。经过商议，上级领导决定尊重他们二人的意见，并对农机院相关负责人约法三章："第一，试验站的农田未经批准，不许改变用途；第二，以后试验站对外合作大项目，要和阳早、寒春商量；第三，试验站这块地要保住。"

阳早和寒春的态度之所以有如此分量，是因为这个试验站的重点成果——中试奶牛场，是由他们呕心沥血、精心打造的。这也是我国第一个自主设计并建设的机械化养牛场，对于推进农业机械化改革、改良奶牛牛群有重要意义。

对于这对美国夫妇来说，中试奶牛场只是他们丰富的人生经历

中的一段。自20世纪40年代末第一次踏上这个东方国度以来，从延安到瓦窑堡，从内蒙古大草原到陕西农村、再到北京城郊，他们怀着对共产主义和社会主义的赤子之心，全身心投入中国革命，在踏实、朴素的工作和日常生活中，始终坚定地走在为解放全人类而奋斗的长征路上。

一、阳早：追求平等的农场主

阳早于1918年出生在美国的一个农场，从记事起就打着灯笼在牛棚里边帮着大人挤奶。阳早的父亲是被农场主收养的孤儿，年轻时当过煤矿矿工，参与过工会，接受了社会主义的思想。但阳早的父亲在他很小的时候就去世了，母亲爱德娜独自一人抚养十个孩子，又恰逢大萧条时期，家庭经济十分困难。阳早靠勤工俭学读到大学，最初在伊利诺伊大学学习医学，后来发现自己还是更适合做农民，于是转入康奈尔农学院，并与寒春的哥哥韩丁成为室友。

20世纪30年代，欧美国家深陷经济危机的泥潭，而苏联却是高歌猛进、蓬勃发展，这种鲜明的反差对美国民众产生了很大的影响。在阳早的家中，既有左派，也有右派，还有中间派，兄弟姐妹们经常就社会主义与资本主义、计划经济与市场经济展开激烈讨论，争执不休。阳早站在左派一边，他从15岁开始就阅读了有关俄国革命的书籍，对书中描述的苏联社会中"不允许高层干部获得高薪和特权"的内容很感兴趣。

在大学期间，阳早结识了他在政治上的启蒙者、韩丁的姐姐韩珍（Jean Hinton）。当时，韩珍受到身边左派人士的影响，对美国和世界的政治问题很感兴趣，并热衷于宣传进步思想。她常常来找弟弟韩丁，给他和阳早带来华盛顿的最新消息以及一些进步书籍，其中就有埃德加·斯诺的《红星照耀中国》，这本书让阳早对中国共产党产生了强烈的好奇心。韩珍还将一些活跃的美国左派人士介绍给阳早，在他们的影响下，阳早产生了参加更大范围社会斗争的想法。

1946年，适逢联合国救济总署招募一批畜牧专家前往中国，可以提供路费和工资，阳早借这个机会踏上了中国的土地。他亲眼看到了当时贫困、落后、饱受战乱与疾病侵蚀的旧中国。来到中国不久，阳早就离开了联合国救济总署，从北平飞到延安，那是内战爆发前飞往延安的最后几趟航班。一到延安，阳早就感受到了解放区和国统区的巨大差别。这里虽然贫困，但没有乞讨、皮条客，也没有坐在豪华汽车里招摇过市的腐败官员。虽然物质条件艰苦、生活水平很低，但是人们拥有积极、自信、乐观的精神面貌。阳早很快就被这种平等且充满热情的革命氛围所感染。几天之后，时任中央外事组副组长的杨尚昆来看望阳早，随后安排他去延安郊区的光华农场。在这里阳早获得了自己的中文名字，这是农场的一些友人为他提的建议，为了纪念不久前被国民党杀害的著名记者、中共党员羊枣。

不久，传来了胡宗南的部队要进攻延安的消息，党中央准备撤离、转战陕北。毛泽东、朱德和周恩来在撤退前接见了当时在延安的几位外国友人，包括美国记者安娜·路易·斯特朗、学者李敦白、马海德大夫以及阳早。当时，他们四人均要求与所在组织一起撤离，经过考虑，最后中央通过了三人的请求，让斯特朗回到国统区，希望她利用记者身份将解放区的真实消息带到世界各地。就这样，阳早回到光华农场，准备和同事们以及农场的一群荷兰奶牛从延安转移到内蒙古和陕北交界地区。

这次转移行动非常危险，稍有不慎可能就会牺牲。那段时间，阳早一行人在国民党军队的围追堵截中艰难跋涉。他们每到一处，就派人与当地的党组织联系，获取国民党的信息并制定下一步行动

幼时的阳早

阳早(右)和寒春在延安

计划。为了避开飞机大炮、电台测位仪,他们白天躲在窑洞、山沟里,晚上才能出动。一次,刚刚经过疲惫的夜间行军之后,同志们正在村里扎营,准备休息一下。但侦察兵的警报紧跟着传来,全体人员必须立刻打包撤离。阳早和几位同志在撤离队伍后面负责赶驴,但是在过河的时候,一头驴被鞭子抽了一下,突然发了疯似的往上游跑,把背上驮着的补给包裹甩在河里。阳早见状立刻潜入水中,不顾安危地拼命捞取包裹。这一举动深深地打动了农场的其他同志,从此以后大家对阳早这个大个子外国人更加信任,关系也更加亲密了。

在六个月里,阳早一行人居无定所、风餐露宿,还要随时与国民党军周旋。阳早由于食物缺乏而严重营养不良,但他还是顽强地跟着队伍一直走,直到突破了国民党的封锁线。这段经历让阳早亲身感受到共产党的军民一心、团结一致,亲眼看到陕北老百姓如何一心一意地跟着共产党走。他在日记中写道:"我有幸经历了西北解放战争,在六个月当中,亲见了什么叫人民战争、什么叫和人民打成一片……有了正确的领导,马克思主义者,真正的马克思主义者是无敌的,这是因为他们依靠群众。"① 从此阳早对毛主席和中国共产党产生了由衷的敬佩之情,也正是这种情感促使他最终选择留在中国,为中国的革命和社会主义建设无私地奉献终生。

二、寒春:寻找方向的核物理学家

寒春(Joan Hinton)与阳早的成长经历有很大差别,她出身知识阶层,家族中不乏历史上的名人,包括布尔代数的提出者乔治·布尔和著名小说《牛虻》的作者艾捷尔·丽莲·伏尼契。寒春的父亲是一名律师,母亲从事教育工作。她的母亲深受杜威教育思想的影响，强调培养学生的实践能力、发掘学生的好奇心和创造力。寒春在母亲的培养下形成了自信、乐观、独立的个性，而且勇于探索、勤于思考、善于动手。中国媒体往往形容寒春初来中国时有"巧妇难为无米之炊"之感，其实并不恰当。寒春最喜欢的恰恰就是经历一件事情从无到有的全部过程，她对这种挑战带来的新鲜感和成就感充满了热情。寒春在美国时，经常连续几星期在森林公园野营，需要自己搭帐篷、寻找食物和水源。所以当她来到一无所有的新中国时，并没有受到艰苦条件的影响，反而找到了能激发自己兴趣与激情的事业。对于寒春来说，在中国从事农机具的工作和在美国研究核物理没有太大差别，两者都是要白手起家，在空白的领域创造新的东西。

1945年8月在广岛、长崎爆炸的两枚原子弹为二战画上了休止符，这场人类历史上最为惨烈的浩劫将不同的国家和地区卷入其中，无数人的命运因它而发生难以预料的转变，寒春就是其中之一。而寒春与原子弹的密切关联以及最后出人意料的人生转折，让她的故事富于传奇色彩并且更加耐人寻味。1944年，在威斯康星州大学攻读物理学硕士学位的寒春入选曼哈顿计划，前往位于新墨西哥州的洛斯阿拉莫斯国家实验室。在一年多的时间里，寒春协助美籍物理学家、"原子能之父"恩利克·费米共同完成了原子铀的临界质量的测量工作，这是原子弹研制工作中一个关键性的实验。曼哈顿计划完成后，寒春接受费米的邀请进入芝加哥大学核物理研究所工作，她身边云集了诸如诺贝尔物理学奖获得者欧文·张伯伦、"氢弹之父"爱德华·泰勒等核物理领域的重量级人物，同学中不乏杨振宁、李政道这些未来的学术明星。可以预见，如果寒春沿着这条路继续走下去，她的科研事业前途无量。

但当核武器首次用于军事活动并造成了毁灭性的灾难时，寒春

年轻时的寒春

开始意识到在纯粹的科学研究之外，不可避免地要考虑"科学为谁服务"的问题。她积极加入科学家对军方的抗议之中，参与了旨在争取平民对原子能控制权的"洛斯阿拉莫斯科学家协会"，并跟随协会到华盛顿进行宣传、游说。但是这些社会活动收效甚微，而且寒春发觉核物理领域越来越封闭，她申请的奖学金以及实验所必需的某些试剂都来自军方的支持，自己所做的实验物理的成果，最终都不可避免地会被进一步改进成为大规模杀伤性武器。寒春献身纯核物理研究的理想就此破灭，她深受打击，同时也倍感迷茫，不知道自己在核物理研究之外还能做什么。此时，在中国革命中干得热火朝天的阳早频频来信，反复劝她来中国、来延安看看，信中描绘的另一个世界深深吸引了寒春。

在韩丁的帮助下，寒春向宋庆龄主管的中国福利基金会申请物理教师的职位。拿到录用函之后，她很快申请了护照准备远行。寒春将自己去中国的决定首先告诉了杨振宁，杨振宁这才明白为什么前一阵子寒春向他学习中文，她学会的第一句是"这是一支铅笔"。后来寒春曾给杨振宁寄过一张明信片，上面写着"我还记得你教我的第一句中文，现在我在教我的孩子们第一句英文"②。寒春也没有向核物理研究所的其他同事隐瞒去中国的决定，虽然费米等人都持不同意见，但从始至终没有任何人向政府透露一丝消息，因为他们都有着一致的想法：人们有权自由地追求理想，哪怕是与自己意见不合。寒春离开之前，同事们自发地为她组织了欢送会，费米还送给她一部照相机。此后40年里，寒春用这部相机拍下了数千张照片，留下了珍贵的影像资料。

1948年，寒春在旧金山搭乘"戈登将军"号客轮前往中国，经过18天的漂泊到达上海。那时，解放战争的局势已经日渐明朗，中国即将正式开启新的历史篇章，刚刚落脚中国的美国人寒春也从此开始了一条新的人生道路。

三、扎根中国的革命伉俪

一踏上中国的土地,寒春就迫切地想要到延安去。但是,内战时期国统区与解放区彼此隔绝,前往延安十分困难。寒春在中国的第一年是在漫长的等待和反复失败的尝试中度过的。

1949年初,北平城外围已经解放,国共双方就北平和平解放进行最后的协商。恰好此时一群燕京大学的学生要出城返回北平城外的校园,寒春就趁机混在燕大师生的队伍中走出了城门。这时,她才第一次进入解放区,也见到了解放军的风采,这令寒春格外激动。但是出城之后,寒春还是没机会前往延安。直到北平和平解放,她又跟着解放军进了北京城。这一出一进之间,老北平已经翻开了历史的新一页了。后来寒春曾回忆起当时的情景:"那天整个城市都沸腾了!城门敞开着,解放军正在进城,我便跟着队伍走。人们向队伍抛撒糖果,每个人都在鼓掌和欢呼,我被看作解放区来的一员而受到隆重的欢迎!"③

北平解放后不久,寒春被告知自己终于可以去延安了。她十分兴奋,以至于当即在床上翻了个跟头。很快,组织安排两名战士开着卡车护送寒春去延安,经过漫长、颠簸的旅途,她来到了心心念念、近乎神话般的延安。和阳早一样,寒春也被延安火热的革命氛围与人们团结乐观的精神面貌所震撼。她回忆说:"每个人都在为共同的目的而工作,我融入了一个非常宏大的事业之中,作为全世界普通大众中的一员,我像回到了家一样,那是一种享受,十分神奇。我自言自语道:'老天,这就对了!'"④

得知寒春来到延安的消息,当时在瓦窑堡铁厂工作的阳早立刻

阳早(左)与寒春(中)在延安

赶来与寒春相见。一别三年,重逢之后两人甚是激动。有些男孩子气的寒春一上来就照着阳早的胳膊来了一记重拳,而熟知她这般爽朗个性的阳早也当即笑着回了一拳。对革命的热情、对共产主义与社会主义理想的信仰让两个人的命运从此汇入了同一条河流,他们之间的感情也迅速开花结果。当时,整个边区政府都对他们二人寄予厚望,期待着这对进步的、要求革命的外国青年能够立即在延安窑洞结成伉俪,缔结百年之好。在众人的关注下,领导询问他们二人是否愿意马上结婚,阳早很痛快地答应了,寒春还稍有犹豫。但在浓厚的革命氛围中、在同志们的热切期待下,寒春不忍心让大家失望,也很快同意了。

如果没有中国革命,身为农场主的阳早和作为核物理学家的寒春或许不会结合在一起;如果不是对中国革命理想有着强烈的认同和坚定的信念,两人大概也很难携手共度后半生的风风雨雨。阳早与寒春夫妇的爱情不仅是彼此心仪的男女双方的结合,更是充满革命热情的国际主义战士的结合。这一点从陕甘宁边区政府秘书处赠给他们夫妇的锦旗中有直接的体现,锦旗上写着:"正当全世界革命人民,以伟大的国际主义精神紧紧地团结在一起的时候,欣逢你俩在中国人民革命的圣地——延安结婚,我们相信你俩今后在争取世界和平与人民民主的斗争中,会发挥更多更大的力量。谨以革命的热忱,祝你俩的幸福和成功。"⑤

四、三边农场:草原上的革命岁月

新婚后,阳早、寒春被安排到瓦窑堡农具厂从事农机具的设计和制造,夫妇二人都遇到不小的挑战。阳早原本是学畜牧养牛的,对机械制造并不了解;寒春虽然动手能力很强,但从核物理实验转到农机具改造,对她来说也是很大的考验。由于条件极差和经验不足,这一时期的尝试大多失败了。寒春为农场设计了一个风车,但是后来被大风吹爆了。阳早参考美国农场的经验制造了一个四轮马车,但是当地山路狭窄,大型马车并无用武之地。

在瓦窑堡工作近五个月后,农具厂就被废弃了。阳早、寒春受命到西北部建设新的农场。他们从延安走到内蒙古,从沟壑纵横的黄土高原来到一望无际的内蒙古草原。1949年9月,他们到达了农场新址城川,这里是中共在内蒙古地区开辟最早的革命根据地之一,位于陕西、宁夏、内蒙古交界处,新农场也据此取名为"三边农场"。不久,新中国宣布成立,举国欢庆。但是由于城川信息闭塞,20天后,当地人民才通过拉货驴车带回的报纸得知这一喜讯,整个城川都沸腾了。

在三边农场时,阳早担任副场长,负责整理文件、处理管理上的问题。他凭借着丰富的畜牧经验在农场中发挥了重要的作用。当时农场面临饲料不足的难题,阳早抓住时机带领员工大量种植玉米和新品种牧草,待秋天收获之后为过冬储存饲料,大大缓解了奶牛冬季饲料不足的难题。寒春在农场担任技术员,负责奶酪和酸奶生产。一开始,她按照美国的经验制作,但都失败了。后来,她想到向自己的蒙古族邻居请教。一位名叫嘎拉的当地妇女不仅热心地教给她奶油的制作技巧,还在休息时间拉着寒春切磋摔跤技术。几次交往下来,嘎拉成了寒春生活中最亲密的朋友之一。三十多年后,阳早、寒春回到三边农场,与当年的老朋友重逢,寒春和嘎拉又比试了摔跤。在聚餐上,寒春还唱起了老歌,歌词颇具时代特色:"我们胆子大,什么都不怕。原子炸弹落下来,我说是大西瓜。"

1952年,怀有身孕的寒春前往医疗条件较好的北京待产。宋庆龄获知消息后,邀请她参加亚洲及太平洋区域和平会议,寒春欣然应邀并加入美国代表团。会议期间,她还公开发表了一段演讲,结合自己参与核物理研究的经历,提出科学家必须考虑"科学为谁服务"的问题。在演讲中,她这样说道:"我很惭愧地承认,广岛和长崎恐怖的爆炸将我震出了这个自我满足的象牙塔,事实上根本就没有'纯粹的科学'这样的东西;科学的意义只在于其能够服务于人类……我将和所有那些拒绝加入这一致命工作的人们一道,并在此号召,让我们加倍努力,迫使禁止原子弹、细菌战以及持有大规模杀伤性武器!"⑥

寒春诚恳的发言获得了与会人员的强烈反响,多家媒体对此进行报道。这个消息也传到了美国,一度引起了不小的轰动。那是"麦卡锡主义"猖獗的时代,由于寒春的特殊身份,当局认为她有叛国嫌疑,美国的《真相》杂志甚至称她为"逃走的原子间谍",还对她在美国的家人、朋友进行调查甚至跟踪。而在大洋彼岸的新中国,"间谍"寒春对这一风波毫不知情,在生下大儿子阳和平之后,她就返回陕北准备继续投入工作中了。

五、草滩农场:农机械改革初尝试

20世纪50年代,由于新中国建设的重心逐渐转向了城市,需要大力发展郊区农业以供城市所需。上级决定将阳早、寒春调往西安东郊的闫庄奶牛场,保证西安城市的牛奶供应。

1953年4月底,阳早结束了三边农场的工作,告别内蒙古草原上的朋友们,乘火车前来与暂住在西安的寒春母子相聚,已经六个月大的小阳和平这才第一次见到了"姗姗来迟"的父亲。阳早、寒春一家人团聚之后,立即前往闫庄奶牛场。之后的十几年间他们都扎根于此,二儿子阳建平和小女儿阳及平也先后出生。在那个物质贫乏、条件简陋的年代，他们始终和当地的普通农民一同生活、一同劳动，坚持和最基层的中国人民紧紧联系在一起。

在闫庄奶牛场，阳早担任副场长，寒春担任技术员。由于奶牛场负责为整个西安市供奶，所以在管理和壮大农场方面，阳早的工作负担更重了。他和其他几位领导成员共同筹划开辟新的农场，从考察场址到设计和建造牛舍，各项工作都亲力亲为。新的农场取名为"草滩农场"，耗时三年才最终建成。这期间，阳早既要参与闫庄奶牛场的管理，又要跟进草滩农场的建设，每天骑着一辆自行车两头奔波。

草滩农场时期，是阳早、寒春最早尝试农业机械化改革的阶段，作为技术员的寒春更是全身心专注于技术创新。在闫庄奶牛场时，寒春和一位铁匠合作，设计并制造出了牛奶高温消毒杀菌的装置。这是寒春第一次设计奶牛场设备，也是她今后几十年设计奶牛场全套设备的开端。她还利用美军在西安遗留的一台冰箱，配上马达带动压缩机，使得牛奶在热交换以后有可能保持低温，加上冷藏设备，可保质运送到西安市。在与中国农民合作推进技术创新的过程中，寒春深深感受到基层群众的智慧，体会到了知识与智慧相结合并涌现出无穷创造力的快乐，这正是她理想的生活状态。

1954年初，农场派阳早等人去外地参观学习。这期间，正赶上苏联农业机械展览会在北京召开，阳早在展览上发现了一台小型饲料铡草机，他认为这台机器对提高农场效率很有帮助，就专程拜访农业部副部长，请求将铡草机运回草滩农场。寒春和其他技术人员经过一番尝试，使得机器顺利开始运转，饲料经传送带被送进机器，刀片自动将它们切碎，然后直接运到堆积饲料的坑里。这是当时中国较早的一台饲料铡草机，机器和人工的鲜明差别让全农场都为之振奋。但是，一段时间之后，铡草机频频出现故障，寒春就和几位修理工一起着手改进机器。后来,她在西安市图书馆找到了这台铡草机的俄文设计书的中译本,结合实际中出现的问题,有效地解决了机器的设计问题。这让她感到格外骄傲,"天啊,我不仅能制造它,还能改进它。从一个核物理科学家,到农业机械使用、修理、设计、制造工程技术人员的转变,是理论结合实践,从必然王国到自由王国的飞跃"⑦。

1962年的一天,寒春惊喜地接到了母亲卡玛丽塔从莫斯科打来的电话。当时,卡玛丽塔正随团到苏联旅行,她希望能来中国一趟,看望寒春一家。自1948年乘船离开美国以来,寒春和阳早一起全情投入中国革命和建设之中,与广大劳动人民结合在一起,彻底告别了在美国作为高级知识分子的生活。由于当时交通通信技术的限制,寒春极少与美国的亲戚朋友联系,包括将她养育成人的母亲也完全淡出了她的生活。突然得知卡玛丽塔要来中国的消息,寒春既激动又纠结,激动的是可以见到阔别十多年的母亲,而纠结的是,由于当时中美两国的紧张关系,美国人想进入中国还是一件很棘手的事情。寒春发电报向宋庆龄寻求帮助,宋庆龄马上联系中国驻苏联大使馆。经使馆工作人员安排,卡玛丽塔顺利来到了中国。卡玛丽塔来华期间,经组织安排,寒春陪着母亲到各地游览。她们去了上海、武汉、南昌等地,参观了很多革命纪念馆,对中国革命的历史背景有了更多的了解。中国人民对外友好协会还邀请卡玛丽塔来北京参加国庆庆典。周恩来对于她不顾美国禁令、冒险来到中国给予高度赞赏。

卡玛丽塔的首次中国之旅给她留下了深刻印象和诸多启发。1971年,中美关系开始正常化,周总理在接见韩丁、寒春兄妹时,建议请卡玛丽塔组织10多名20岁左右的美国青年,来中国作一次工作、学习的旅行。卡玛丽塔欣然应邀,当年就带着一个美国青年代

阳早、寒春一家在草滩农场

阳早、寒春一家和寒春的母亲卡玛丽塔合影

表团前来中国访问。他们在最具先进模范性的大寨地区进行劳动,还由劳动模范陈永贵为他们讲解"大寨精神"。那时,卡玛丽塔患有高血压,从大寨回到北京之后,病情逐渐恶化,被送往北京协和医院。她一度对自己的身体状况十分悲观,甚至对寒春说:"我的一生美好而漫长,可能已经到头了。"⑧周恩来总理得知这一情况后,特派多地专家组成医疗队,对卡玛丽塔进行治疗,终于将她从死亡的边缘拉了回来。寒春与阳早深受感动,回忆起往事时曾动情地说:"我们在周恩来总理那里感受到的是温暖,是坚持原则。周恩来是一位伟大的无产阶级革命家,他的伟大之处在于是完全忠诚的,没有个人利益,是全心为中国人民和世界人民服务的!"⑨

六、从农村到城市:与"特殊待遇"的抗争

1959年夏天,林伯渠曾到草滩农场视察。当年阳早、寒春在延安喜结连理之时,林伯渠时任边区政府主席。正是经他安排,大家用当时延安唯一的一辆轿车将这对进步洋青年拉到几米外的"洞房",共同见证了他们的结合。十年时间过去,林伯渠面前的阳早、寒春已经完全融入了中国的基层乡村,操着一口西洋陕西方言,为社会主义建设事业忙得热火朝天。当他看到这一家五口人连同保姆挤在一间简陋的小屋子里时,立即指示草滩农场领导要照顾好国际友人。于是,农场给阳早、寒春一家盖了一套60多平方米的新房,有四个房间和一个厨房,还有一条走廊。阳早和寒春都反对搬进新房。经农场领导耐心劝说之后,这对固执的夫妇才不情不愿地同意搬家。

1966年,北京方面又有官员来看望阳早与寒春,这次是为了请他们去北京做英文译校工作。连搬新房都百般不乐意的阳早、寒

春，自然更不愿意离开农场到城市生活，他们当即拒绝了这一请求。然而无奈组织上再三要求，最后他们只能服从安排。大儿子阳和平听到这个消息后立刻就哭了，他之前曾在北京上过一年小学，与自由自在的农村相比，城市的生活单调乏味。他已经把农场当作自己的家乡，对那里充满了依恋。

阳早与寒春勉强答应了调往北京的安排，但临行前提出了两个条件：一是不住友谊宾馆，要和工作单位的同事住在一起；二是孩子们要在普通学校和中国的孩子们一起上学。负责人员答应了他们的请求，然而等阳早、寒春一家搬来北京后发现，负责同志为他们安排了比友谊宾馆更高档的新侨饭店，那里居住的都是来华的外国人。阳早、寒春上下班均有豪车接送，他们有独立的办公室和特殊的薪资待遇，完全和普通职工分开，成为特殊阶层。这种安排让两人几近崩溃。阳早曾痛苦地说："我到中国20年了，一直在群众中工作和生活，到北京后却被排除在群众之外……我们非常难受，快要疯了！"⑩

回想早年在瓦窑堡、在三边农场时，生活条件极其恶劣，缺衣少食自不必说，与老鼠、虱子的"斗争"也是家常便饭。但阳早、寒春却毫不在意，甚至乐在其中。寒春为学会抓虱子而感到十分兴奋，称"找到虱子是个绝妙的享受"。阳早制作过一个简易的捕鼠器，有力回击了老鼠的入侵。夫妇俩还很有生活情趣，阳早32岁生日时，寒春用泥土精心做了一个蛋糕送给他。在革命的理想和热情面前，物质的匮乏和环境的艰苦显得微不足道。事实上，但凡阳早、寒春有一丝在意物质环境和生活水平，他们也就不会选择留在中国了，毕竟在当时经济条件相对落后的中国，高级的新侨饭店也不过相当于美国普通家庭的生活水平。这两位国际主义战士不是来享受生活的，而是要投身革命，追求平等、独立和自由的。他们的大儿子阳和平曾在采访中说过:"很多中国人老觉得他们做出什么牺牲之类的东西,人们都不理解他们,他们不是做了牺牲,他们到中国来是获得解放了。"⑪

但搬到北京之后,"不理解"他们的中国人用特殊待遇将他们完全束缚住了。更糟糕的是,孩子们的情况又加重了阳早、寒春的痛苦。他们的第二个要求也没有得到满足,二儿子建平和小女儿及平被送入一所外交官和高级干部子弟较多的寄宿学校,学习负担很重,没有游戏的时间,一周只能回家一次。在农村的泥巴里摸爬滚打出来的孩子自然无法适应这种死板严肃的城市教育,及平甚至由于精神过度焦虑而性情大变。在一位儿童医院大夫的建议下,阳早、寒春带着小女儿到北京附近的一个公社住了一段时间,及平的心理状况才慢慢恢复。

工作生活中的各种不如意令阳早和寒春十分难受,而就在这个时候,"文化大革命"开始了,各种大字报铺天盖地而来。阳早和寒春受到启发,也想通过大字报来表达自己目前的困扰,与他们二人深有同感的韩丁妻子史克和美国老乡安·汤珊一同参与进来。四人先给国家外国专家局写了一封信,这封信后来被转抄成大字报贴在友谊宾馆门外。当时,全国都在抄大字报、贴大字报、看大字报,大字报成了消息传播的一个重要渠道。当几个外国人写的大字报传出来后,人们觉得很意外,都愿意抄。就这样一传十、十传百,阳早、寒春等人的大字报很快传遍全中国。这份大字报也传到了毛主席那里,毛主席对其中的内容表示赞同,并给出批语:"我同意这张大字报。外国革命专家及其孩子,要同中国人完全一样,不许两样,请你们讨论一下,凡自愿的一律同样做。如何请酌定。"⑫这样一来,阳早和寒春就从特殊待遇中"解放"出来了。

1972年,外交部长黄华受周总理委托看望阳早与寒春,询问他们的工作意愿，他们强烈要求回到生产劳动第一线，特别是希望继续从事奶牛事业。不久，组织安排他们从文化部门调回农业部门，在北京南郊的红星公社从事科研工作。阳早担任北方乳品厂革委会副主任，寒春担任技师。夫妇二人原本想去大西北，结果还是没能远离城市，阳早有些失望且夸张地形容红星公社"距离天安门广场只有抛掷一块石头那么远"[13]。但是总算回归了生产一线，他们又一头扎进农具改进和技术革新之中，在公社积极推广在草滩农场时期设计的铡草机，还研制了牵引式青饲收割机和挤奶机。

他们的三个孩子则相继离开，由于好奇"资本主义到底是什么样子的"，他们先后去了美国。老二建平选择留在美国，把自己称为"父母的右派朋友"。小女儿及平则与丈夫定居法国。老大阳和平在中美之间往返三十多年，但始终感到不能完全适应美国的生活，他描述自己在美国的感受"像看电影一样，我不过是个银幕外的观众而已"[14]。父亲阳早去世后，阳和平决定落叶归根，回到中国陪伴母亲。

1972年还发生了一件轰动世界的大事，即美国总统尼克松访华。这之后，中美关系快速升温，两国开始频繁的交流活动以促进彼此了解与互信。1975年，阳早应时任美中人民友好协会主席韩丁之邀去美国做巡回演讲，他在六周之内访问了25个城市，出席讲座并接受采访，获得很大的成功。两年后，寒春也受邀赴美。在这次"旋风之旅"中，她在53个城市发表了250多场演说，还与杨振宁、李政道等昔日好友重聚。

七、红星公社：农机械改革之再次出发

改革开放后，阳早与寒春多次受到中央领导人的接见，时任中

共中央主席华国锋曾到他们家中吃饺子，中共中央委员王震曾在人民大会堂接见并宴请阳早、寒春一家。1979年，农机部聘请寒春、阳早为顾问。此后，他们又相继收到机械工业部、国家机械委、机械电子工业部的聘书。

进入80年代，寒春与阳早在农业机械化改革方面又取得了诸多成果。1980年，他们在北京南郊德茂牛场试制了管道挤奶设备，获得北京市科技进步二等奖。接着，他们又在西安草滩农场"牧三"队开展了鱼骨式挤奶台的技术改造。这两项技术改造，为进一步试制成套设备奠定了基础。1982年，在寒春、阳早的积极建言下，国家经济委员会和机械部下达了"奶牛场成套设备研制、牛场设计和中间试验"科研课题。该项目由工人、技术人员和领导干部"三结合"组成课题组，寒春与阳早担任组长。经过五年的辛勤工作，一系列显著成果问世，包括可移动式犊牛栏、卧式直接冷却奶罐（系列）、户外井式地热保温饮水器等，将中国奶牛场设计和成套设备的技术水平提高了一大步。寒春、阳早将项目成果在西安草滩农场"牧六"队首先进行推广。从勘查、基建到设备安装、试运转，他们全程跟进奶牛场的设计和建设过程，最终落成的中国农机院沙河试验站奶牛场（简称"中试奶牛场"）得到外国专家的高度肯定，认为"无论是设计还是质量都非常出色，管理上稍作改进就可生产出世界水平的牛奶"，这也是我国自行设计、研制的第一座机械化奶牛场。

在寒春、阳早的精心努力下，中试奶牛场成为国内现代机械化奶牛场的典范。奶牛场以优质、纯净的奶源和高产、低耗的奶牛闻名全国，"卡夫"及"三元"乳制品厂都曾以较高的价格收购试验站的牛奶。全国各地来中试奶牛场参观学习的人络绎不绝，寒春、阳早热情细致地讲解，无偿提供设计图样、资料和零部件。他们实打实地希望这套先进实用的设备在国内得到推广，提高农业机械化水

阳早与寒春在沙河的家中

阳早与寒春在中试奶牛场

平，让广大中国人民喝上新鲜、优质的牛奶，至于自己是否能从中获取名利这些问题，他们却毫不在意。除了技术革新，在奶牛场经营方面他们也积累了诸多经验。阳早认为搞机械化农场，不仅要效率高、产量高，而且还要效益高，如果不挣钱就没有推广价值。在他的领导下，中试奶牛场开展多元化经营，获利颇丰。除了作为主业的牛奶，中试奶牛场还利用有机肥种植无公害、无污染的水果及蔬菜。

80年代中后期，寒春与阳早又着手进行奶牛牛群的品质改良。他们参照北美的经验，认为进口高等级优质公牛精液和优质母牛胚胎，繁殖出中国自主的优质公牛、母牛谱系，是"多、快、好、省"改良中国奶牛牛群品质的最佳选择。他们密切关注北美选拔出来的最优质的公牛和母牛，不惜自己花大价钱购买精液和胚胎。这种自掏腰包为国家购置先进装备的事情他们做过很多次了。之前，阳早想用四年积蓄两万美元买挤奶自动计量装置，钱不够，便卖了一块工艺毯换美元。他说："用中国给我的钱给中国买东西，应该的。"[15]在寒春与阳早的推动下，中试奶牛场通过胚胎移植改良牛群，培育出一批批优质公牛和母牛，显著提高了牛奶产量和质量。中试奶牛场的公牛是全国许多公牛站养殖公牛的首选，母牛和胚胎则被大量提供给其他奶牛场改良牛群，或用于高校的科研项目。

八、不忘初心：革命本色始终如一

阳早、寒春对革命的忠诚和热情贯穿在工作和生活的方方面面。改革开放以后，社会生活发生了翻天覆地的变化，但这两位"老革命"依然坚持延安的革命精神和优良作风。他们对于物质生活的态度是：能住就行、能用就行、能步行骑车就不坐小轿车。多年来，两人一直穿着满是补丁的旧衣服，住在办公室兼卧室的老旧平房里，用的都是硬板床、旧家具。组织上想帮忙重新装修房屋，他们一直不同意。直到房顶漏雨、电线漏电起火，才勉强同意大修。在吃饭方面，他们也非常简单：菜是自己种的，早晚玉米粥、烤馒头片抹芝麻酱。一次，曾任国家副主席的王震宴请他们，阳早看到宴席上丰盛的菜肴转身就走，王震赶忙命人换上豆腐白菜，这段"罢宴"的故事后来广为流传。和他们一起出国考察的技术人员曾回忆，阳早、寒春在考察团开支方面极度节俭，有制装费却不做衣服，有住宿伙食费却不住宾馆，带着考察团成员到他们的朋友家免费吃住，或在公园住一晚上1美元的帐篷。省下的钱除了用来买机械零部件，其余全部上交国家。

阳早、寒春还格外重视与人民群众保持最紧密的联系，坚持党的群众路线。始终和普通农民共同劳动、生活的他们，对群众的智慧与力量有着最深的感触和敬意。寒春晚年回忆自己在农场工作的几十年经历时，曾表示，自己在和群众相处的过程中慢慢认识到，一个人的能力是有限的，要靠群众的力量，群众有智有才，群众才是真正的英雄。和蒙古族妇女学习制作奶酪，在草滩农场和农民学习养鸭子，与普通工匠合作改进农机具，这些经历让寒春放下了作为高级知识分子的骄傲，真正地融入人民群众中，相互学习、互相启发，充分发挥聪明才智，解决实际生产生活中的各种问题。

工作中，他们更是兢兢业业、尽职尽责，凭借这些可贵的品质打动并感染了很多人。阳早与寒春的一位同事曾回忆："老阳老寒要求我在工作中要认真，要实话实说。有一次收割青贮，老阳发现收割机没有磨刀，很严肃地批评我，使我意识到每一个小细节都可能会影响牛的产奶量。老阳每天到地里观察青饲生长情况，确定最佳收割日期。"⑯在打造中试奶牛场的过程中，寒春与阳早积累了大量的工作笔记，还为农场的每一头牛都建立了详细的档案，其图案、谱系、胎次信息都清晰详尽。寒春设计的描述胚胎生长发育情况的表格令农业科学院畜牧所的朱教授惊叹不已:"胚胎的状态如此一目了然!我们研究胚胎移植多年,没有想到设计这样好的表格。"⑰在场的中国农机院党委书记李伟民说:"老寒就是这样,要么不做,要做就最佳。"⑱

2003年12月25日,阳早在北京病故,享年85岁。他生前表示,"一、不搞任何形式的悼念活动;二、捐献遗体;三、用最简单最省事的方式处理骨灰;四、为全人类的解放奋斗一生"。遵循他的遗愿,寒春让工作人员买了最便宜的骨灰盒子,把部分骨灰埋在位于北京北郊的中国农机院沙河中试奶牛场的草地下面。

2010年6月8日,寒春离世。国家外国专家局张建国同志在追思会上表示:"寒春同志立志为全人类的事业奋斗一生,她忘我工作、一丝不苟、精益求精,是白求恩式的国际共产主义战士。"⑲由于阳早、寒春把陕北视为自己的第二故乡,他们的孩子后来将夫妻二人的骨灰撒在陕北和内蒙古交界的广袤草原上,以纪念那段革命热情如火的峥嵘岁月。

如今,新中国已走过七十余年的征程。遥想当初,社会主义革命的理想曾吸引不少国际友人来到中国这片热土,他们追求进步、平等,有志于为人类的解放和幸福贡献力量。时移世易,大多数人只是短暂地同中国革命同行了一程,最终选择留下来的外国专家甚至不到十人,阳早、寒春夫妇就是这极少数中的两位。

阳早、寒春的长子阳和平曾这样说过:"我父母把自己的爱好和人民的需要融为一体,因而,他们是最幸福的人,我们庆贺他们的一生。"⑳

(撰文:马遥)

注释

① 阳和平、李维民：《寒春阳早画传》，机械工业出版社2018年版，第77页。
② 阳和平、李维民：《寒春阳早画传》，机械工业出版社2018年版，第249页。
③ 阳和平、李维民：《寒春阳早画传》，机械工业出版社2018年版，第81页。
④ 阳和平、李维民：《寒春阳早画传》，机械工业出版社2018年版，第88页。
⑤ 阳和平、李维民：《寒春阳早画传》，机械工业出版社2018年版，第89页。
⑥ 阳和平、李维民：《寒春阳早画传》，机械工业出版社2018年版，第131页。
⑦ 阳和平、李维民：《寒春阳早画传》，机械工业出版社2018年版，第149页。
⑧ 阳和平、李维民：《寒春阳早画传》，机械工业出版社2018年版，第194页。
⑨ 阳和平、李维民：《寒春阳早画传》，机械工业出版社2018年版，第195页。
⑩ 阳和平、李维民：《寒春阳早画传》，机械工业出版社2018年版，第183页。
⑪ 观察者网：《阳和平走进人民网，谈父母阳早寒春的红色情怀》，http://www.guancha.cn/Education/2011-12-02-62545.shtml。
⑫ 青岛新闻网：《参加"文化大革命"的外国人》，http:www.qingdaonews.com/content/2019-08/11/content.8115411.htm。
⑬ 阳和平、李维民：《寒春阳早画传》，机械工业出版社2018年版，第196页。
⑭ 彭丹：《阳和平：长在红旗下的美国人》，文汇客户端，2019年10月13日，网页链接：https://wenhui.whb.cn/third/baidu/201910/13/294379.html。
⑮ 缪平均：《白求恩式国际主义战士阳早、寒春夫妇的感人故事》，《档案天地》2013年第2期，第23页。
⑯ 晓缘：《美丽人生：记阳早、寒春的养牛情结》，《农业机械》2004年第6期，第70—72页。
⑰ 阳和平、李维民：《寒春阳早画传》，机械工业出版社2018年版，第225页。
⑱ 阳和平、李维民：《寒春阳早画传》，机械工业出版社2018年版，第225页。
⑲ 阳和平、李维民：《寒春阳早画传》，机械工业出版社2018年版，第242页。
⑳ 阳和平、李维民：《寒春阳早画传》，机械工业出版社2018年版，第241页。

"翻身"前后的韩丁

"多少世纪来,虽然村子里总盖新房,但老是呈现出一副破败的景象……只有富户才能够使自己的院墙保持光洁方整……而农民的茅屋却一次又一次地被雨水冲垮,再一次又一次地加以重建。"①1948年3月,当美国人韩丁(本名威廉·辛顿,William Hinton,1919—2004)以观察员身份来到位于山西长治潞城的张庄时,了解到的就是这样一段专属于中国农村的历史,在破败的村落和朴实的农民面前,韩丁第一次直观而深刻地感受到"什么是中国农村"。

然而,在韩丁到来之际,张庄不断被冲垮、再重建的历史循环正在被改写。大约半年前,中共中央颁布了《中国土地法大纲》,正式规定废除封建及半封建土地制度,根据乡村的全部人口统一平均分配土地,提出"贫雇农打天下坐天下""群众要怎么办就怎么办"等口号②。一场孕育新生的暴风雨开始席卷中国广袤的乡村大地。1947年11月至12月,在各级党、政、军机关干部的带领下,这场冲击着几千年封建土地制度的变革在全国各解放区轰轰烈烈开展起来,包括陕甘宁、晋绥、晋察冀、晋冀鲁豫、华东、鄂豫皖、豫皖苏、豫陕鄂、江汉、桐柏等新老解放区。

张庄世代积累的贫富差距,也在党的呼唤下,酝酿成一场大变革。这场大变革后来被韩丁写成《翻身》一书,该书成为中国革命

韩丁的著作《翻身——中国一个村庄的革命纪实》封面

的重要史料,也在美国被选入几代大学生的必读书目③。

一、少年韩丁:却识愁滋味

来到张庄之前,美国人韩丁与中国农民的距离非常遥远,不止在地理上隔了一个太平洋,更在生活环境方面天差地别。1919年2月2日,正是中国五四运动爆发的三个月前,韩丁在美国大都市芝加哥出生了。

韩丁生于一个世代知识分子的中产家庭,这个家庭名人辈出,颇具传奇色彩。他的曾外祖父乔治·布尔是大数学家,爷爷查尔斯·霍华德·辛顿是数学家兼科幻作家,家族中还有革命小说《牛虻》的作者伏尼契。韩丁的父亲塞巴斯蒂安·辛顿是一名专利律师,在业余时间发明了儿童攀爬游乐设施jungle gym,母亲卡玛丽塔则是著名教育家,创办了全美最早的男女同校寄宿制高中。

尽管韩丁的父亲在他四岁时就不幸去世了,但在母亲、姐姐和妹妹的陪伴下,韩丁仍然度过了快乐而充实的童年。卡玛丽塔是一位卓越的女性,她不但一个人将三个子女抚养成人,更用自己的知识、思想和实际行动深深地影响了他们。

卡玛丽塔是当时为数不多的结婚时不懂烹饪和做家务的妇女之一,她一直想做对社会有益的事。跟随丈夫来到芝加哥后,她协助创办"赫尔之屋"(Hull House)的简·亚当斯,为穷人提供定居的救助服务。拥有教育学学位的卡玛丽塔始终对教育充满热情,她在自己家的后院开办幼儿园,该幼儿园成为美国最早创办的幼儿园之一。为了实现自己的教育理想,卡玛丽塔又在美国东北部的佛蒙特州创办了一所名为普特尼(Putney)的学校,践行她所信奉的进步主义教育理念和杜威的教育思想④。

这所学校建在一大片土地上,有自己的家畜农场和菜园,韩丁三人都在这所特殊的学校里接受教育,长大成人。在普特尼,所有的学生除了上课之外,都要从事生产劳动,因为卡玛丽塔坚信人的学习应该是知识与实践互相结合。据韩丁的女儿韩倞(本名卡玛·辛顿,Carma Hinton)所说,她的祖母认为人必须知道自己吃的东西是从哪儿来的,不能离开土地,人应该乐于体力劳动,从中学到技能。韩倞认为这些思想对父亲韩丁的影响非常深远[5]。

卡玛丽塔不仅为子女创造了独特的成长环境,还时刻言传身教。她年轻时是个滑雪健将,到了七十多岁还继续滑雪,三个孩子都从她那里学到了这种无畏的精神。韩丁从很小的时候起,就展现了这种独立勇敢的特质。他中学时自己找了一份兼职,是给几个到加拿大高山勘察地形的人背行李。那个暑假里,别的同学在游玩,韩丁却在山中被一头大黑熊追赶,差点丧命。

1936年,17岁的韩丁中学毕业,被哈佛大学录取,但他想要到世界各地走走,增长对社会和人生的认识。于是他选择推迟入学一年,用这一年的时间在全世界进行旅行考察。韩丁坚持不要母亲给他的钱,也拒绝一个船长叔叔的帮忙,而是一边打工一边旅行。

韩丁在旧金山等船时,找了一份清洗砖头的工作。但是他发现无论多么刻苦工作,都无法达到老板规定的工作量,因此就拿不到工资。后来他跟其他的工人联合起来,把洗好了的砖头集中在一起来领工资,这是他第一次与雇主斗争。

就这样,韩丁坐船走遍了美国,但他仍然没有止步,他还作为水手到了日本,在一家美国报纸当了六个月记者[6]。之后,他经过朝鲜、中国东北,去往苏联、欧洲,最后从欧洲回到美国,入学哈佛。在哈佛大学读了两年,他感觉到自己所学的很不切实际,因此转学到康奈尔大学攻读农业机械,由此走上了农学家的生涯。

二、认识中国：中国革命的同情者

在康奈尔大学，韩丁结识了未来的妹夫阳早，他们经常一起讨论政治，还曾试图在纽约州组建农会。韩丁的姐姐韩珍在华盛顿特区的农业安全管理局工作，也是一名美国共产党员。由于韩珍进入社会较早，她经常给韩丁、寒春和阳早讲述国际新闻，告诉他们世界正在发生什么，她还带回《共产党宣言》《西行漫记》等书籍给他们看，大家一起阅读和争论。韩珍时常教育自己的弟弟妹妹，一定要参加反法西斯战争，并带他们结识了一些有影响力的美国左派人士，例如论述农业状况和农民被剥削情况的鲍勃·科伊（Bob Coe），以及国际工人协会成员、纽约州"挤奶棚"农会的领袖阿奇·莱特（Archie Wright）⑦。

这些"红色书籍"和左派人士给韩丁带来了变化，他开始对中国正在发生的事产生浓厚的兴趣，其中，影响了许多美国青年的《西行漫记》更是直接促使韩丁成为中国革命和中国共产党的同情者。在1938年出版的这本《西行漫记》英文版中，韩丁第二次认识了中国。在阅读此书之前，他是一个和平主义者，反对一切战争，但《西行漫记》使他转变了看法，他认为有些战争是正义的，应该得到人们的支持。他说，如果他是一个中国人，那么也一定会拿起枪，抵抗日本侵略。在看这本书的同时，韩丁也准备参军，但他没有通过体检，被转送到美国战情新闻办事处，有了第三次认识中国的机会。

1945年，中国赢得了抗日战争的胜利，在全国人民欢欣鼓舞的同时，一股紧张的气氛也在国共两党之间悄悄蔓延。此时的韩丁担任美国战争情报处分析员一职，接受上级委派的任务，来到中国西南的重庆,一场关乎当时中国前途命运的谈判正在这里展开。这是韩丁第一次如此近距离地观察中国的革命,他与周恩来进行了深入的交往,也与毛泽东、宋庆龄等有过几面之缘。在此期间,韩丁更加深刻地了解了中国革命,并更加清晰地看到了中国的未来。

回到美国后,韩丁向好友阳早倾诉自己在中国的所见所感,引起了他的共鸣。1946年,在韩丁的影响下,阳早来到中国,在延安郊区的光华农场工作,后来与韩丁的妹妹寒春在中国结为夫妇,并在中国工作终生。

1947年,中国共产党正逐渐掌握解放战争的主动权,扭转战局。这时,强烈渴望进一步了解中国革命的韩丁,也紧跟着好友阳早的步伐,第三次来到中国。这回,韩丁干起了自己的老本行,成为联合国救济善后总署的拖拉机技师。在共产党领导的河北解放区,韩丁受到了热烈的欢迎,他的专业和友好赢得了当地人的尊重,并在晋冀鲁豫边区负责一项发展计划。到了秋天,联合国结束了农机援助项目,要把志愿者送回美国。原本被派到国统区而自己却来到解放区的韩丁,自然不愿意这么快就离开中国,他选择继续留在这里,为中国培训第一代农机人员[⑧]。

韩丁决意献身于中国的农机事业,但巧妇难为无米之炊,由于缺乏燃料,韩丁只能暂停农机方面的工作。正在他思考下一步应该做什么时,北方大学邀请韩丁去山西潞城教授英语。北方大学是由中国共产党领导的,1946年刚在河北省邢台市成立,但由于战争形势,又迁往山西。北方大学仅仅存在了两年零八个月,但它是后来的中国人民大学的前身,为新中国培养了大量人才。韩丁欣然接受了邀请,在母亲的耳濡目染下,他也十分看重教育。

来到北方大学的韩丁,恰巧赶上了土地改革运动。就在1947

阳早和寒春在中国

年 10 月，中共中央公布了《中国土地法大纲》，向解放区的农民宣告封建土地制度的灭亡。韩丁刚安顿下来不久，就眼见着许多同僚和学生离开学校，去参加这项激动人心的群众运动。韩丁把这样的行动形容为是一次"出征"[9]。

这次"出征"是从 1948 年 1 月开始的，那时刚过完年，山上还留有最后一场残雪，但人们似乎并不感觉到冷，他们对于即将投身的事业的热情足够融化冰雪，将在农村地区迎来一个生机勃勃的春天。

作为北方大学的"新人"，韩丁目睹了"出征"的场景，并在《翻身》一书中进行了细致的描述。北方大学派出的土改工作组成员都难掩兴奋的心情，展现出高昂的精神面貌，这给韩丁留下了深刻的印象。望着离开的队伍踏起的灰尘，韩丁的心中涌起了一个愿望：参加这项伟大的事业。就像 17 岁时背起行囊闯荡世界那样，韩丁依然果敢，立即来到校长范文澜的办公室，主动要求以观察员的身份参加。经过校长与区县领导的商讨，韩丁最终被派驻到离学校最近的土改基点村——张庄。

1948 年 3 月 6 日早上，距离韩丁第一次认识中国已有十余年了。从认识中国到同情中国革命，再到了解中国，韩丁终于在这一年春天踏上了去往张庄的路途，并真正领略这片土地的"神奇"，亲身投入到中国革命的实践当中。在八个月的时间里，美国人韩丁与受了几千年剥削的张庄农民结下了深厚友谊，张庄也成为韩丁心中的"第二故乡"。

在张庄，韩丁记录下大量的一手资料，深刻理解了土地改革对于这些"中国朋友"非比寻常的意义。在亲身实践的基础之上，韩丁写就了《翻身》一书，让我们得以一窥七十多年前中国土地改革的真实面貌，也令西方读者能够看到客观公正的历史材料。

三、深入张庄：土改的见证者

从长治古城往北，翻山越岭，群山环抱中有一块平地，张庄就在这块平地上。这块土地并不贫瘠，六千多亩地养育了两百多户，一千多人。只是经常突至的自然灾害和地主的剥削，令农民时刻感受着贫穷、面临着死亡。

然而在韩丁到来之前，这摊几千年的死水已经掀起了波浪。1945年8月，张庄由八路军控制。1946年1月，中国共产党领导清算运动与反奸运动，成立农会，主要针对汉奸和国民党，斗地主富农，分割他们的财产。1946年4月，张庄成立中国共产党党支部。在内战前夕，即1946年5月4日，改变"双减"（减租减息）方针：在尚未实行土改的地区，针对地主，号召进行土地改革；对已经土改的地区，以正式的批文认可已进行的土改。1947年春，开展洗脸擦黑运动，整顿党员。1948年3月，随着内战的进行，中国共产党颁布了《土地法大纲》，针对地主富农实行土改。

韩丁一来到张庄，就被热火朝天的土地改革所深深吸引。后来，他在写作《翻身》一书时，曾这样写道："这是一个伟大的时刻。这一时刻，是我一生中最想看到、最想投身的时刻。"⑩

他踏进的第一户张庄人家，是贫农王文斌家。在太行山寒冷的早春，韩丁发现王文斌家连一扇门也没有，一眼望去床上只铺了干草。王文斌的孙子王金红当时只有5岁，后来成为张庄的村委书记，并与韩丁结为好友。

从王文斌开始，韩丁陆续认识了村里各种各样的贫下中农，他们的面庞各不相同，却都过着困苦的生活。那些日子里，韩丁以土改观察员的身份，和其他干部一样，同张庄农民一起吃饭，一起劳动,一起参加各种会议,一起讨论,白天同农民一起下地干活,晚上参加土地工作会议。

在一些会议讨论的间隙,韩丁成为各种对话的中心,如"美国吃饭用筷子吗?""美国妇女穿裤子吗?""拖拉机是什么样子?""美国种什么庄稼?"有时还有一些政治性问题,如"杜鲁门为什么支持老蒋?",等等⑪。许多农民成了他的知心朋友,把各种秘密和悄悄话,都毫无保留地告诉了他,他甚至成为张庄孩子们的"孩子王"。

在张庄期间,韩丁经常与当地农民交谈,他们的悲惨经历和极端困苦引起了韩丁的同情。张庄的人们一说到过去,就经常泣不成声,听者也无法忍住自己的眼泪。韩丁在《翻身》中感叹道:"苦难几乎是无所不在的,但是那时候张庄最可怕的事还不是这种或那种苦难,而是毫无改变的希望。"⑫

韩丁听到了这些贫苦农民的心声,也亲眼看见他们对土地改革的支持,他细致地观察、倾听,最终记录了一千页的笔记。

对待土改中所遇到的问题,以及干部所犯的错误,韩丁的记录非常诚实,但他更关注的是,共产党的领导人和张庄人是如何解决问题和纠正错误的。在土改过程中,有一些张庄农民在追逼浮财的过程中间导致十余人被打死,也有张庄干部欺压群众的事件。韩丁透过这些混乱,看到了张庄的代表性,他认为张庄和其他的中国农村都有着相同的矛盾,因此群众的心理、采取的手段、存在的问题等都是类似的,都存在"过火的倾向"⑬。

作为一个马克思主义者,韩丁也深刻地认识到,群众自己起来闹翻身、干革命,不可能安排得那样有条有理,而时时产生的新矛盾,以及不同态度、方法之间的动态关系,在革命全面开展的过程中是不可避免的。最重要的是人们"当家作主"的思想意识建立起来

土地改革中农民打出"实现耕者有其田"的横幅

了,农民"翻身"了,韩丁认为这是"使革命所导致的变化深刻而持久的保证"⑭。

韩丁的女儿卡玛说:"我对父亲的人格很尊重,他关注底层关注民众,总想着为农民做实事,一天到晚在农村。"⑮韩丁总是站在农民的立场上去思考问题,并且无私地帮助他们。新中国成立后,韩丁再次回到张庄,和张庄人共同设计制造新型的农机,张庄很快实现了小康。

四、写作《翻身》:美国的"叛国者"

告别了张庄,韩丁背上二十多斤重的资料,徒步翻过了太行山,向东来到华北平原。之后,韩丁将太太史克和女儿卡玛留在北京。1953年,韩丁返回美国。

然而一回到美国,韩丁便遭遇到麦卡锡势力的迫害。他被麦卡锡主义反共势力冠以"叛国者"的罪名,所带的资料被美国海关全部没收,扣压在参议院国内安全委员会。他本人也被置于严密监视之下,特工人员记录他的行踪,偷听他的电话,限制他的活动。韩丁被审查的原因,除自身是左翼进步分子外,离不开妹妹琼·辛顿的影响。琼·辛顿,中文名寒春,1921年出生于美国芝加哥,比韩丁小3岁。作为知名的核物理学家、美国曼哈顿计划中少数的女科学家之一、"原子能之父"费米的助手,琼·辛顿见证了美国用原子弹轰炸日本广岛、长崎。面对滚滚升起的黑烟,她的同事冰冷地说道:"那不是蘑菇云,而是日本人的骨头和血肉。"一语惊醒梦中人,琼·辛顿从此放弃成为纯科学家的想法,并开始反对核武器的研究。琼·辛顿的丈夫中文名阳早,看到斯诺的作品《西行漫记》后,对中国革命充满期待之情,于1946年来中国工作。寒春和阳早1948年一起到了延安，不但有了自己的中文名，两人还结为了夫妻，他们决定在延安从事农牧业技术工作。1952年亚洲及太平洋区域和平会议在北京召开，寒春在大会上发言，指出纯科学不考虑后果，原子弹的发明给人类带来了更大规模的杀伤力。美国政府对寒春的发言非常不满，并在第二年她的哥哥韩丁回国时开始刁难。

整整16个年头，他因护照被吊销而不能再回到中国。在这期间，韩丁的生活越来越困难，他要养家，还得付律师费，他在费城的码头找到了一份维修起吊机的工作。韩丁只会修农机，对起吊机一无所知，他只好自己摸索着，碰到困难就假借上厕所去偷偷翻阅起吊机结构的书。韩丁回到美国后一直支持美国共产党，直到中苏论战开始，韩丁眼见美国共产党不能独立思考，只知道跟在苏联后面，才放弃对它的支持。

不久韩丁因为被列入黑名单而遭解雇了，也因为黑名单，所以他找不到其他工作。母亲卡玛丽塔在宾州有一块农地，韩丁决心做农民，靠种地过活。最后他仅能靠从母亲那里继承来的土地务农为生。他种玉米、大豆、小麦、苜蓿草，一干又是15年。

他为了要重新起诉，又要花很大一笔律师费用，韩丁与他的家人和朋友以开饺子晚会来募款，韩丁说他们包了好多个饺子。在韩丁重新上诉后，他被"东地委员会"传去国会作证。这时美国FBI收集的韩丁的档案已有两万页之多。韩丁被传去作证的原因是，这个委员会认为寒春去中国是韩丁安排的，原子弹的秘密也已经透露给了中国。

韩丁为去国会做足了准备，他收集了"东地委员会"中的几个参议员的资料，心里有了底。他每回讲到去作证的经过都十分兴奋，1999年韩丁80岁了，朋友为他庆祝，办了一场研讨会，主题是：

认识中国革命,庆祝韩丁一生的贡献。禁不住大家的要求,韩丁再一次旧事重提。

韩丁说"东地委员会"的几个参议员的手脚并不干净,韩丁在三家电视台、六架摄像机耀眼的灯光下,充满信心地与他们针锋相对。对方问他:"你叫什么?"韩丁说:"假如你告诉我找我来作证的原因,就能知道我的名字。"对方又说:"我们关心美国的国家安全,这方面的事情你再清楚不过了。"韩丁回答道:"我也关心美国的安全,但我认为这个委员会的主席对美国安全的威胁要比我严重得多。"每次不同的参议员询问韩丁问题,韩丁就从他的口袋中拿出对应的小纸条,纸条上有之前收集的这个议员做的坏事,韩丁就此对他们进行反问。没有人知道韩丁口袋里还有多少张小纸条,因此第二天,听证会的地点换到了一个小房间,电视摄像也被禁止;第三天搬到了小阁楼,新闻记者被禁止参加⑯。

他多次发表演讲,坚持笔耕,宣传中国人民的革命成就,揭露谴责"麦卡锡主义"。仅在回到美国的头一年里,他就发表了三百多场演讲。他为那些被没收的资料打了好几年官司,几乎倾家荡产,经过长期斗争,他最终胜诉,先后从美国海关和参议院国内安全委员会那里把资料追了回来。

有信仰的人是令人敬佩的,韩丁心中的那团火始终没有熄灭,它熊熊地燃烧着,一定要把真实的中国介绍给全世界。韩丁经过长时期的构思,一边种地一边写作,于1966年由纽约《每月评论》出版社出版了《翻身》一书,该书的出版犹如平地起惊雷、旱地降甘霖,在全世界引起轰动。全书分七部分,前两部分介绍张庄的发展历史,后五部分介绍工作队进驻张庄后了解到的情况以及领导农民进行的斗争。这已经距他收集材料18年之久了,可见,韩丁的《翻身》从资料收集到编著出版,颇费周折,作者历尽千辛万苦。

五、《翻身》出版：引起热烈反响

韩丁将《翻身》这部著作称为"中国一个村庄的革命纪实"，他在前言中写道："试图通过张庄这个缩影，揭示中国伟大的反帝反封建革命的本质。这场大革命在二十世纪上半叶改造了中国，它所迸发出来的巨大的政治、社会力量，不断地震撼着中国以至于全世界。"[17]他还认为，"张庄的历史对今天现实生活的意义，是怎么强调也不会过分的。故事是围绕土地问题展开的，不了解土地问题，就不能了解中国革命，而不了解中国革命，也就不能了解今日的世界"[18]。

韩丁以山西张庄为典型，生动地讲述了中国土地革命波澜壮阔的历程。书中开篇写道："每一次革命都创造了一些新词汇。中国革命创造了一整套新的词汇，其中一个主要词语就是'翻身'。它的字面意思是'躺着翻过身来'。对于中国几亿无地农民和少地的农民来说，这意味着站起来，打碎地主的枷锁，获得土地、牲畜、农具和房屋。但它的意义远不止于此。它还意味着破除迷信，学习科学；意味着扫除文盲，读书识字；意味着不再把妇女视为男人的财产，而建立男女平等关系；意味着废除委派村吏，代之以选举产生的乡村政权机构。"[19]

这本书第一次向西方世界全方位地展现了中国农民获得土地的革命过程以及随之而来的妇女地位的变化、摆脱文盲、破除迷信等政治、经济、文化等领域的社会变迁。特别是在整个土改过程中，中国共产党实事求是地调整、纠正自己错误政策的记录，是对中国共产党之所以能够领导中国人民取得民族解放事业胜利的最好注脚[20]。韩丁认为，中国土地革命的意义不亚于林肯的美国黑奴解放运动,是中国民族解放事业胜利的保障与基础。正如书中提到的,不了解土地问题,就不能了解中国革命。

韩丁的《翻身——中国一个村庄的革命纪实》受英国共产主义者大卫·柯鲁克和伊莎白·柯鲁克的著作《十里店(一)——中国一个村庄的革命》《十里店(二)——中国一个村庄的群众运动》的启发,是一本有着人类学和社会学背景的名著,也是描写中国土改最好的一本书。《翻身》把中国土地革命的真实性和必要性恰到好处地结合起来,为读者还原土地革命的真实面貌,十分难能可贵。

《翻身》一书出版后反响十分热烈。《纽约时报》曾发表评论:"这是一部非同一般的关于中国革命的书卷……它向我们展现了新生的共产党政权建立过程中一个村庄生动、撼人的故事。辛顿先生为我们了解共产党取得政权前夜中国北方农村的生活,做出了有价值的、在某种意义上独一无二的贡献。"《翻身》自1966年出版后,张庄这个寂寂无名的小村庄立刻引起许多外国人的关注,该书也成为全世界了解中国农村的一扇窗口。

《翻身》仅在美国国内销量就有二十多万册,国外更高达三十多万册,后被译成法、德、日、意大利、西班牙、中文等10种语言出版。作为中国北方土地改革的一份样本,《翻身》用详细的记录和客观的评价为世界宣传了中国革命,为中国革命正名,让不怀好意的宣传不攻自破。随着英国著名剧作家大卫·哈利将《翻身》一书改编成话剧搬上舞台,《翻身》的影响力和传播范围进一步拓展,成为美国大学里中国历史、政治、人类学等专业学生的必读书。周恩来总理看到《翻身》英文版后十分高兴,指示要尽快翻译成中文,《翻身》中文版在1980年10月由北京出版社出版。在中国,《翻身》的意义同样不容小觑,由于其客观真实的资料来源和描述,在彰显中国土改进步性的过程中不回避存在的问题,如腐败、暴力等,不同派别的人士都对《翻身》赞赏有加。《万历十五年》的作者黄仁宇曾在自己的回忆录《黄河青山》中对《翻身》一书表达赞赏。韩丁的《翻身》也和埃德加·斯诺的《西行漫记》以及杰克·贝尔登的《中国震撼世界》被并称为西方世界了解中国革命的"三大经典"。

六、重返中国,出版《深翻》

1971年,中美通过"乒乓外交"恢复交流对话,当年5月,韩丁在周恩来总理邀请下重返中国。阔别中国土地近20年,韩丁心中仍然充溢着热爱,在天安门城楼上,韩丁和周总理的手紧紧地握在了一起。当时周总理对美国问题一直十分关注,趁着韩丁来中国之机,召集当时在中国的美国专家和朋友如寒春、阳早、柯如思、艾特勒、马海德等到人民大会堂,共同研究关于美国工人和农民的生活状况、经济发展、工人运动以及马克思主义在美国的影响等问题。韩丁与周总理进行了非常热烈的对话,在七个月的访问中,他与周恩来五次会面,并被周总理称为"中国人民患难与共的老朋友"。韩丁心中仍想为这个从千难万险中涅槃的国家贡献自己的一份力量,在周恩来的帮助下,韩丁回到了魂牵梦萦的张庄,见到了一起生活、劳动的村民,他与乡亲们在村头、炕边促膝长谈,了解这些年来张庄发生的变化,并记录下大大小小的故事。

韩丁回国后,积极奔走创建美中人民友好协会(National U.S.—China People's Friendship Association, 简称USCPFA),并于1973年担任协会第一任主席。美中人民友好协会是一个非营利性、免税的教育机构,作为美国全国性民间对华友好组织,旨在促进加强美中两国人民的友谊。协会出版刊物《新中国》,同时韩丁根据自己与周恩来的五次对话发表了《周恩来:与美国人的谈话》等文章,有效增强了美国人民对中国的了解[21]。此后的日子,韩丁三十多次来到中国,曾受聘为联合国粮农组织中国项目专家和中国农业部高级顾问。

1974年,韩丁重返中国,住在北京饭店,他邀请王金红到北京见面。韩丁的目的是想和王金红谈谈张庄的农业,他说在美国一个人可以种2 000亩地,平均下来每天生产1万斤粮食,而张庄每个劳动力拼命干活一天顶多生产二三十斤。"王金红,你可以不可以种上几百亩?"韩丁用激将的口吻说。而王金红则没有丝毫犹豫回答道:"没问题!"韩丁的目的是在张庄推行农业机械化。回到张庄后,曾当过车工、电工、钳工的王金红按照韩丁给的图纸,自己找材料摸索制成了喷灌系统、螺旋提升机、烘干机等农用机械,还参加了两次全国农机推广会。机械化的推行使张庄农业生产效率大幅度提升,同样的农活短时间内就能够完成,村民们开玩笑说大家轮流种地,每户人家干过一年,就能休息个十年八载。

农业效率提高了,但是后来的分地问题还是引起了争议。1978年安徽凤阳小岗村尝试土地联产承包责任制,在全国农村掀起了一场声势浩大的改革。张庄起先对于包产到户持观望态度,但后来还是顶不住压力实行了分地。"分了之后,韩丁来了,他很不高兴",王金红说,"他回北京后找到杜润生说,我不干涉你们的政策,但张庄有自己的特殊性。"[22]1982年秋天,韩丁返回张庄,他认为张庄之所以有特殊性,就是因为在集体化的基础上,农业机械化搞得好,如果土地一分,就什么都没有了。那时候,张庄每人每天平均可以生产400斤粮食,在全省算是最高的了。1979年,张庄被定为山西省农业机械化试点。分地之后,机械化成果可能不保,同时集体化会带来实利减少,这是韩丁和王金红担忧的地方。韩丁的观点起到了一定效果。张庄在分地基础上做出了一些调整,1982年春播的时候,

韩丁在张庄与农民交流

每人再收回3分地，总共700亩，还是由原来的机械队搞试验。而且已经分下去的地，按品种规划，原来种什么，现在这一大片地上还种什么，方便使用机械。一方面是集体持有土地带来的机械化便利，一方面是农民亟须实行责任制来填饱肚子，虽然观点不同，归根结底都是为了大力发展生产力。由此可见，韩丁对中国农业的发展可谓灌注心血、尽心尽力。

1983年，通过对张庄组织农村集体化过程的长期观察和调查，韩丁出版了作品《深翻》，着重分析改革中遇到的问题。作为《翻身》的延续，《深翻》的知名度并不如《翻身》，但书中独特的思考、翔实的资料、严密的逻辑分析还是让它收获了众多好评[23]。"深翻"的含义为深深地翻土，作者用它来象征20世纪50年代和60年代中国农业集体化过程中，合作社、人民公社的建设者们对中国农村社会建设作出的伟大和深刻的成就，意义非凡。可以说，《深翻》为记录中国土地变迁、农业发展提供了一个样本。在《深翻》之后，韩丁又创作了《大逆转：中国的私有化1979—1989》，这是一本由他在20世纪80年代中国农村的各种观察报告结成的集子。《翻身》《深翻》《大逆转》被认为是韩丁的中国三部曲。

七、割不断的情谊

晚年的韩丁仍然一直关注中国农业现代化问题。韩丁常说，张庄是他的第二故乡。在他的资助下，从1987年到2009年，时任张庄大队书记的王金红七次赴美国学习、演讲。韩丁在美国拥有的大片农场成为王金红学习实践的最佳场地，学成后的他又把这些技术反哺给张庄。此外，韩丁积极组织世界各地的人们赴张庄访问学习，足有上千人次，使张庄的名声越发彰显[24]。1994年，韩丁帮助张庄

晚年的韩丁

发展小型喷灌和螺旋输送机,并带来了美国新培植的蔬菜品种以及播种机、太阳能加热器,投资兴建了合资企业。而王金红则打破常规,与韩丁一起合资办企业,其产品远销海外。

作为中国人民的老朋友,韩丁将自己毕生的热情洒在中国的土地上。在韩丁病重期间,王金红还前去美国探望。2004年,韩丁因心脏病复发在马萨诸塞州康克市与世长辞,享年85岁。韩丁的墓碑朝着东方,向着这个他热爱的国度。2007年7月,张庄举行了隆重的韩丁雕像落成仪式,当地的学生都学习了解他与张庄的故事,韩丁以另外一种方式留在了张庄。

韩丁的女儿曾说:韩丁的心在中国。韩丁不仅是知名的农业机械化专家,而且是中国土地革命的见证人,中国将永远怀念这位蓝眼睛的老人,并感谢他对中国作出的贡献。

(撰文:李颖　徐鹏辉)

注释

① 韩丁:《翻身——中国一个村庄的革命纪实》,韩倞等译,北京出版社1980年版,第30页。
② 王荣丽、李海明:《西柏坡历史二十五讲》,河北教育出版社2011年版。
③ Christopher Lehmann-Haupt(2004): William Hinton, Author, 85; Studied Chinese Village Life, New York Times, https://www.nytimes.com/2004/05/22/world/william-hinton-author-85-studied-chinese-village-life.html,此处为笔者翻译。
④ 金宝瑜:《勇敢的无产阶级的战士——威廉·韩丁》,钟翰枢、邱伊翎译,激流网,http://jiliuwang.net/archives/62859。
⑤ 金宝瑜:《勇敢的无产阶级的战士——威廉·韩丁》,钟翰枢、邱伊翎译,激流网,http://jiliuwang.net/archives/62859。
⑥ John Mage(2004): William H. Hinton (1919—2004), Monthly Review, https://monthlyreview.org/commentary/william-h-hinton-1919-2004/,此处为笔者翻译。

⑦ 金宝瑜:《勇敢的无产阶级的战士——威廉·韩丁》,钟翰枢、邱伊翎译,激流网,http://jiliuwang.net/archives/62859。
⑧ John Mage(2004): William H. Hinton (19192004), Monthly Review, https://monthlyreview.org/commentary/william-h-hinton-1919-2004/,此处为笔者翻译。
⑨ 韩丁:《翻身——中国一个村庄的革命纪实》,韩倞等译,北京出版社1980年版,第15页。
⑩ 韩丁:《翻身——中国一个村庄的革命纪实》,韩倞等译,北京出版社1980年版,第48页。
⑪ 韩丁:《翻身——中国一个村庄的革命纪实》,韩倞等译,北京出版社1980年版,第114页。
⑫ 韩丁:《翻身——中国一个村庄的革命纪实》,韩倞等译,北京出版社1980年版,第82页。
⑬ 韩丁:《翻身——中国一个村庄的革命纪实》,韩倞等译,北京出版社1980年版,第178页。
⑭ 韩丁:《翻身——中国一个村庄的革命纪实》,韩倞等译,北京出版社1980年版,第201页。
⑮ 玛雅:《真实韩丁,记录中国土改的美国人》,观察者网,http://www.guancha.cn/historiography/2011_07_27_61080.shtml,原载《凤凰周刊》。
⑯ 张辅仁:《中国人民的老朋友——韩丁(续2)》,《当代农机》2007年第1期,第72—73页。
⑰ 韩丁:《翻身——中国一个村庄的革命纪实》,韩倞等译,北京出版社1980年版,第2页。
⑱ 韩丁:《翻身——中国一个村庄的革命纪实》,韩倞等译,北京出版社1980年版,第5页。
⑲ 韩丁:《翻身——中国一个村庄的革命纪实》,韩倞等译,北京出版社1980年版,开篇《关于"翻身"一词的说明》。
⑳ 孟磊:《土地改革背景下乡土社会秩序的变迁与重塑——读韩丁的〈翻身——中国一个村庄的革命纪实〉》,《山东科技大学学报(社会科学版)》2017年第6期,第41—51页。
㉑ 宋晓璐:《农村土地制度变迁及对现实问题的思考——以张庄个案为例》,山西大学硕士学位论文,2011年。
㉒ 杜兴:《山西张庄:一个美国农民与杜润生的争论》,《时代教育(先锋国家历史)》,2008年第19期,第70—74页。
㉓ 邓宏琴:《"翻身"与"翻身"之后:集体化时代乡村运作机制中的权力实践》,山西大学硕士学位论文,2010年。
㉔ 史莉:《韩丁的张庄情缘》,《山西日报》2014年8月27日。

柯鲁克夫妇：每一次选择都指向中国

2019年9月17日上午，一场特殊的荣誉授予仪式在人民大会堂隆重举行，国家主席习近平为42人授予国家勋章和国家荣誉称号，表彰他们对中国社会主义建设和在各领域作出的重大贡献，其中有6名外国政要和国际友人荣获中国国家对外最高荣誉勋章——中华人民共和国"友谊勋章"。当时已是104岁高龄的伊莎白教授作为最年长的友谊勋章获得者格外引人注目，习近平总书记亲自为伊莎白戴上友谊勋章并挽着她的胳膊亲切合影。

伊莎白·柯鲁克（Isabel Crook, 1915—　）和已过世的丈夫大卫·柯鲁克（David Crook, 1910—2000）在中国相知、相识和相爱，携手走过了六十多年峥嵘岁月。在共同的信仰和理想下，他们参与和见证了中国的土地改革、解放战争和新中国的成立，为中国的社会变迁、农村变革留下了诸多珍贵的历史资料。他们也是新中国英语教学的开拓者，为中国外交事业培养了大批优秀的外语人才。如今他们的学生遍布世界各地，在外交、出版、教育等领域扮演着领导者和开拓者的重要角色。一次次重要的人生选择都指向中国，他们比很多中国人还懂中国，对中国的情谊跨越国界，延续至子孙后代，他们也为外部世界打开了一扇了解中国革命和中国社会主义建设的重要窗口。

每年11月1日，伊莎白都会在众人的陪同下来到大卫的雕像前，年过百岁的她颤颤巍巍地爬上长椅，将白手帕放在嘴边亲吻一下，然后再轻轻地拂去大卫铜像脸上的灰尘。伊莎白深情地望着铜像，对丈夫的思念化作眼里闪烁的泪光，这一幕成为北京外国语大学校园内一道感人的风景。在铜像前的石座上，镌刻着这样几行文字：

> 大卫·柯鲁克
> （1910—2000）
> 英国人　犹太人　共产党人
> 中国人民的朋友
> 1949年起在北京外国语大学及其前身任教

正如大卫墓志铭上所写，柯鲁克夫妇与中国患难与共，是中国人民最真挚的朋友。对于他们而言，国籍、地理环境、语言文化的界限都被国际主义精神所消融，因为真正的共产主义者是不分国籍、地域和种族的。

一、由《红星照耀中国》开始的缘分

大卫·柯鲁克1910年出生于伦敦一个犹太家庭，他的父亲曾经经营皮货生意，童年时候的大卫过着无忧无虑的生活。然而在20世纪20年代的经济萧条时期，父亲不幸遭遇了破产，这给整个家庭带来了重创，使得15岁的大卫不得不从寄宿学校辍学去工厂做工。抱着有朝一日成为富翁并能有钱支持犹太复国运动的想法，大卫只身前往美国，却恰逢美国的经济大萧条，成为中产阶级的梦想破碎,他只能在最底层的毛皮厂工作勉强维持生计。

此后大卫靠勤工俭学才得以进入美国哥伦比亚大学学习。1933年,在他求学期间,德国纳粹夺取了政权。彼时美国法西斯主义和"三K党"恐怖组织正猖獗一时,残忍地镇压工人、农民和黑人,引起了大学里很多知识分子的极度愤怒和反感。

在工厂工作的经历使大卫深切体会到资本主义对劳动人民的剥削,当时满街的乞丐和排着长队等待发放免费面包的穷苦民众也促使大卫开始思考资本主义的弊端和工人阶级的糟糕处境。在大萧条和法西斯主义肆虐的情况下,共产主义追求的平等、消灭剥削和压迫的愿景吸引了大批青年进步分子参与到工人运动和共产主义的活动中。大卫也开始大量接触关于共产主义、社会革命的书籍,并且还饶有兴趣地阅读了很多关于"工人阶级天堂"——苏联的报道。

受到共产主义的感召,大卫跟随着哥伦比亚大学的共青团员参加了一次矿场工人罢工运动,之后便加入了共青团。他还到肯塔基州的煤矿组织了工人运动。这段痛苦的斗争经历对大卫的思想产生了巨大的震撼,他在1935年回到英国后就正式加入了英国共产党,成为一名工党议员,从事秘书工作,还负责左翼学生刊物的编辑事务。

大卫回到英国后不久,西班牙的佛朗哥发起军事政变,企图推翻民主选举产生的左翼共和国政府,实施法西斯统治。1936年7月7日,左翼联盟对佛朗哥的国民军发起挑战,被视为第二次世界大战前奏的西班牙内战爆发。作为一名共产党员,大卫积极履行反抗法西斯和保卫人民的光荣使命,奔赴西班牙加入了国际纵队,见证了著名的保卫亚拉玛山谷之战。

战争的残酷性是难以想象的,在参与战斗的第一天大卫就不幸中弹,腿部受了重伤。他被送进一家白求恩当时所在的医院接受治疗,养伤期间,大卫从白求恩那里借到了《红星照耀中国》,书中描述的红军长征过程中的反围剿、巧渡大渡河、过草地、爬雪山等壮举和延安革命根据地的生活,这对于从未到过中国的西方人而言显得非比寻常。

大卫惊叹于共产党在战争中表现的坚韧不拔和在偏僻山区领导农民革命的魄力,此前他从未想过中国的革命如此惊心动魄。在他看来,中国的抗日战争和西班牙的反法西斯战争有着相通之处,都是反抗压迫和侵略的正义战争。他希望能够有朝一日亲自去中国实地调查,把中国人民的革命情况报道给全世界人民。

在医院期间,大卫被苏联情报机关招募参加工作。他在进步电台工作期间结识了很多西方的进步记者,包括美国左翼作家海明威。伤愈之后,大卫重返战争前线,在一次敌人的猛烈进攻中存活下来,后来被派到了国际纵队军官训练营工作[①]。

1938年的一次任务派遣彻底改变了大卫的人生轨迹,使得他终于有机会亲历中国的革命,实现了他梦寐已久的中国之旅的愿望,他也未曾料到自己甚至还可以参与到中国的革命中去。

最初,大卫被苏联情报机构派到上海圣约翰大学教授西方文学,同时从事反托派地下斗争。工作之余,他在上海走街串巷,用镜头记录下了当时普通百姓的生活细节,他的镜头也更多地对准底层劳动人民:码头搬运工、黄包车夫、苦力等。他日后回忆起上海的经历,印象最深的就是那些做苦力的劳工和穷苦的百姓们。上海的灯红酒绿、纸醉金迷和衣衫褴褛、困苦劳累的底层百姓形成鲜明的对比,让他感到十分震惊。他拍摄的大量照片后来被整理成一本厚厚的摄影作品集,成为反映战争期间中国民间疾苦和人民的觉醒与抗争的珍贵影像资料。

1940年夏天，大卫和特工组织失去了联系。思来想去，他觉得要想深入了解中国共产党和中国革命必须到农村去看看，上海虽然繁华，但只是中国的特殊一角。于是大卫来到了大后方成都，在当时由英国、美国、加拿大三国基督教会联合开办的华西协合大学任教。在此期间，大卫接触到了一些具有社会主义信仰的西方传教士，他们经常共同讨论中国的革命和社会变革。在这里他也认识了日后与他结为伉俪的伊莎白。

　　伊莎白·布朗(Isabel Brown)于1915年出生在四川成都的一个加拿大传教士家庭，她的父亲饶和美(Homer G. Brown)和母亲饶珍芳(Muriel J. Hockey)在民国成立之初便从加拿大来到中国，并参与创办了中国最早的综合性医科大学华西协合大学，饶和美还担任过华西协和大学的教务长。

　　出生在中国的伊莎白可以说是一个地地道道的成都姑娘，除了在四五岁时回过一次加拿大之外，她的小学到初中阶段基本上都是在成都度过的。相较于加拿大，对她而言成都反而显得更加亲切。在成都的这段生活经历也促使伊莎白日后从加拿大返回成都开展人类学调查。

　　伊莎白的父母对中国农村有着强烈兴趣，经常走访四川农村和少数民族地区。在父母的影响下，伊莎白的童年自然少不了在四川农村的经历。成都夏日闷热潮湿，伊莎白的父亲便常会带着她去凉爽的四川山区避暑和游玩。在川西的山区里，伊莎白接触到了很多当地的少数民族如藏族、羌族，这些山区少数民族的服饰、生活方式、语言等都深深吸引了这个外国小女孩儿，也在她心中埋下了从事人类学调查的种子。

　　伊莎白长大后回加拿大攻读学位，在完成了大学学业后继续攻读了儿童心理学的硕士学位，同时还辅修了人类学。毕业后她并没有继续留在加拿大,对人类学的浓厚兴趣让伊莎白决定先回到成都做一些调查积累经验,为日后去英国攻读博士学位奠定基础。

伊莎白再一次踏上熟悉的四川的土地,儿时生活的场景也慢慢浮现出来,让她感到十分亲切。她深入四川阿坝理县的嘉绒藏族村落,并在那里考察了半年。为了更好地了解当地人的文化和社会状况,她尽量让自己融入其中,和藏民同吃同住,学习他们的舞蹈、语言和生活方式,还参与了当地妇女的纺线劳动,并且向当地人推广先进的纺牦牛线的技术。这些经历她晚年回忆起来都还觉得十分新鲜和有趣。

完成了藏区的调查后,伊莎白来到四川璧山县大兴镇。当时齐鲁大学的教授孙恩三正在负责中华全国基督教协进会创办乡村建设实验区的工作,并配合晏阳初推广平民教育运动,他便邀请伊莎白加入在四川兴隆场开展的乡村建设项目。伊莎白欣然接受了孙恩三的邀请,并于1940年来到四川兴隆场。在那里,伊莎白挨家挨户地走访了1 497户人家,对中国广大农民的艰苦生活和兴隆场的社会关系、风俗习惯甚至当地的地霸袍哥势力情况都进行了深入和全面的调查。

20世纪40年代初,中国大部分国土沦陷,整个华北地区都被日军掌控,抗日战争进入了最困难的时期。国民政府迫于压力迁到重庆,为了支持抗日,开始全力建设大后方,在政治、经济和社会建设方面都开始推行一系列改革措施。

国民政府号召的抗战建国在四川农村也引起了一系列的反响,有一批有识之士如晏阳初、梁漱溟等正在乡村进行乡村改革实验,试图通过兴办乡村教育、农业合作社等举措改变农村贫困的状况。

在兴隆场,盐业合作社的乡村建设项目也如火如荼地展开,主要是想通过组织村民入股、批发等方式来降低食盐成本,让老百姓能够以更低的价格买到食盐。为了顺利建设食盐合作社，伊莎白需要开展调查，以便对兴隆场和周围村庄的居民的生活状况有清楚的了解。

1940年秋天，伊莎白和社会研究者俞锡玑以及一名护士和一名教师组成工作组，负责调研的几乎所有工作。她们挨家挨户进行走访，了解乡民的家庭生活、谋生手段、宗教信仰等涉及私人生活和公共生活的各类基本情况。

20世纪40年代的兴隆场是一个只有八十多户人家的小集镇，一条青石板铺成的狭窄街道蜿蜒地穿过被丘陵环绕的乡村。伊莎白的妹妹到访兴隆场后在给伊莎白的信中写到了对兴隆场环境的感受："难以想象，整条街就是个猪圈和垃圾场，到处是气味难闻的臭水坑。"[②] 而周围则是青山绿水、郁郁葱葱的梯田和山丘，与兴隆场的污秽环境形成鲜明对比。

伊莎白和俞锡玑每天都来到这个集镇，观察赶场时人们的交易、在茶馆里"摆龙门阵"、街上发生的纠纷等各种社会活动。早在1908年，就有一些西方修女来这里传教，所以当地居民对外国人已经司空见惯了，很少用异样的眼光打量伊莎白，更不会觉得她会构成威胁。这样轻松友善的氛围给伊莎白的调查减轻了不少压力。

当伊莎白逐户走访时，每每去到偏远的山区，都会受到出乎意料的热情招待。有的时候，伊莎白聊着聊着竟然非常惊喜地发现，原来自己小时候就跟这些村民有过接触，也算是老相识了。

工作组把家安在镇上的教堂里，以便可以更密切地接触到当地居民的生活。很多妇女在赶场之后也会来这里坐坐，拉拉家常。伊莎白为了能够让村民们畅所欲言，每次都会花大量时间跟他们漫无目的地聊天，询问他们的买卖做得如何，家里人最近身体都怎么样之类的日常生活问题。时间一久，她和村民们建立起了亲密的联系，受访者也完全不会认为自己是在接受采访，而更像是在跟好朋友聊天。经常会有年轻的农民来给伊莎白和俞锡玑绘声绘色地讲述兴隆场上发生的事情，这种信任感和好感的建立使得伊莎白获得了大量的一手资料。

工作组所在的教堂也逐渐成为妇女社交、聚会的好去处，如果说当时成都的大部分茶馆都是男性的公共活动场所，那么这个教堂便成为当地女性专属的"茶馆"。

伊莎白每天不仅在集镇上走街串巷，还跋山涉水深入山区去调研，对部分山区居民过去鲜为人知的生活有了深入的了解，这些是政府调研中难以触及的。正是因为调查的细致和深入，伊莎白的调研结果比官方的报告更有说服力。

除了做调查之外，伊莎白和其他工作组成员还主动帮助当地村民解决一些生活问题并且普及科学和健康知识，他们不仅为村民看病甚至还帮助当地的农村妇女接生。

经过整整一年的时间，伊莎白对兴隆场的场镇生活、农业活动、当地的宗族和政体、民间势力袍哥以及乡村教育和公共卫生改革等做了全面而又细致的记录。她目睹了国民政府将权力触角伸向四川时所遭遇的重重困难，同时她也发现国民政府的各项改革措施遭到了地方保守势力的强烈抵制。最终许多改良计划无法落地，要么中途夭折，要么改革成果被当地的民间势力袍哥或保守政体蚕食，这让她感到非常担忧。

虽然伊莎白拥有了大量的调研资料，但二战爆发后，复杂的政治形势让系统整理这些资料的安排被迫推迟。厚厚的调查手记就一直被放置于一个铁皮盒里，直到80年代，伊莎白从北京外国语大学退休后才终于有时间从柜子里翻出了这些珍藏了四十多年的泛黄的调研资料，并重新对这些丰富的材料进行整理。

经过十多年的努力，在四川的调研成果最终被写成《战时中国农村的风习、改造与抵拒——兴隆场（1940—1941）》一书得以出版。书中对兴隆场的历史沿革、政治经济和当地民俗文化、民间信仰等都有细致深入的记录，大量一手资料和鲜活的事例成为人们了解民国时期中国农村生活状态和改革困境的重要文献，不仅具有重要的历史价值，同时也为人类学家、社会学家研究农村发展变革提供了宝贵的学术文献。

该书出版后，伊莎白还曾多次重访兴隆场，密切关注当地的发展和变迁，还和长期关注中国农村和妇女发展的美国历史学家、该书的合作作者柯临清一起发起建立了"伊柯专项基金"，用于资助大兴镇的贫困学生。

二、大渡河边的婚约

尽管兴隆场改革的失败让伊莎白和工作组的其他成员都大失所望、心灰意冷，但这段经历却让伊莎白对中国农村社会和农村改革有了更深入的了解。将近一年的实地调研使她认识到人民的苦难是多么深重，兴隆场的村民尤其是那些妇女们对她的热情和友善也让伊莎白觉得非常温馨。

结束了兴隆场的调研后，伊莎白陷入了思索：什么是导致中国农民贫困的根源？类似于食盐合作社的这种社会改良能够从根本上解决农村的困境吗？对于这些困惑，出生于基督教家庭的伊莎白希望可以通过改良等和平的方式来改善农村状况，坚决反对暴力斗争。

在伊莎白调研期间，大卫经常跑去乡下看望她，有时也会参与到调查中。在伊莎白的影响下大卫对中国农村问题也产生了浓厚的兴趣，但在如何解决中国农村的发展问题上他们的意见存在很大分歧。和伊莎白赞同的改良方式不同，大卫主张必须通过革命这种暴力的手段才可以彻底改变中国的现状。

为了说服伊莎白，大卫特意安排了一次郊游，他带着伊莎白去了雅安的山区。他们一路上对中国的社会、政治问题展开了激烈的争论，大卫主张要改变中国的现状必须通过革命、暴力的手段，而伊莎白则坚持可以通过改良、和平的手段来使中国富强起来。大卫举了一个例子：假想你患了一种重病，是急性的病，如果开刀治疗可以彻底清除病根，但如果不开刀，病就会发展成慢性病，最终无法救药。那么在这种情况下，应不应该开刀？

大卫想起了西班牙内战期间读到的《红星照耀中国》，是这本书让他对中国共产党和中国革命有了全新的认识。现在，他也想通过这本书中的内容来让伊莎白更了解中国革命的必要性。

渐渐地，从小受基督教"福音"思想以及和平改良思想影响的伊莎白开始重新审视社会进步和革命的问题。最终伊莎白被大卫说服了，成为支持革命的共产主义信仰者。支持共产主义革命和为中国农村发展做贡献的共同信仰让他们的关系也变得更加亲密。1941年，大卫和伊莎白两人共同探访红军长征经过的大渡河上的泸定桥，滚滚的江水从铁索桥下奔涌向前，《红星照耀中国》中描述的红军飞夺泸定桥的惊险场景也涌现在大卫脑海中。他们站在桥头，面对悬在汹涌江水上的铁索桥感慨万千。从来没考虑过结婚问题的大卫鼓起勇气向伊莎白提出了订婚的请求，希望可以和伊莎白一起为中国的革命与发展奋斗，为改善中国百姓的福祉做出自己的贡献。这个红色的革命圣地吸引大卫来到中国，也见证了大卫和伊莎白的爱情和理想的升华。

然而当大卫和伊莎白还沉浸在订婚的喜悦中时，欧洲战场形势日益严峻。1941年6月,德国撕毁《苏德互不侵犯条约》,突然调动强大兵力向苏联发动全面进攻,苏德战争爆发。共产国际随即发出号召,凡是盟国的共产党员都应该回国参军,为反法西斯战争出力。

在学校教书的大卫再也按捺不住焦急的心情,作为一名共产党员,他迫切想要回到英国参战。但是伊莎白的父母考虑到欧洲太危险,反对他们去英国。听着广播里的战争播报,大卫和伊莎白坐立不安,他们都觉得自己应该加入反法西斯的斗争中去。最终,大卫说服了岳父岳母,带着伊莎白回到了硝烟四起的英国。大卫很快便重新回到英国共产党的组织并志愿加入英国皇家空军,他被分配到了情报部门,专门搜集有关日本的军事情报。年底,伊莎白也加入了英国共产党,之后参加了加拿大妇女军团,成为加拿大部队的一名护士③。

由于中国当时处于抗日战争期间,很多同情和支持中国人民抗日的外国人成立了一支队伍,即1938年6月14日在香港宣告成立的"保卫中国同盟",由宋子文出任会长,宋庆龄担任主席④。该机构的目标是鼓励全世界所有爱好和平与民主的人士支持中国的反法西斯战争,为中国提供医疗用品等救济物资。伊莎白参加了英国的同盟组织,在英国介绍中国的抗日战争和中国共产党的发展情况,并呼吁英国民众支持中国的抗战。在保盟工作期间,伊莎白还认识了爱泼斯坦以及克莱格,后来克莱格成为英共国际部中国处的处长,伊莎白和大卫经他的邀请也加入了这个组织。

1942年,伊莎白和大卫终于实现了他们当年在大渡河边的婚约,在伦敦正式结为夫妇。二战结束后,伊莎白在伦敦经济学院师从雷蒙德·福斯教授攻读人类学博士,而大卫则在伦敦亚非学院学习中文,他们在伦敦的学习也是为日后回到中国更好地开展调研做准备。

有一次他们重读斯诺的《红星照耀中国》，读完后不禁开始思索从1937年这本书出版到当时的1947年，整整十年过去了，中国现在的革命情况如何呢？抗战结束后，中国的社会尤其是农村有着哪些变化呢？这些问题一直萦绕在柯鲁克夫妇脑海中，他们决定要写一本介绍中国农村经济和社会变革的书，于是毅然告别了伦敦稳定安逸的生活，选择返回中国，希望可以在宣传中共开展的农村土地改革运动的同时更深入地了解中国农村的发展变迁。大卫还与美国《时代周刊》、英国路透社签约，撰写关于中国的报道⑤。这一选择也成为柯鲁克夫妇生命中的重要转折点，他们此后的人生便与中国的革命与变迁紧紧地联系在一起。

三、河北十里店的土地改革调查

柯鲁克夫妇的决定得到了英国共产党的支持，英共为柯鲁克夫妇开具了介绍信，他们带着这封介绍信漂洋过海，一路颠簸，最终再一次踏上他们熟悉的中国大地。虽然二战结束了，但是中国仍然处于战火纷飞的状态，内战的阴霾笼罩着整个中国，形势依然严峻。重返中国的旅途遥远而危机四伏，他们一方面通过各种办法找到中方的接洽人，另一方面对外还要掩藏自己共产党员的身份，穿过国民党的层层封锁线。

起初，他们坐船来到香港，与中共香港工委负责人乔冠华、龚彭夫妇接头。经过中共香港工委的安排，他们几经辗转，一路北上，先是去了上海，然后再到天津，与在那里的联合国救济与建设总署的中共代表接洽。中共代表韩叙向柯鲁克夫妇介绍情况说，总署正在组织一支运输队向河北解放区运送物品，需要用两辆吉普车，但是

1948年,大卫·柯鲁克与伊莎白·柯鲁克夫妇在晋冀鲁豫根据地

当时没有合适的人当司机。于是柯鲁克立即自告奋勇说他可以承担司机的工作,柯鲁克夫妇以国际观察员的身份跟随总署南下,到了当时晋冀鲁豫边区政府的所在地河北省的十里店村。

十里店村位于太行山下,在抗日战争时期是晋冀鲁豫根据地较早的一个村子。虽然这只是一个偏远的小山村,但是周围却驻扎着很多重要的政府和军事部门。距该村三里远处有边区政府驻地,八里远处有晋冀鲁豫中央局和军区驻地,边区参议会和交际处等机关也驻扎在这里。此外,人民日报社也在该村山后的河西村。

1947年11月底,大卫和伊莎白乘坐着骡车一路颠簸,经过铺满鹅卵石的裸露的河床,再穿过狭窄的河谷和干旱的梯田,终于来到了十里店。

他们看到墙上到处都贴着红色的标语和宣传画,比如有一幅壁画是将汪精卫和其他卖国贼作为画中的陪衬人物,这些给柯鲁克夫妇留下深刻印象。再继续往前走,他们还看到男子们聚集在合作社前讨论贸易和运输情况,妇女们则三五成群地在大门前、阴凉处纺织、做布鞋。孩子们也成群结队地在村里嬉闹,发出阵阵欢笑和刺耳的尖叫声。虽然条件艰苦,但到处都充满了浓郁的生活气息和劳动的热情。

柯鲁克夫妇到达十里店时适逢土地改革的重要时期:中国共产党在1947年9月召开会议,起草了一个旨在对封建土地制度进行彻底改革的土地法大纲。这次土地改革想要调动全农村的生产积极性,为解放战争的最终胜利提供充足的动力和保障。为了根据各个地区的情况制定执行土地法大纲的各项具体措施,各个边区的中央局也立即召开了会议。

当时晋冀鲁豫边区正在召开土地会议。十里店是一个典型的老解放区村庄,虽然封建势力基本被铲除了,但是土地占有和分配情况仍然很不平等,而且民主制度非常欠缺。因此,伊莎白和大卫认为这是一个非常适合做土地改革调查的地点。

时任晋冀鲁豫中央局副书记薄一波和边区政府主席杨秀峰一边领导土地改革,一边支援解放战争。他们热情地接待了柯鲁克夫妇,还特地为了本次接见准备了很多问题和资料,记在一本小本子上。整个谈话非常顺利,持续了四个多小时,薄一波自始至终都没有看一眼之前准备的材料。柯鲁克夫妇的研究热情和对中国土地改革、农村发展的关注让薄一波很受感动,通过交谈,薄一波、杨秀峰的诚恳和认真的工作态度也让柯鲁克夫妇对此次调研感到更加有信心。

他们所住的政府交际处招待所此前还接待过很多外国友人,比如美国农业专家韩丁、阳早和经宋庆龄介绍来解放区工作的美国呼吸道专家艾罗索尔大夫。这个招待所实际上就是由几家农户腾出的空房间组成的,除了床和桌椅,几乎没有其他的家具。

在生活上,解放区希望给予国际友人一些特殊的照顾,比如给他们每个人配备一匹马,便于他们调查走访。可是这些特殊待遇在他们看来都是不应该的,柯鲁克夫妇认为作为国际共产主义的信仰者,他们应该跟中国的共产党员同甘共苦,没有任何理由受到优待,"你们怎么样,我们就怎么样"⑥。

为了更好地融入当地民众,柯鲁克夫妇尽量在各方面都和他们保持一致,在村民家中睡土炕、吃小米饭,他们还特地穿上了解放军的土布军装,成了当地村民眼中的"洋八路"。吃饭的时候,他们也学着当地农民的习惯,很自然地端着碗就蹲在村口处的"饭场"上,和村民们一边交谈一边吃着碗里的饭菜。当他们不太熟练地用筷子把柿子和玉米饼子夹在一起并吃得津津有味时,往往引得大伙儿一阵欢笑。时间长了,十里店的村民都没有把他们当外人,反而觉得他们非常亲切,很愿意跟他们聊天。

　　柯鲁克夫妇在十里店住了半年时间,村里的乡亲们都对他们有强烈的好感,觉得他们不仅谦逊、热情,还不把自己当成外人,为村子里做了很多好事。那时候,村子里还没有通电,不但没有电灯,就连汽灯也很难见到。村民们用的都是以棉油或豆油做燃料的灯,有的时候为了省油就连这样的油灯也舍不得点。

　　为了不误春耕,群众大会只能在夜间召开。每逢这个时候,大卫就把他们家唯一的汽灯贡献出来,使得大家开会时更加方便。群众见了这么亮的灯特别兴奋,大会一宣布结束,就赶紧把灯熄灭,怕多用煤油会误了大卫的急需,大卫总是笑着温和地说"不要紧,不要紧"。

　　大卫和伊莎白还主动参与到村民的劳动中去,用扁担挑起草秸粪担到田地里,和农民们一起到地里刨地。十里店的妇女很擅长做军鞋,伊莎白很感兴趣,也跟着她们一起学习做鞋,还仔细地观察妇女们织方格花布。早上老乡们还没起床,他们就早早起来把院子里打扫干净,把水缸也挑满。冬天下雪了,他们怕房东大娘走路危险,就会在下雪后马上把院子里的雪铲干净。

　　当时十里店重男轻女思想还非常严重,柯鲁克夫妇看到这种现象后很担忧,就在自己住的地方召开小型座谈会,给农民们讲学习文化知识的重要性,宣传男女平等的思想,鼓励大人们主动送孩子去学校学习。他们还特地去冬季学习班参观,向教员们了解教学情况,并鼓励教员们一定要把这个学习班办好。

　　村民们对柯鲁克夫妇也是关怀备至,把他们当成自己的亲人来照顾。尤其是在伊莎白怀孕期间,57岁的房东张大娘根据自己的经验和当地的传统,给她讲妊娠期间需要注意的事项,并且还特地给她做了一些适合怀孕期间吃的食物。村里的妇女们也经常来看

十里店的村民（大卫·柯鲁克拍摄于1947—1948年）

望伊莎白,还送来自家储存的小米、红枣、红糖以及鸡蛋等食物给伊莎白补充营养。邻居们不仅热心地帮伊莎白做婴儿服,春节期间还帮助他们包饺子。这让大卫和伊莎白特别感动,觉得像在自己家里一样亲切和温馨。

调研期间,大卫总是本子和笔不离手,走到哪里,看到什么情况都会记录下来,等晚上群众的集会和工作队的会议结束了之后,就回到屋子里点起灯,在打字机上把白天记录的素材整理出来,以免有遗忘或遗漏之处,邻居们经常在深夜还听见他们家打字机啪啪作响。有时候,为了弄明白一句话或者核实一个数字,大卫会不断地追问村民或干部。村民讲的都是方言,大卫经常听不懂,他就会先做标记,然后再请干部们帮忙翻译或向当地民众请教。

大卫和伊莎白还经常鼓励村民大胆地表达自己的想法,不要怕得罪人。在调查对干部的意见时,有些人因为有私怨便会夸大干部的错误,甚至编造一些事情。他们就劝导村民实事求是地反映情况,诚恳地帮助干部纠正错误。他们对收集到的大量素材进行整理,条分缕析,对每件事情都反复核查,这种严谨的工作精神让村里的干部都非常敬佩。

从1947年12月到1948年5月,柯鲁克夫妇走访了十里店几乎所有的村民,收集了有关这个村庄从1937年到1947年这十年间的历史情况和从国民党统治时期到共产党驻扎后的土地制度变革的一系列资料。

他们正式开展调查时已经是数九寒天,地处深山的十里店更加寒冷。居民们在冬天也只能烧灶火取暖,即便在屋里也经常会觉得很冷。柯鲁克夫妇一家家走访贫困户,听他们讲述家里发生的大大小小的事情,听他们对土地改革的看法和感受。有一个贫困户叫王书福,因家庭贫困,丈夫不得不去闯关东另谋生路,结果病死在了关东。大儿子参加了解放军,二儿子在灾荒年中卖给了外地人,整个家庭支离破碎。伊莎白和大卫来到他家,坐在炕上亲切地和王书福拉家常,询问家里人的情况,丈夫为什么走关东,是在什么情况下卖掉二儿子的,以及日本人给家庭带来了哪些灾难,共产党来到十里店后,在土地改革中分到了什么东西,以及怎么看待共产党的领导干部等。王书福慢慢地讲述了家里发生的情况,这样一聊就是大半天。

大卫和伊莎白每天到处走访十里店的村民,尤其是那些特别穷苦的贫民以及经历了批斗和财富被重新划分的地主家庭,从与他们的交谈中了解土地改革对每个村民都产生了哪些具体的影响,以及村民是如何看待这种巨变的。不仅如此,他们还在日常生活中仔细观察人们的言行举止和村子里发生的大事小情。此外,村里的优待军属会议、冬季生产会议以及生产借贷会议等等大大小小的会议他们只要能参加,都会一秒不差地听完。

虽然十里店属于老解放区,土地法的一些条文已经付诸实施了,不需要从头开始进行改革。但是,面对执行过程中存在的问题,依然需要进一步地调查和解决,比如,极"左"倾向的危害在十里店还非常明显。为了获得"复查运动"的经验,中央局派出了试点工作队,有一支工作队在1948年2月25日到达了十里店。因此在1948年2月26日至4月15日期间,十里店掀起了一场新的群众运动,被称为"土地复查和整党"运动,或简称为"复查运动"。

伊莎白和大卫目睹了为期七周的"复查运动",记录下整个运动的细节和全部过程。他们获准参加各种会议和活动,比如工作队的会议、老乡的会议、妇女会议等,同时也可以查阅大量的当地资料。

对十里店土地改革和复查运动的调查结果最终被整理成《十里店(一)——中国一个村庄的革命》和《十里店(二)——中国一个村庄的群众运动》。通过查阅资料和村民的讲述,他们在这两本书中详细地记录了十里店的抗战历史、封建社会的支柱和国民党统治时期村子的情况,讲述了共产党进入十里店后村子发生的一系列的变化,包括合作社的建立,共产党如何领导人民抗饥荒,怎么一步步地瓦解封建土地制度以及贫农如何分到土地和财产等过程。

书中选取了最有代表性的谈话内容和群众运动场景的细节,比如工作队和贫农及中农的谈话、党员的自我批评、村干部组织群众评议党员以及模范妇女成立妇女委员会等活动:"有些贫农觉得对经济斗争不够彻底""有些斗争对象吃的仍然比我们都好""一些地主仍然住在原来的房子里"。这些生动的语言和细节对于当代人了解土地改革的历史具有巨大价值。大卫拍摄了当地农民的生活日常和各种群众会议、生产劳动以及党员和群众的谈话场景,这些照片也都成为非常宝贵的历史资料。

伊莎白在序言中写道:"我们希望他们能认识到,虽然人们应该为自己的所作所为承担责任,但是人毕竟是特定社会的产物。干革命靠的不是完美无缺的男男女女,而是那些在寻求更好的社会制度,力图创造更美好生活的普通老百姓。"⑦虽然土地革命存在很多问题,但是伊莎白作为亲历者能够更全面和客观地看待这个过程,她认为这是一场伟大的社会主义实验,具有开拓性和解放性。

在英国和美国的一些大学里,这两本书还被很多教授推荐为人类学专业学生了解中国土地革命的必读书籍,他们的研究成果不仅向发达国家展示了一个鲜为人知的改革实验,也向许多发展中国家提供了发展农村的宝贵经验。

新中国成立后,柯鲁克夫妇曾三次重访十里店,每一次都受到了十里店村民的热情欢迎,他们像阔别重逢的老友一样拥抱握手。柯鲁克夫妇看到村里发生了翻天覆地的变化,原来的拔绳水井变成了机械抽水井,后来又有了引水渠和大水池,村办企业也越来越多。

伊莎白在十里店做调查

伊莎白和她的妇女朋友

看到十里店人民的生活越来越好,柯鲁克夫妇非常欣慰,以前土地改革时村民们开会、劳动的场景也一一在脑海中浮现出来。

四、在南海山开创新中国外语教育

大卫和伊莎白本来打算在中国解放区停留大约一年半的时间,在完成了社会调查工作之后就返回英国。大卫的理想是做一辈子记者,而伊莎白则希望回到英国后可以继续从事社会学的研究。可是随着解放战争的胜利越来越近,他们不仅没有离开中国,反而选择继续留下来,这一留就再也无法割舍和中国的情谊。他们也逐渐从观察者转变为新中国的建设者,为新中国早期的英语教育和外事人才培养给予源源不断的支持。

1948年秋天,延安外国语学校辗转到河北石家庄的获鹿县南海山村,改名为中央外事学校,专门为即将建立的新中国培养外语人才。校舍还是过去北洋军阀时代的兵营,条件非常简陋,连上课的教室都不够用。

外事学校附属于华北军政大学,校长是中国人民解放军总参谋长叶剑英,同时也是中共中央外事组组长。当时外事学校全体人员只有六七十人,教师只有柯鲁克夫妇、美国籍女教师葛兰恒和第一个加入中国国籍的外国人马海德。大卫是英语系副主任,同时也授课,伊莎白则负责口语课。

学生来自天南海北,之前英语底子很差,而且还带着各地的方言腔调,说起英文来很多中国人自己都听不懂,更别谈让伊莎白和大卫听得明白了。比如,有的同学总是把"the"说成"de"或者"ne"。伊莎白作为口语老师总是需要花大量的时间来帮助学生纠正发音,她特别反对传统的死记硬背和死抠语法的英语学习方法。

刚开始上课的时候,学生们习惯于一拿到英语资料就马上去查生字词和思考语法,导致不敢开口或者要想明白语法才敢开口说。伊莎白就和其他教员决定当着一百多名学生的面反复地演示不同场景的会话。刚开始学生们很难跟上对话节奏,只能听得懂一些最基本的单词。经过反复的训练,最后学生们慢慢习惯了基于场景会话和听说训练来学习英语的方式,全班的英语水平有了很大进步。

当时教学上变动频繁,教案常常需要在很短的时间里赶出来,伊莎白又是口语教学的主要设计者、组织者和带头人,因此,每次开讨论会她总是带领大家设计各种话题,然后再去准备教案。伊莎白做的教案非常详细,在打印出来之前她会把该查的内容都仔细核查一遍,但是从来不抱怨自己太忙。

上口语课常常是没有专门教室的,所以,不下雨的时候,伊莎白就带着学生们到户外,每人一个小马扎围坐成一圈。冬天的时候找个向阳的地方,夏天则坐在树荫下。没有黑板,他们就用门板代替。条件虽然很简陋,但是学生们都很享受和伊莎白在户外交流对话的时刻,大家不像是在上课,更像是好朋友在一起聊天和讨论。在这种轻松和融洽的氛围中,学生们也逐渐很自然地用英语交谈起来。

大卫负责的是"lecture"课程,由于当时没有现成的讲义和教材,因此每一次课前他都要想各种办法收集英语资料。在没有电视和英文报纸的情况下,备课资料主要来源于他的一台可以接收到外国短波无线电台节目的收音机。后来在"文革"期间,这台收音机被污蔑为"特务工具"和"特务电台"。

大卫的讲课内容也非常丰富和生动。除了介绍地道的英文表达之外,他会经常讲述自己之前在印度和缅甸的见闻,比如和印度、缅甸领导人的谈话等内容。国际形势和政治也是重要的上课内容,他还会让学生们就国际形势即席发言,这不仅增加了学生们的词汇量,而且锻炼了他们的口语表达能力。他对每个学生都非常有耐心,看到他们的一点微小进步都会感到非常高兴,常常鼓励学生们自信大胆地表达自己。他还特别强调教师和学生的课外接触。他经常邀请学生周末去他家饮茶聊天,给学生们提供更多的练习英语的机会。他把这种教学方式看作是群众路线在教学中的一种体现,所以经常和学生们像朋友一样相处。

在此期间还发生了一件让柯鲁克夫妇印象深刻的经历,在中国农村,人们基本没有"个人生活"的概念。学生们经常会随时闯入他们的房间请教问题,当时柯鲁克夫妇正在整理土改中获得的资料,因此思路经常被打断。为此,大卫十分恼火,便在门口贴了张纸条:"上午是上课时间,欢迎来提问;但下午是我们的写作时间,请勿打扰。"这件事情引来了批评,因为大家认为解放区的老师应该是全心全意为人民服务的,不应该拒绝学生的请教,后来,大卫就把那张纸条撕了下来。这件事也让他们对中国农村的集体生活和共产党员的服务精神有了更多的认识。

1948年9月下旬,国民党空军开始对华北军政大学师生的驻地多次发动空袭,大卫与伊莎白就和学生们一起拿着铁锹、镐头去挖防空洞。那里还有一些道沟,是一种低于地面七八尺深、一丈多宽的壕沟,在壕沟两侧是庄稼地,敌机在上空很难看到壕沟里面,据说这是抗日战争时期农民和日军斗争时修建的。

在敌情紧张的时候,每次听到敲钢轨发出的空袭警报声,柯鲁克夫妇就和学生们一起迅速撤离到防空洞里去。躲在防空洞里的他们还可以看到国民党飞行员的脸,看到他们疯狂地往地上投炸弹,让人心惊胆战。柯鲁克以他英国人的幽默,对学生们说:"我看得见他(敌机飞行员),但是他看不到我,当然打不着我了!"⑧这种乐观幽默的精神鼓舞了大家。

学生们白天平静的时候还可以在洞外看书学习,直到天黑了才能回村里去。回到村里后,柯鲁克夫妇却依然在昏黄的煤油灯下工作到很晚,而当时伊莎白还怀有身孕,可以想象当时的处境对她而言是非常大的挑战。

由于当时还处于战争时期,学员和教师享受的是解放军连级待遇。每人有一套军服,一天可以吃两顿小米饭,每个月能够吃上一次肉补充营养。为了改善伙食,他们自己还开辟了一块菜地,种上了萝卜、白菜等蔬菜。伊莎白与大卫也会经常和大家一起照料这块菜地。

尽管条件很艰苦,但是学习之余,学校也会举办一些娱乐活动。其中周末晚会是所有人都最期待的集体活动,每周六晚上,在军大校部礼堂会举办集体舞会,叶剑英作为校长也多次参加了这个舞会。由于条件有限,地面都是由地板砖铺成的,因此无法像在专门的舞池地板上那样优雅地滑行,但是大家兴致依旧非常高。在二胡、笛子、锣鼓等乐器的伴奏下,走在砖铺的地面上,大家迎来了最放松的时候。因为当时学校女学员特别少,因此,每次舞会的时候大家都争着想要跟伊莎白跳舞。最让学生们陶醉和心潮澎湃的是扭秧歌,锣鼓敲响后,人们排成长队,一会儿扭成曲线,一会儿扭成环形,那气势不亚于陕北的"威风锣鼓"。

学生们后来回忆起对柯鲁克夫妇的印象时说:伊莎白身材修长,身穿一身列宁装,亭亭玉立、娴静优雅,让学生们都非常喜欢;大卫质朴又严谨的气质以及英国绅士的风度也让学生们感到亲切和敬重。

1949年1月,北平终于和平解放了,外事学校需要迁到北平,柯鲁克夫妇就跟随着师生一起步行160公里,来到了北平。后来,外事学校和华北大学二部外语系合并,学校改名为外国语学校,即北京外国语大学的前身。校址在西苑北洋军阀破旧的兵营里,原来士兵的营房成了学生的课堂和宿舍,教师们则住在围墙边上的平房里。冬天没有暖气,只能烧煤炉来取暖。虽然条件艰苦,但是师生之间都以同志互称,相处非常融洽,仍然保持着革命大家庭的友爱氛围。

开国大典前几个月,周恩来总理邀请柯鲁克夫妇和其他国际友人届时去天安门参加检阅。1949年10月1日的开国大典上,全校师生一千余人赴天安门参加。伊莎白和大卫一起抱着刚出生不久的大儿子柯鲁,坐在长安街上临时搭起的木质看台上,见证了新中国的成立。听见毛泽东主席在主席台上向全世界人民高声宣布"中华人民共和国中央人民政府今天成立了",能够亲历这一伟大的历史时刻,伊莎白和大卫激动得热泪盈眶,和中国民众一起欢呼雀跃。

后来外国语学校又发展壮大,改名为北京外国语大学,柯鲁克夫妇继续负责英语系的工作,一起参与了很多教学实验,其中最重要的实验是鼓励学生们将英语"说出来"。虽然学生们的词汇量还很有限,但是上课却不感觉吃力,因为柯鲁克夫妇讲课的时候总是深入浅出,循循善诱,让学生既能够听得明白,也可以拓展自己的思维,他们在授课技巧、语言应用以及逻辑思维上具有很高的水平。

有一些来自农村的学生英语基础薄弱,大卫发现了这个问题后就主动提出要给农村的学生成立学习小组,每周一个晚上轮流去他家练习会话,不厌其烦地解答大家的问题。为了有更多机会帮助学生们练习口语,他还坚持每周两到三次去学校食堂吃饭,学生们争先恐后地与他对话,弄得大卫经常是最早到食堂,最晚离开。但是大卫觉得只要学生学到的东西比在课堂上的还多,就值得自己花这些时间。

每次课他们都精心设计,让学生们拥有最好的学习体验。有一次上口语课,柯鲁克夫妇带着学生们来到校园的草坪上围坐成一圈,围绕土地革命这个问题开展讨论。大卫提供讨论提纲,伊莎白用自己在兴隆场和十里店调研的经历做启发性发言,接着学生们争先恐后地开始讨论。讲完后,大卫根据每个人的表达予以点评,最后就课堂讨论内容进行总结。整堂课气氛活跃,每个学生都有强烈的表达欲望,收获颇丰。这样的课堂体验让学生们毕业后很多年依然记忆犹新,回味无穷。

虽然新中国成立后生活条件得到了很大的改善,但是柯鲁克夫妇依旧保持非常简朴的生活作风。1954年,北京外国语大学第一次分房子,分配的原则是:共产党员住朝北的,非党员住向阳的。柯鲁克夫妇虽然也是共产党员,但是生怕别人把他们当客人,分给他们向阳的房子,最后,他们分到的是朝北的,"还好,他们把我们当同志看待"⑨。因为自己没有受到特殊照顾,柯鲁克夫妇反而觉得很开心,伊莎白至今仍然住当年北外分配的这间公寓里。为了不使自己的生活水平高于中国教师太多,他们还主动提出减少工资,所以他们领到的工资只有外国文教专家的一半多一点。因为要招待朋友、供养保姆,如果不是孩子们的资助的话,他们自己的日子会过得很拮据。

五、艰难岁月里,再次与中国共患难

20世纪60年代初,柯鲁克夫妇本来打算回英国,因为他们收到了利兹大学的聘请函,而且他们当时都已50多岁了,如果再不回去,以后便很难在英国找到工作。他们在回国前特意沿着中国共产党早期革命的路线考察了上海、南京、长沙、井冈山、瑞金等地，以便回国后更好地介绍中国。

正当柯鲁克夫妇即将启程时，苏联突然宣布要撕毁合同，撤走在华的苏联专家，停止对中国的一切援助，同时还要中国偿还抗美援朝的巨额贷款。这让柯鲁克夫妇惊诧不已，面对中国遭受苏联的突然打击，他们料想到中国会面临的巨大压力。商量再三，他们最终决定留在中国。他们认为这个时候离开中国，相当于抛弃患难之交，会内疚一辈子的，于是他们留了下来。三年困难时期，柯鲁克夫妇和中国人民同甘共苦，一起挖野菜吃，打榆树叶做蒸糕，甚至还主动向领导提出降低工资的要求。

留在中国后，大卫参与了六本初中英语教科书的编撰，考虑到这套教材要在中国大中城市的数百万名学生中使用，关系到中国人民未来的英语水平和教育水平，大卫答应无限期地义务承担课文审查工作。后来20年间，经他动笔审订的教材少说也有百万字，但他从未接受过任何报酬。

不幸的是，柯鲁克夫妇在"文革"期间却遭到了诬陷和迫害，一家人也被迫分开长达五年。大卫被诬陷为外国间谍，以"国际间谍罪"和"现行反革命活动罪"被拘捕监禁在秦城监狱。一开始他们都认为只是弄错了，很快就会被释放，没想到后来形势越来越严重，最终大卫被关押长达五年之久。在此期间，伊莎白也一直被强制在学校里接受"隔离审查"。而当时他们的儿子分别只有18、16和14岁，由他们的保姆刘金凤照顾。在伊莎白的请求下，他们的三个儿子被安排到海淀区农具厂做工，在工厂里孩子们也受到了排挤，被说成是外国间谍的孩子。后来，在周总理的帮助下，他们才得以回到英国继续学业。

伊莎白最初去看望大卫的时候带给他四本《毛泽东选集》和一

柯鲁克夫妇和他们的三个儿子

本《汉英词典》。由于监狱里没有笔和纸,大卫学毛选时又经常碰到很多生词,怎么办呢?大卫就想到了一个主意:从笤帚上撅下一截截的细枝在词典上扎出小窟窿作为记号,后来整本词典上扎满了密密麻麻的小孔。

一直到1973年,在周恩来总理的指示下,大卫才得以出狱回到学校。经过周恩来的督促和柯鲁克夫妇的斗争,他们的处理结论终于改为"错误监禁,应予纠正,赔礼道歉"。在1973年的"三八国际妇女节"招待会上,周总理还特地走到柯鲁克夫妇身边向他们亲自道歉,这让他们非常感动,他们也以宽厚的胸怀感谢了周总理的关怀。

六、退休后的发光发热

出狱后的大卫不仅没有抱怨先前的遭遇,反而继续以满腔的热情投入教学工作中,他还担任了一项非常重要的工作:参与《汉英词典》的编撰。五年时间里,他和同事一起把《汉英词典》的二至五稿做了逐条的审阅和修改,该词典成为新中国最早也是最权威的汉英词典。

后来作为北京外国语大学的顾问,他们常常对学校的工作提出建设性的建议,总是以商量的口吻,而不是摆专家的架子[⑩]。大卫说:"既然我是顾问,就得顾,也要问。"关于如何搞好英语系的建设、提高教学质量,对分房子、评职称的意见,学生对食堂和澡堂的反映等大大小小的意见,他们都会积极地提出自己的看法。有时,柯鲁克夫妇甚至会提出一些尖锐的问题,但是大家都明白他们不是针对个人,而是为了北外的发展。

作为外国专家,柯鲁克夫妇本可以享受各种优待和福利政策,但是他们几十年如一日地保持朴素、简单的生活方式，在物质上没有提过任何要求，能不麻烦学校就尽量不麻烦。比如，他们本来可以使用学校的汽车，但是一般情况下，他们都不会动用。在他们的儿子柯马凯有了自己的车之后，就更少使用公车了，他们总是想着把这些资源让给更需要的人。

1974年，他们获得回英国和加拿大探亲的机会。当时很多人认为他们不会再回来了，毕竟发达国家的生活条件要比当时的中国好很多，而且他们在"文革"期间也遭受了不公正的待遇。但是他们最终仍旧回到了中国，继续为中国的外语教育事业贡献自己的力量。大卫还在1978年回国休假期间，自费为北外买了一百多本历史书送给系里作为教学用书。

80年代后期，年事已高的柯鲁克夫妇相继退休。退休后他们还多次奔赴新疆、内蒙古等边远地区，给当地的英语老师做培训，为这些地区的教学改革提供巨大支持。为了让更多的老师有收获，他们把培训和交流工作安排得十分紧凑，到达新疆当天就展开了讨论，还特地要求不要住宾馆，也不要专门请厨师，就住在教师公寓和吃食堂。

回到北京后，他们还不时给新疆和内蒙古的教师写信，关心他们的教学工作。当老师们表现出畏难情绪时，他们经常用"Life begins at forty"（人到四十，事业才开始）以及"It's never too late to learn"（活到老学到老）来激励他们继续努力。这种积极的精神和无畏的勇气极大地鼓励了在边远地区工作的英语教师。为了帮助去北外进修的边远地区教师，柯鲁克夫妇还主动在自己家里组织一些活动，分批请这些进修教师去家里讨论，让教师们受益匪浅。

80年代末，柯鲁克夫妇又进行了一次环球旅行，在出发前，大卫写了一份遗嘱。遗嘱很简短，语言非常质朴，就好像在诉说另外

伊莎白在北京的家中读报

一个人的事一样平静。遗嘱中交代了他的一些物品怎么处置。物质上，除了在国外出版的几本书的稿费外，他几乎一无所有。

大卫于2000年与世长辞，享年90岁。2010年，大卫·柯鲁克诞辰一百周年纪念会在人民大会堂举行，纪念会上英国驻华大使、中共中央对外联络部副部长、河北省武安市副市长等领导以及中外友人、北京外国语大学师生重温了大卫的音容笑貌，北外的学生们还专门演唱了大卫生前最喜欢的红色歌曲。

大卫去世后，伊莎白继续专注于收集关于中国农村发展的历史资料，整理早年的农村调查资料。2019年，伊莎白·柯鲁克被重庆市政府授予"璧山区荣誉市民"称号，表彰她对中国农村发展和研究作出的贡献。

柯鲁克夫妇的三个儿子虽然没有中国国籍，但是却一直视中国为他们的精神故乡，在中国的成长经历已经在他们身上烙下了无法抹去的印记。大儿子柯鲁在北京专门经营进口葡萄酒；二儿子柯马凯是北京一所国际学校——北京京西学校董事，京西学校为日益增多的在京工作的外籍人士子女创造了良好的学习环境和中外文化交流的平台；小儿子鸿岗则是英国广播电台（BBC）的资深节目制作人。兄弟三人在北京相聚时总会操着一口标准的京腔，用他们的幽默风趣大侃一番，让周围的人常常觉得惊诧不已。柯鲁克夫妇的孙子柯晟霖从北京大学医学院毕业后，选择到成都——这个他的祖辈曾生活和工作过的地方读研深造。这个家族的故事也正由一代新人续写。

柯鲁克夫妇经常说："我们爱中国，中国是我们的第二故乡。"他们拥有英国和加拿大的双重国籍，却把一生大部分时间奉献给了中国的革命和教育事业。伊莎白曾说："我们一直是中国革命的参与者，中国共产党对我们的信任使我们有了归属感，我们从不后悔来到中国。"[11]这份对中国的热爱和与中国人民患难与共的深刻情谊让他们视中国为自己的精神故乡,这种不论国籍、跨越种族的爱与奉献也让我们看到了共产主义信仰在不同时代、不同社会条件下给人带来的鼓舞和力量。

(撰文:沈英子)

注释

① 陈琳:《怀念大卫·柯鲁克》,《中华读书报》2017年2月15日。
② 伊莎白、柯临清:《战时中国农村的风习、改造与抵拒:兴隆场:1940—1941》,邵达译,外语教学与研究出版社2018年版,第3页。
③ 钱江:《一对外国夫妇和〈人民日报〉的不解情缘》,《党史博览》2006年第9期,第54页。
④ 成蹊:《就这样过了一百年》,新华出版社2018年版,第210页。
⑤ 钱江:《一对外国夫妇和〈人民日报〉的不解情缘》,《党史博览》2006年第9期,第52页。
⑥ 李正凌、宁均维、应曼蓉编:《柯鲁克夫妇在中国》,外语教学与研究出版社1995年版,第5页。
⑦ 伊莎白·柯鲁克、大卫·柯鲁克:《十里店(一)——中国一个村庄的革命》,龚厚军译,上海人民出版社2007年版,第5页。
⑧ 李正凌、宁均维、应曼蓉编:《柯鲁克夫妇在中国》,外语教学与研究出版社1995年版,第54页。
⑨ 李正凌、宁均维、应曼蓉编:《柯鲁克夫妇在中国》,外语教学与研究出版社1995年版,第142页。
⑩ 李正凌、宁均维、应曼蓉编:《柯鲁克夫妇在中国》,外语教学与研究出版社1995年版,第76页。
⑪ 庄鸿琴:《伊莎白·柯鲁克:从不后悔来到中国》,《中国教育报》2002年10月8日。

国际主义战士诺尔曼·白求恩

> 他应该学习去冒风险！他爱干什么就让他干什么，那样他才能学习。
>
> ——伊丽莎白·安·古德温（白求恩的母亲）

白求恩的姓氏在9世纪起源于法国的阿图瓦省，白求恩家族14世纪迁至苏格兰，18世纪后半期移民至北卡罗来纳州，家族的成员中，有出色的医生、受人尊敬的牧师、成功的商人。白求恩家族有一枚书写着"debonnaire（宽厚文雅）"的家族徽章，盾牌上方的浮雕是一只水獭的形象。

一、少年明志——白求恩的从医之路

早在亨利·诺尔曼·白求恩（Henry Norman Bethune, 1890—1939）出生前，他就与中国、与外科医学有了很深的渊源。白求恩的曾祖父安格斯·白求恩1814年到1816年在西北公司任职时，曾两次去中国广州，同中国商人、官吏打过交道，小诺尔曼有没有听过曾祖父与清朝时期中国的故事，现在不得而知。白求恩的祖父老诺尔曼·白求恩是一名外科医生，老诺尔曼经营着一家诊所，同时在多伦多大学三一学院担任外科教授。老诺尔曼对绘画和写作颇有研究，除了外科医生的身份外他还是位艺术家。但在精湛的医术与卓越的艺术天赋背后，老诺尔曼酗酒成性且不善理财，这样的性格让白求恩的祖母心灰意冷，丢下白求恩的父亲马尔科姆·白求恩，带着白求恩的四个姑妈及伯父安格斯·白求恩回到了爱丁堡，这使得白求恩的父亲马尔科姆在年轻时过了一段颠沛流离的生活，直到遇到白求恩的母亲伊丽莎白·安·古德温，日子才得以安定下来。

近乎相同的命运将白求恩的父母联结到一起（白求恩的外祖父也酗酒，酒精还夺去了白求恩两个舅舅的性命），在白求恩母亲伊丽莎白的影响下，马尔科姆·白求恩在诺克斯学院学习神学，第一学年结束前与白求恩的母亲完婚，1887年4月，白求恩的姐姐降生了。此后的两年里，马尔科姆完成学业后，举家搬迁到格雷文赫斯特镇——一个长老会成员众多的镇上，并担任起了牧师。1890年3月4日，康奈尔医生和助产士在马尔科姆家中为其接生了家里的第二个孩子——亨利·诺尔曼·白求恩。

此时的白求恩，我们暂且称他为小亨利。小亨利的母亲像其他对孩子寄予厚望的母亲一样，在白求恩还是襁褓中的婴儿之时，就在他的摇篮边上放了祖父老诺尔曼用过的外科手术器械，小亨利听着祖辈们的故事长大，所以他在方方面面无不流露着祖辈们的一些影子。

比如，小亨利有曾祖父一样的冒险精神。因为父亲工作原因，小亨利的童年在多次搬家中度过，他在多次的搬迁体验中变得适应力很强，搬迁的经历一定程度上让他有了冒险家的精神。除此之外，几件童年趣事也可以看出小亨利有着冒险精神。一次是小亨利趁家人不注意，偷偷溜出家门，为了探险跨越整个城市；还有一次

白求恩姐弟三人与母亲伊丽莎白·安·古德温

是为了尝试迷路的滋味,小亨利故意与家人走散,他找到警察说自己迷路了,他认为这是极有趣的探险体验。父亲总是对白求恩的探险举动予以严厉批评,但是母亲总是鼓励他去冒风险。

幼年时的小亨利解剖过苍蝇和鸡骨头,为了观察牛骨,还很认真地给家里烹饪的牛腿剔肉以便更好地观察,此时,小亨利对外科的喜爱正在萌芽。小亨利的家中有一块祖父经营诊所时的牌匾,小亨利很喜欢这块刻着"诺尔曼·白求恩医生"字样的牌匾,八岁那年小亨利在自己的卧室门上挂起了祖父的牌匾,也不再让大家叫他亨利·诺尔曼·白求恩,而是同祖父一样叫诺尔曼·白求恩。在家族血脉和母亲的支持与鼓励下,真正热爱与投身外科医学的白求恩在决心更名的那一刻完成了第一次蜕变。

学生时代的白求恩,热爱户外运动,多次的搬家没有影响到他的学业,他的成绩一向优异,白求恩也一直向着自己的喜好不停努力着,为了学习医学,初中一年级时搬到了开设理科课程的苏圣玛丽。1910年10月初,白求恩进入多伦多大学学习生物物理学和生物化学,第一次世界大战后,在多伦多大学取得了医学博士学位。

二、病中的蜕变——白求恩与肺结核的抗争

> 从现在起,我都会去做一些对人类有益的事情,一些伟大的事情。[①]
>
> ——白求恩

1926年,白求恩和弗朗西丝·白求恩刚开始三年的婚姻关系,因为经济、双方性格等多重原因,即将因为弗朗西丝的离开而终止。此时,眼看婚姻就要走到尽头的白求恩又遭受一个巨大的打击——

他被诊断出肺结核,双重打击让初患肺结核的白求恩一蹶不振。但他很快从这种悲伤中走了出来,在病房戴着他的帽子耍手杖,引得其他病友发笑,又趁着护士来之前迅速回到床上,佯装什么事情都没有发生。

这样的快乐总是短暂的,在工作中一刻不停的白求恩,在病中无所事事的时候,总是要找到事情填满无聊的疗养生活。在患病期间,白求恩有了更多时间不断思考过去的人生,打开除外科天赋外的另一扇窗——他创作了第一批艺术作品,他将迸发出的灵感都落于纸上,除了记录生活、反思人生,更是用自己的作品影响着同样患病的肺结核患者。其中最为出名的一部作品是《一个肺结核患者的历程》,这部作品用九幅画记述了他同肺结核"作战"的历程,下边还附有文字说明。受作为基督教徒母亲的影响,他也希望通过这样的方式对自己酗酒及婚姻失败的罪行进行坦白,与过去的人生做一个彻底的了断。

白求恩在疗养期间接触到了密歇根大学外科教授约翰·亚历山大所著的《肺结核外科学》,该书中介绍了一种"人工气胸"的治疗手段,这是一种将空心针扎入患者肋骨间,使得空气充满肺部附近的胸腔从而压缩患病部分肺部,使之得到休息的肺结核治疗方法。他同休养院负责人弗雷德·海斯沟通想要使用该疗法时,遭到了反对,于是转向医院的主刀大夫劳瑞森·布朗医生,布朗医生也认为这样操作的风险太大,在白求恩的再三请求下,布朗医生初步同意在医务人员会议中讨论该诊疗法可能带来的后果。会上,白求恩家族的冒险精神让白求恩在众医护面前露出胸膛,说:"先生们,我接受这个挑战。"[②]最终布朗大夫同意为其手术,他回到疗养院后将可以手术的好消息告诉病友,但是病友也认为白求恩是在铤而走险。第一次治疗的结果并不理想,白求恩的一位医生室友阿尔弗雷德·布莱洛克甚至认为他撑不过当晚。第二天天一亮白求恩接受的荧光检测发现,第一次治疗刺穿了他的肺部,没有达到治疗效果,并引发了较为强烈的疼痛,于是医生将他胸腔内的气体抽出,白求恩的疼痛才得以缓解。初次治疗后的一周刚好是万圣节,白求恩到镇上一位医生家参加了化妆舞会,甚至还偷偷溜出去猎鹿[3]。白求恩的身体一天天好转,但作为医生的他很清楚一次的治疗不足以根除疾病,于是在1927年11月到12月初,白求恩每隔七到十天就接受一次"人工气胸"治疗,这使他的肺结核得到了控制。从白求恩给弗朗西丝的信中可以看出,他的病况在转好,"我每天下午2点至5点上床休息,工作非常轻松。受注气压缩的肺保持得很好,不再咳嗽,不再吐痰和发热"[4]。医生认为他可以开始正常生活,如果试试接受几次"再充入"治疗的话,就可以最终痊愈[5]。在那个无数人被肺结核打垮的时代,白求恩通过胸腔注射气体疗法在肺结核中得到了救赎。

这次患病第二次改变了白求恩的人生,生病疗养期间他回顾了人生的过往,虽然白求恩与父母信仰不同,但他依旧受到了父母的影响,认为这次患病是对他奢侈生活的惩罚,他决心在今后的日子里做出改变。除了在艺术方面有了造诣,他痊愈后加入了肺结核研究领域,在他沉浸肺结核研究时,无意中与共产主义相遇,改变了他人生的信仰,并使他最终投身共产主义事业。

三、在西班牙的岁月

对着苍白的月轮,我们举起拳头,
为不知名的死者,我们再次宣誓:
为自由和世界的未来而战斗的同志们,

> 为我们牺牲的战友,我们忘不了你们。
>
> ——白求恩,1936年10月24日

走出肺结核的阴影中后,白求恩找到在特鲁多疗养院时结识的爱德华·阿奇博尔医生,多年前阿奇博尔医生也在疗养院与肺结核抗争,现在他是加拿大有名的肺结核领域专家,白求恩想要进入他所在的皇家维多利亚医院。作为入职准备,白求恩在阿奇博尔医生的推荐下,先来到位于雷布鲁克的纽约州立医院进修细菌学的课程,1928年3月底学成后加入阿奇博尔医生的团队,白求恩从参加过一战的阿奇博尔医生那里学到了许多战地医疗的内容,并灵活运用到之后参加的医疗工作中。阿奇博尔医生允许白求恩放手做自己想做的事情,他也全身心投入其中享受科研的乐趣,还在1929年12月得到医院给予的"非常出色"的评语。

事业上成功的同时,1929年11月11日弗朗西丝也在白求恩多次求婚后同意和其复婚,没多久便传来了弗朗西丝怀孕的好消息。但好景不长,1930年的春天,他们的孩子流产了,白求恩因此性情大变,与弗朗西丝不停争吵,最终弗朗西丝还是与白求恩分道扬镳。白求恩的坏脾气也蔓延到生活和工作中,他认为在蒙特利尔的职业生涯不会再有长进,前妻也在蒙特利尔遇到了新的伴侣,白求恩没办法继续在这里生活下去,此时的他总想要逃避生活,逃避妻子离开他的事实。他彷徨迷茫了一阵子,1935年,他在与朋友乔治·穆尼一起参加一个从苏联回来的美国记者莫里斯·欣德斯的演讲后,对苏联产生了浓厚的兴趣,恰好同年8月,第15届国际生理学大会将在列宁格勒和莫斯科召开,白求恩很快动身启程赴会。

从莫斯科回来后,白求恩还是一个个人主义倾向较为强烈的人,他还没意识到自己内心正在发生着微妙的变化,在写给女性知己玛丽安·斯科特的信中他这样描述对苏联的情感:"自从从苏联回来之后,我在一些场合没有对苏联持有完全赞成态度(态度当然要取决于我的听众! 面对反对派时热烈称赞苏联,面对激进派时把对苏联的赞美减到最小)。"⑥从这样的表述中看得出,白求恩赞成苏联的观点更多一点,当时白求恩没办法完全接受共产主义与他手头较紧有一定关系,这使他认为自己是个有强烈个人主义倾向的人,但从他的信中不难看出他内心深处对共产主义的肯定态度,他这样说道:"现在的俄国呈现出人类进化、新生和英雄气概的那种最振奋人心的景象,这种景象自宗教改革以来在世界上从未有过。"⑦这微妙的变化,最终还是动摇了白求恩的内心,他认为这是他一直在寻找的人生方向,1935年11月,白求恩成为共产党的一员。找到心灵归宿的白求恩,除了致力于在医疗社会化领域为加拿大"公费医疗制度"作出贡献外,他辞掉了圣心堂医院的工作,决心前往西班牙战场。初到西班牙,白求恩一时间没有找到合适的外科工作,想上前线却遭到拒绝。他在走访了一些马德里的医院后,发现那里有很多休克的士兵,及时输血可以缓解休克情况的出现。此时,在阿奇博尔医生那里学到的输血知识派上了用场,他利用在血液中加入柠檬酸钠的储血办法,加上一台救护车,一个流动输血站就出现了,具体的实施办法是:在救护车上备好冷藏的血液,事先检测好血型并分别抽到容器中,加上柠檬酸钠贮藏,及时送到前线进行输血。于是他先是说服亨宁·索伦森——早在1935年10月就来到西班牙的丹麦裔加拿大人,让他加入自己的输血小分队,之后又到伦敦游说了一位密切关注西班牙内战的年轻人——黑曾·塞斯,塞斯听了白求恩的一番介绍,很爽快加入了白求恩的输血小分队。通过各方努力,"加拿大输血研究所"终于在维尔卡拉王子大道落成,他开始通过广播招募并登记了献血者,12月末正式开始运行。流动输血站在当时属世界首创,为数千名伤员提供了生存的可能。

白求恩没能在西班牙战场看到马德里战火熄灭的那天,由于战时西班牙政治的复杂性、白求恩本人的个人因素,最终导致他不得不离开西班牙,返回北美。白求恩认为他此行回北美是为输血研究所筹资,但他返回北美后再没能重回西班牙战场。

在西班牙的这段时光里,白求恩做了内心一直追寻的事情,虽然有些还未实现[8],但是在白求恩的内心深处,他认为自己选择共产主义这条道路没有错,并且他要继续为之努力下去。

四、目光转向中国

> 请阅读埃德加·斯诺的书——《西行漫记》,艾格尼丝·史沫特莱的书——《中国红军在前进》以及伯特兰的《中国第一步行动》。我现在特别高兴,特别快乐。比我离开西班牙之后任何时候都快乐!
>
> ——白求恩,1938年1月8日给玛丽安的信

最终,加拿大共产党和输血小组的成员还是关上了白求恩返回西班牙战场的大门,白求恩只能在北美及加拿大发表演讲,揭露法西斯的恶行,同时为西班牙战争筹集善款。白求恩在无法重返西班牙战场愁闷之时,无意间读到艾格尼丝·史沫特莱撰写的《中国红军在前进》——关于中国共产党顽强革命的书籍,也读到了《号角日报》刊登的日本侵华的劣行,白求恩的注意力慢慢转向中国。

此时加拿大共产党正准备各方筹资以医疗援助中国,白求恩也接到驰援中国的邀请。1938年白求恩给诺尔曼·李的信中显示:"随信附上艾格尼丝·史沫特莱的信,从中可以看出那里是多么迫

切的需要我们——其程度超过了西班牙。"⑨白求恩从始至终都有强烈的被需要的情怀,哪里需要他,他就到哪里去。有一次,陶行知应邀参加西班牙之友晚宴时巧遇了白求恩,他向白求恩介绍了"七七事变"后的中国抗战形势,呼吁更多的外国医生到中国去。白求恩毫不犹豫地回答道:"如果中国需要医疗队,我愿意到中国去。"⑩

白求恩很快投身到美加医疗队的筹建工作中,从筹集资金、采购各类物资,到动员他能想到可以去中国的医生,他尽可能多地为医疗队找寻资源。在西班牙战场上的快乐——那种可以为实现理想而工作的满足,在他决心去中国之时又重新回来了。在写给玛丽安的信中,他难以掩饰内心的激动,甚至仿佛透过便函可以看到白求恩在写下这段话时脸上难以掩饰的笑容。

五、重燃希望之火——辗转来到中国

> 我还没看见一个军医。他们都上哪儿去了?我发现国民党军队各个师的医官只给本师的人治疗,此外一概不管。简直疯狂!……我可怜那些躺在雪地上、一点遮蔽都没有的士兵。村子里除了小米什么都没有。⑪
>
> ——白求恩日记,1938年3月8日

这是在日本军队不断进逼下,白求恩在窑洞里暂且落脚时写下的一篇日记,此时,日军与中国军队还在河两岸僵持着,山腰处深入地下的窑洞相对安全。医疗人才不足,卫生资源匮乏,敌人紧追不舍。战争让刚从封建社会走出来的中国没有时间重整喘息,社会混乱无序、帝国主义猖獗、国民党抗战态度摇摆不定,让本就稚嫩的共产党雪上加霜,尤其是在医疗物资上,国民党方面多次扣押共

白求恩与医疗队东渡黄河

产党的救济资源,毛主席多次向社会各界号召,广纳人才、筹集资源,建设根据地卫生事业。就是在这样的背景下,经过多方努力,诺尔曼·白求恩同另外一位美国医生查尔斯·帕森斯及加拿大护士琼·尤恩,乘坐"日本公主"号⑫辗转从加拿大来到中国。

1938年1月8日,白求恩一行人将要启程,没有人来欢送他们,他们秘密登上"日本公主"号从温哥华出发,于1月底到达香港,2月7日在史沫特莱的安排下出发前往汉口。

中国红十字总会的林可胜医生先是询问白求恩一行是否愿意与八路军合作,并介绍了当时八路军的艰苦境地及缺医少药的情况,林可胜说几乎没有医护有胆量前去游击战地区,白求恩说这正是最需要自己的地方,自己要到前线去。尤恩护士1932年曾在山东教会医院有过工作经历,这次重返中国她早已做好了吃苦的准备,尤恩也同意到前线去。同行的帕森斯医生不干了,他表示他此行不是来中国参加战斗的,而是要拿着美国纳税人的钱为中国建立医院。但帕森斯医生心里最清楚,那些钱早在到中国的路途中就被嗜酒成性的他挥霍一空了。虽然大家希望加美医疗队与八路军合作,但是前线毕竟危险重重,林可胜还是担心医疗队的安全问题,在白求恩多次请求下,林可胜终于同意医疗队到八路军前线。史沫特莱还为医疗队找来了曾在河南省的教会医院工作的理查德·布朗医生——一位支持中国人民抗战的好医生,愿意为真正与法西斯抗争的人民站在一起。布朗也愿意到前线去,他将在西安与白求恩会合。

到前线前,帕森斯因酗酒过度须返回美国,白求恩和尤恩在林可胜和史沫特莱的资金支持下在汉口购置了相对充足的医疗物资。1938年2月22日,两人正式踏上了去前线的征途。

这一路,白求恩一行无时无刻不在与死神打交道,好多次他们刚到河这边,日军就追到了河对岸,这中间免不了一顿炮击。

交通的不便是白求恩所没有想到的。开始的路程是在火车上度过的,车上挤满了人,木质的凳子坐起来也极不舒服,有人甚至带着家禽家畜,各种味道混杂在一起,要度过18个小时,刚到中国的白求恩是无法忍受的。列车到达郑州,白求恩就执意要换其他方式继续前进,于是大家决定往西到潼关,白求恩用25块大洋(出发前史沫特莱分别给白求恩和尤恩两百块大洋做路费)换了卧铺车厢的二等座。这段旅程过得也并不安稳,敌机时不时地在火车上空盘旋,每当敌机出现,人们就要跑到田间躲避,一路上反反复复了好几回。好在敌机的目标不在火车,一行人安全抵达潼关。去往临汾时,火车已经满员,这次旅程的向导小周为他们找到车尾的空车厢,抱来干草做垫子勉强安顿下来。这节车厢里他们还遇到了三位要到抗大报道的女教师,据尤恩描述,这三位姑娘——短发、大脚、一身军服,完全是中国新女性的形象[13]。白求恩一行人启程从潼关北上临汾时,恰巧遇上攻打临汾的日军快要进入临汾城内,火车不能发车。于是他们只好放弃铁路,一行人坐过货运卡车、骑过骡子,实在没有交通工具时还徒步走过一段路,还趟过了那春天冰冷的河水。终于,他们先到了西安,见到了陕甘宁边区主席林伯渠,林伯渠告诉他们,因临汾的陷落,北美一度认为白求恩和尤恩已经牺牲了,再出发前,林伯渠又给了白求恩五百块大洋,以备路途上的花销。

1938年3月30日,白求恩一行人从西安出发,这次的目的地是延安——中国革命的核心,八路军的政治、军事中心。这一路一直黄土飞扬,白求恩在这次路途快要结束的时候,吃到了让他印象深刻的晚餐,两种北方的面食——用海碗盛着的油泼面和热腾腾的大馒头,此外还尝到了包裹着棕榈叶在石灶上烤制的多汁的陕西烤鸭[14]。

经过一番检查后,白求恩一行人进入延安城内。初到延安的白求恩满眼看到的全是中国的希望,他在日记中写道:"在汉口,我所看到的是一片混乱和优柔寡断、昏庸无能的官僚政治的种种令人灰心的现象,而延安的行政部门却表现出有信心和有目的。"[15]当初国民党让白求恩加入国民党医疗救治队伍,白求恩是断然不同意的,在决定到中国时他心里就十分清楚,他要帮助建立一个有秩序的社会,而不是将爱国主义放在反对共产主义的国民党那里,在汉口时白求恩心里对中国革命的疑惑,在来到延安后看到眼前的景象时全部消除了。往前走了没多远,他们遇到了骑着自行车来迎接他们的马海德——同《西行漫记》作者埃加德·斯诺一同来到中国的美国医生,斯诺走后马海德坚持留在延安继续行医。马海德告诉白求恩,延安的百姓一大早就锣鼓喧天地盼着他们的医疗队了,总算是把他们盼来了。此后的一天,白求恩受到了毛泽东的接见,两人一直聊到东方泛白才结束谈话。白求恩在延安停留了几天,想落实建立国际联盟战地医院的事,但由于中国的国情和援华会的资金问题,建立战地医院的愿望暂告破灭,于是白求恩要求上抗日前线去——晋察冀边区。八路军的负责人始终担心没办法保证白求恩的安全,但谁都没法拒绝白求恩的再三请求,最终还是同意其上前线。由于前线危险,白求恩决定把尤恩留在延安,和布朗医生启程去了晋察冀前线,两人于1938年6月17日抵达山西省五台县金岗库村,布朗医生后来因为工作原因离开了前线,但白求恩直到牺牲都奋战在晋察冀边区。

"我很累,可是我想我有好久没有这样快乐了。我很满足,我正在做我所要做的事情。而且请瞧瞧,我的财富包括些什么!我有重要的工作;我把每分钟的时间都占据了,这里需要我。"[16]白求恩在西班牙战场上未完全点燃的希望之火,将在晋察冀边区的土地上继续发光发热,他强烈想要为共产主义做有利之事的决心在晋察冀前线得到了实现。

六、白求恩与他的中国友人

> 我现在明白为什么毛泽东那样感动每一个和他见面的人。这是一个巨人！他是我们世界上最伟大的人物之一。
>
> ——白求恩日记，1938年3月31日

白求恩与中国人民的友谊在他赴前线的路上就开始了，可能是受其父母的影响，他天生对饱受苦难的人就抱有同情之心，从襁褓中的婴儿到年逾半百的老人，白求恩遇到每一个需要他帮助的人时，都不惜付出自己的一切去救济他们。在中国，白求恩也真正找到了与自己志同道合的同志，见到了心之所向的毛泽东、周恩来、朱德等人，这些中国共产党的最高领导人完全符合甚至超出了他对革命领导人的设想。他也和同行的八路军战士成了亲密无间的战友。

1938年2月末白求恩到郑州的第一个晚上，那天临时停靠郑州，没有办法解决住宿问题，向导小周[17]安排大家在货棚暂住一晚。那天晚上，白求恩把自己随身带着的炼乳用热水化开，用勺子一勺一勺地喂给一个五个月大——看起来像个小老头，四肢很瘦，肚子却圆鼓鼓的——明显营养不良的孩子，喂罢孩子，白求恩轻声嘟囔："但愿孩子不会因为消化不良整夜哭闹。"[18]他给孩子的母亲递过去了一条棉被，三月的郑州倒春寒，还冷得很，加上货棚没有窗户，寒风阵阵吹进他们的"避风港"里，这条棉被可以让母子二人睡个好觉了。吃饱的孩子一夜没有哭闹，孩子的母亲第二天告诉白求恩和尤恩，孩子好久没有这样睡一个好觉了。孩子的父亲是位军人，但

白求恩与哨兵

是拿不到应得的补助，母子俩经常这样食不果腹。白求恩听罢便拿出几元钱塞给孩子的母亲，孩子母亲坚持不要白求恩的钱，白求恩补充说他这不是施舍，战争结束后还会回来要回这笔"贷款"。

白求恩内心对孩子是渴望的，他和前妻弗朗西丝没能有个孩子在他心底多少是有遗憾的。所以在西班牙他牵头"儿童村"计划，来到中国，白求恩还是忍不住帮助有需要的孩子，遇到与父母走失或是父母离世的孤儿，白求恩不知收留了多少个。孩子们也喜欢围着白求恩转，为他跑前跑后。经常围着白求恩转的有个很讨人喜欢的十五六岁的孩子，白求恩和尤恩叫他"小龅牙"。"小龅牙"告诉白求恩，自己跟着八路军学会了读书写字，等战争结束后他要到北平或者上海去学更多的知识。

白求恩也同情失去孩子的妇女，在去韩城的路上，白求恩将战士巡夜发现的弃婴送给一位失去孩子的母亲，这位母亲不胜感激，连连祝白求恩长命百岁。知晓中国风俗的尤恩问白求恩，孩子包裹里的铜钱哪里去了，好心的白求恩已经将铜钱给了有需要的战士，尤恩催他赶紧把钱要回来给那个母亲，因为包裹里有铜钱预示着生身父母不会再把孩子要回去。

除了救助孩子，在去延安的路上，白求恩为被战争无辜波及的受伤百姓和士兵们包扎，他也不拒绝听闻有外国医生到当地而上门问诊的群众，一路上走走停停地救治了不少人。当白求恩一行人走到新绛的时候，天还没亮，他没休息多久就起来为闻讯赶来的伤病员治疗，"小龅牙"在一旁给看诊和等着看诊的人们讲起了这些天发生的事情，可能他声音太大了，干扰到了白求恩工作，白求恩冲出来一把抓起"小龅牙"的衣领将他"扔"出门外。这举动吓坏了在场的所有人，尤恩护士闻声赶来，觉得很难为情，反倒是"小龅牙"告诉大家白求恩是个心肠好、技术高的好大夫，只是偶尔脾气有点大。而白求恩又回到屋里，一刻不停地给伤员包扎起来。还没到延安，他们准备的药品就所剩不多了，工作太投入的白求恩几次问尤恩是不是有人把他带的药品藏起来了，在一旁当助手的尤恩百口莫辩，她细数着白求恩在草房、破屋甚至坑道里救治的好几百人，告诉他本就不多的药品早就被用光了。尤恩说："白求恩大夫是一位天生的好医生，他的态度总能给病人信心。他有传教士一样的善心，心怀人类博爱之情。他亲自给那些无家可归、饥肠辘辘的孩子们喂饭。他还到军需官那里为这些孩子讨要裤子、外衣等东西。"[19]

白求恩无数次向别人提起，自己是来工作的，不是来休息的。有一次，周恩来让他在刚安顿好行李后可以到战地医院参观一下，白求恩说自己不需要休整，可以立刻投入到手术中去；还有一次是抢救一位状态还算不错的伤员，伤员让白求恩喝口茶再进行手术，而白求恩下马便开始手术，没有一刻休息。

1938年11月27日，白求恩见到八路军120师359旅7团参谋长左齐的时候，因失血过多，左齐的左臂已经变黑，生命垂危，白求恩对他实施了关节离断术，该旅的卫生部长顾正钧和杨家庄村长都给左齐输血，才使左齐最终得救。左齐后来被人称为"左臂书法家"，他认为，多亏了白求恩大夫的果断决策，才有了人们后来给他的称号，每当提起毛笔，他都会想起白求恩大夫。1938年，抢救120师359旅218团的营长彭庆云的时候，彭营长被民兵用担架抬了两天才到后方医院，但白求恩不在这里，旅部卫生通讯员立刻去找白求恩大夫，白求恩骑着马赶来，没顾上歇息，立即为彭营长展开检查，因骨折拖延太久造成了感染，白求恩为他做了截肢诊断。当时走得急，没带骨锯的白求恩使用消毒的木锯为彭营长进行截肢，手术很顺利。伤愈后的彭营长一直留在部队，是白求恩为八路军留住了一位好干部。当然，白求恩为八路军救治的战斗人才远不止这些，据不完全统计，白求恩共计手术1 200人次，连续手术100人以上有3次[20]。尤恩这样说："从战士的骨头、肌肉和肠子中取出子弹的数目，谁也比不上白求恩；给战士进行接骨或截肢手术的数量，谁也无法跟白求恩匹敌。"[21]

白求恩把可以救治伤员当成是上天送给他的礼物，1937年生日的时候白求恩还在西班牙，一年后的3月2日，他又来到了中国战场。在他48岁生日这天没有蛋糕，没有蜡烛，白求恩这一天都在忙着给伤员包扎上药，他称这是最好的生日庆祝。1939年的生日，与1938年不同，这天他是在床上消磨的。因为生日的前一天，日军迫近白求恩所在根据地，造成大量八路军士兵伤亡，从晚上七点到第二天早上六点，白求恩手一刻不停地在动着手术，他们接到了40名重伤员，做了19个手术——三个锯治头颅碎骨手术，两个截断大腿手术，两个缝合小肠穿孔手术，六七个胳膊和腿部严重碎骨伤手术[22]，另外还有几个小手术，这些伤员中还有两个是日本士兵。白求恩认为共产党平等对待战俘的态度完全和自己想的一样。忙碌的工作让他第二天醒来才意识到，前一天是他的生日。这年他不再年轻，此时他肯定不知道自己的生命已经进入了倒计时，他还乐观地在日记中写下，自己是"年纪最大的战士"。

白求恩和中国共产党的惺惺相惜也可以从他与几位共产党领袖的相处中感受到。连随行护士尤恩都觉得，白求恩和中国共产党领导人结识时，真是相见恨晚[23]。

白求恩到中国后最早见到的共产党领导人是周恩来。1938年1月，中国华北、华东战火纷飞，连国民政府临时首都武汉也不时受到日军的轰炸，1月底，白求恩一行人到达汉口。时任中共中央军委副主席的周恩来听说白求恩愿意来帮助八路军，还要上前线去，很是欢迎，让王炳南同志安排了会面。会上周恩来向白求恩介绍了抗日战争的形势和共产党的政策，白求恩很认真地对此做了笔记。之后周恩来询问白求恩西班牙反法西斯战争的情况，白求恩也做了详细的介绍，在反法西斯的决心上，两人早已不谋而合。

来到西安，白求恩终于见到了史沫特莱笔下的八路军总司令朱德，当时天色已晚，朱德同白求恩和尤恩打过招呼后，林伯渠表示可以做翻译工作，尤恩就回去休息了。尤恩形容与朱德、林伯渠畅聊后的白求恩，欣喜得像个新婚的新娘一样，手舞足蹈地向她描述前一天晚上的聊天内容，难掩对两位领导人的喜欢。朱德在白求恩逝世三周年纪念文章中赞扬白求恩的医术高明当属军中第一，在中国短暂的工作经历中，他抽出空闲时间钻研如何因地制宜地开展医疗工作，提出了火线救援方法——不等病人来问诊，而是主动到伤员身边去，救治越早伤员的存活可能性越高。

白求恩见到毛泽东，是在医疗队抵达延安的那个午夜，毛泽东派勤务兵来邀请白求恩和尤恩，希望可以快点和他们见一面。夜深了，周围都很安静，毛泽东的警卫员一边走一边给他们介绍，毛主席喜欢深夜办公，有时候会持续工作到第二天上午八九点，这段时间环境相对安静，除非是非常重要的人，一般不会在这个时间会见客人。突然一个声音打断了他们的谈话："谁呀"，尤恩吓得退了半步，原来是巡岗的哨兵，这时门口的警卫为他们掀起厚厚的棉质帘子（入口没有门）。一行人继续向里走着，里边黑漆漆的，昏暗的烛光映出了桌边穿着和战士一样的蓝布制服，手扶在书本边缘的高大身影。转过脸，他们看到他戴着的帽子上镶着一枚红色的五角星，晃动的烛光为会面罩上了神秘的面纱。毛主席见白求恩一行人进门，起身微笑着向他们走来，毛主席的声音格外洪亮，说："欢迎！欢迎！"走到跟前，毛主席伸手与白求恩握手，尤恩回忆，主席的双手修长细腻，像女性的手一样柔软[24]。就这样静默地微笑对视了一阵,又像兄弟般的拥抱后大家入座。毛主席只讲中文,翻译黎雪讲一口流利的英文,尤恩暂时歇了下来,同去的还有负责八路军医疗的姜齐贤。坐定,白求恩将自己加拿大共产党员的证书递给毛泽东,他的证书印在一方丝绸上,上面有党的书记蒂姆·马克的签字和盖章。毛泽东郑重其事地接过证书说道:"我们将把你的组织关系转到中国共产党,你就是我们中的一员了。"㉕毛泽东又转头问尤恩这么流利的中文是在哪里学的,尤恩简单地介绍了她曾在山东做过医疗传教士的经历。就这样大家一边喝茶,一边聊着天,寒暄过后话题转到了五台山和战地医院,这时毛泽东突然又转头问尤恩,是否觉得白求恩很像列宁,还起身看了看白求恩的侧影。尤恩说:"像呀,只不过白求恩大夫的后脑勺比列宁的好看。"黎雪把两人的对话翻译给白求恩听,白求恩难掩兴奋之情,但还是很谦虚地说大家过奖了。桌上的蜡烛换了一支又一支,东方的曙光就要照进窑洞中,公鸡也已啼叫。白求恩不想结束这次愉快的谈话,但时间过得真是太快了。回到招待所,白求恩在日记本记下与毛泽东会面的场景:

"我在那间没有陈设的房间里和毛泽东同志对面坐着,倾听着他的从容不迫的言谈的时候,我回想到长征,想到毛泽东和朱德在那伟大的行军中怎样领着红军经过两万五千里的长途跋涉,从南方到了西北群山里的黄土地带。由于他们当年的战略战术经验,使他们今天能够以游击战来困扰日军,使侵略者的优越武器失去效力,从而挽救了中国。我现在明白为什么毛泽东那样感动每一个和他见面的人,他是一个巨人,他是我们世界上最伟大的人物之一。"㉖

白求恩和毛泽东的见面应该不止这一次,尤恩回忆毛泽东有空就会到山坡上白求恩的窑洞中坐坐,马海德也回忆说在延安这样的会面还有好多次,白求恩还给毛泽东拍摄过照片。这位伟人深深影

白求恩为伤员做检查

响着白求恩,白求恩后来向世界传出的呼声,很多都是吸纳了与毛泽东谈话的精华,他也十分赞同毛泽东持久战的观点。白求恩去世后,毛泽东的一篇《纪念白求恩》让白求恩走进广大中国人心中,影响着一代又一代的人。

白求恩在中国的土地上遇到了真正志同道合的人,他说:"我在这里找到了最富于人性的同志们。"在白求恩看来,这里的共产主义是他真正追寻的共产主义,"对于他们,共产主义是一种生活方式,而不是说一套或想一套,他们的共产主义是又简单,又深刻,像膝关节颤动一样的反射动作,像肺呼吸一样用不着思索,像心跳一样完全处于自动。他们的仇恨是不共戴天的,他们的爱能包容全世界"[27]。白求恩的这些中国朋友们经历过最深的苦难,也有着最温暖的人性,"在这里我找到了最富于人性的同志们,他们遭遇过残酷,可是懂得什么是仁慈;他们尝受过痛苦,可是知道怎么笑;他们受过无穷的苦难,可是依旧保持着他们的耐心、乐观精神和静谧的智慧"[28]。在这里,白求恩除了手术就是在思考怎样可以使中国的医疗状况得到改善,他不计报酬地为中国革命日夜奔波着,"我没有钱,也不需要钱,可是我万分幸运能够来到这些人中,在他们中间工作"[29]。他深深地爱着这里的每一个人,他也清楚这里的每个人都很爱戴他:"我已经爱上了他们;我知道他们也爱我。"[30]他把可以和革命战友并肩作战,一起为共产主义事业奋斗视作是一种幸福。

七、白求恩对中国医疗事业的贡献

白求恩大夫坚信,只有马克思主义能让人们具有同情心、忠诚和责任感。从他给伤病员看病的过程中就可以看出他是一个有献身精神,致力为全人类服务的人。白求恩大夫不仅是医生,而且是作家、艺术家和科学家。

——琼·尤恩

早在受肺结核困扰的时候,白求恩就展现出他的艺术才华,除了在病中创作的《一个肺结核患者的历程》外,在他几乎痊愈并投入肺结核研究中后,他创作了广播剧《病人的窘境——或治疗肺结核的现代方法》,该作品反映了白求恩征服肺结核的热情[31],提倡早诊早治的白求恩用这样有趣生动的方式让更多人了解肺结核,使更多人有信心战胜肺结核。

该时期除了艺术作品的创作,白求恩还发明了许多医疗器械,胸腔注气器械——"护士朋友",是他当时与器械设计方面的专家——曾参与一战时枪械制造的澳大利亚技师马斯特斯进行合作的,由白求恩设计,马斯特斯负责制作,经过多次打磨,在气胸疗法原有设备上增加了脚踏泵。白求恩发明的大多数器械都是与美国费城的皮林—桑公司合作并进行生产的,他设计的医疗器械占去皮林产品目录表一页多的篇幅,如"白求恩肩胛骨推拉器""白求恩肋骨剥离器"等,这些器械在手术室里都引人注目,受人欢迎,其中一些使用了几十年[32]。最出名的"白求恩肋骨剪",灵感来自鞋匠剪钉子时使用的剪子,它改善了传统万能肋骨剪沉重、笨拙的弊端,改良后更适用于外科手术操作,该器械一直被沿用至今。

白求恩在中国时也有一个发明——"卢沟桥"。游击战争中,医疗人员要跑得快,医疗器械要搬得动,为野战手术而设计的"卢沟桥"就是在这样的情况下诞生的。在战斗来临之时,好多外科工具不易携带,为了更方便转移,白求恩观察到农民送粪的粪驮好装好卸,他想要的就是这样一个便携的设备,于是他利用空闲时间设计了这种桥形木架，并找来心灵手巧的木匠将他的设计落到实处。这是白求恩专为野战手术而设计的，木架搭在马背上，一头装药品，一头装器械。这个拱形的药架，起初是没有名字的，一天，白求恩找到郎林，问他附近百姓和军队总在唱的歌叫什么，郎林告诉他这是反映中国人民抗日的《卢沟桥小调》，白求恩说："我们这个流动医院的外形很像一座桥，为了纪念中国人民的伟大抗日战争，我们就叫它卢沟桥吧。""卢沟桥"的出现大大缩短了救治伤员的时间，有序排放的器械可以避免出发时漏拿药物或使用时拿错药物，防震的设计大大避免了玻璃包装药品的破损，"卢沟桥"的两个门卸下来还可以组成一个换药台。有了"卢沟桥"，一个精简的流动医院形成了：医务人员只有23人，还包括16名护士学校的学员，"卢沟桥"里可以容纳换500次药、配500个处方、做100次手术的药品和器材。将物品放好后将两个驮架放在鞍子上，医疗队就可以即刻出发了。"卢沟桥"不仅白求恩自己在使用，他还在卫生部长会议上向大家演示如何使用该器械，还详细地介绍了设计图样和制造经费预算，使得"卢沟桥"在晋察冀地区可以推广使用。白求恩设计的器械更适合中国的战争环境，大大缩减了医疗队抢救伤员的时间。

白求恩还十分关心中国的医学教育的情况，他抵达延安看到八路军的后方医院后，为战地医院较差的环境感到担忧，即刻就想为中国建立起一所有较好手术环境和管理、较强医疗技术的模范医院，后期又考虑培养一批医疗工作者，到更广大的地区开展医疗卫生救治，服务更广大的军队和百姓。起初，刚到中国的白求恩对中国抗日战争形势不够了解，提出的建院方案都不切合实际，他多次给聂荣臻写信，与聂荣臻面对面讨论，希望尽快落实模范医院建设。聂荣臻没有直接拒绝白求恩不切实际的请求，而是耐心地为他讲中国战争形势，成立医院的困难有哪些。在聂荣臻的解释及白求恩亲自参与战争抢救后，他们商定暂时在一间庙宇里建立起医院，后期再根据战争发展进行改造，1938年8月，模范医院正式开始动工，将白求恩的想法落到实处，在当地军民的共同努力下医院最终在当年9月5日正式落成。在这短短五星期内建起来的模范医院是根据地建立的第一所模范医院，医院有正规的手术室、换药室、药房、化验室，还有一台高倍显微镜。病区设在几个大院里，有接待室、值班室[33]。内科病房中单独设有传染病病房，外科病房有适合战地需要的治疗室，且医院有较为完备的登记统计制度，每天都有例会，对既往工作做总结，对未来工作做相应部署，伤员有个人编号，方便管理。为了保障安全，医院建立了军民联防和防空措施[34]，以备敌人突然袭击时的疏散转移。来到晋察冀边区，建立起自己想为八路军建造的医院后，白求恩的归属感更强烈了，他在9月15日的开院典礼上说："在到达晋察冀军事区之后，我同各位在这座医院工作，不过几个月过去，我常认为它是'你们的医院'，现在我已当它是'咱们的医院'了，因为我们共同创造了它。"可好景不长，9月25日，日军对边区展开扫荡，成立不久的模范医院没能幸免于难，遭到了敌人的抢掠，最终被日军烧毁。但模范医院为共同抗敌的医疗工作者建立了信心，一位外国友人，为了更好的手术环境、为了传授更先进的技术、为了建立更有秩序的医院，在如此艰苦的环境中带领大家建立起模范医院，实属振奋人心。第一军分区卫生部长张杰后来还可以完整回忆起医院落成后的第一台手术的场景，良好的环境让他更清楚地看到了手术操作，同时对后期医院建设、医院管理提供了指导。

在空闲时间，白求恩编写了《游击战争中师野战医院的组织和技术》一书，对中国早期的军事医学有指导意义，全书共9章，插图

白求恩参与建设的模范医院旧址

119幅，译成中文约14余万字㉟。该书分别对卫生工作如何组织，医院建设、机构设置、换药及外科手术如何开展，术后如何康复，制造使用器械以及一些常见内科病（疟疾、流行性感冒、痢疾、腹泻）的治疗进行了介绍。该书虽未在军事医学中有很高深的理论成就，但十分符合中国抗日游击战的实际情况。

战地输血工作是白求恩的强项，他在西班牙战场上建立的流动输血站的实用程度是有目共睹的，但在中国开展输血工作可不是一件容易的事情。首先是设备问题，山路复杂，又有敌人不时的围追堵截，设备很难到达前方；其次是中国战场与西班牙战场不同，游击战在很多情况下不具备在西班牙时的输血环境；最后，当时中国敌后战场的很多医生都只听说过输血，没有实际操作过。在杨家庄的一次手术中，白求恩请一旁的护士邱生才为被抢救的士兵输血，在课本上看过输血知识的他一时不知所措，甚至退后了一步，最后还是白求恩自己为伤员输了血。医护人员都对输血感到陌生，更不用说普通百姓，他们很难接受输血与采血这一操作。白求恩在输血方面做了大量工作，除了亲力亲为的献血，还不断给医护人员、普通百姓介绍输血，让大家接受输血，还建立了"人民血液银行"这样的献血机构。凡是来参加志愿献血队的，献血后都会收到一条写有"献血光荣"的红布条，每献四百毫升血就有一斤红糖、十二个鸡蛋、一两茶叶可以领。在游击战中，白求恩采用的多是直接输血的方法——献血者与伤员在手术台并排躺下，从两人的肘静脉进行采血和输血。皮肤消完毒后用特制的带有两个针头和一个活门的类似大注射器的直接输血器一次次采取献血者的血液，输给伤员。这就节省了间接输血需要的抗凝液，也不需要低温保存的条件，更适用于中国抗日游击战争的医疗环境和条件。

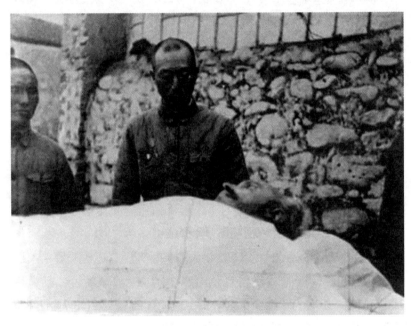
病重的白求恩于河北唐县黄石口村

八、牺　　牲

> 为表达自己的一片赤诚，白求恩表示："我只有一个条件，如果我回不来了，你们要让世人知道，诺尔曼·白求恩是以一个共产党员的身份牺牲的。"
>
> ——白求恩，1937年10月

艰苦的手术条件，短缺的医疗资源，感染是在所难免的，早在1938年8月的日记中，白求恩就提到了手指感染的事："因为做手术时一些伤口很脏，而我没有戴手套，所以我的一个手指感染了，感染几乎是不可避免的，这已经是两个月中第三次感染了。"㊱白求恩在这天的日记里，没有一句抱怨，甚至还写道："为他们服务，确实是一种幸福。在我为他们换药之后，他们总是弯腰深深地鞠一个躬。"㊲可不是每次感染都是可以幸运痊愈的，本打算回国筹集资金和药品器械的白求恩听说日寇要进行"冬季扫荡"，担心伤员会增多的他决定先留下来。也就是在这次战斗的一次手术中，日军逼得很紧，战士们担心白求恩的安危，催他先转移后做手术。白求恩担心耽误一分一秒的手术时间都会危及伤员的生命，想彻底做完手术再走。时间太紧，白求恩手术速度很快，没有发现自己的手术手套上破了洞，他的手指被手术刀划破了，但他只是给自己手指沾了些碘伏，继续完成了手术，然后立刻上马，让大家抬上最后一个伤员赶紧撤离。不到十分钟，日军就冲进了宋家庄，这天是1939年10月28日。第二天，白求恩的手指就发炎了，但他还是坚持工作。11月1日，白求恩在为一位头部化脓的战士疗伤时，没戴手套的他不幸又被感染了，11月3日就发起了高烧，手指肿胀，11月4日伤口恶化，左手手肘也开始化脓。医生建议白求恩截断手指，但白求恩说没有手指就无法完成外科手术，之前也有过手指感染，他认为这次感染几天后也会无碍痊愈，可到了11月6日，感染发展到了左边腋窝，这时一切都到了无法挽回的地步。忙碌的工作加上感染带来的病痛让他忘记了或许截肢可以挽留他的生命，不做手术可以做教育教学工作，可以为共产党做宣传，或者去为共产党筹集善款和医疗资源，但是他仍然整日冲在医疗最前线，严重的感染即将夺走他的生命。直到11月10日被送到黄石口时，他已经开始昏迷，但还是写下了"告诉他们我在这里十分快乐，我唯一的希望就是多有贡献"㊳。这句话在给聂荣臻的信里出现了两次。直到生命最后一刻，他还是放不下中国战场上的伤员们，放不下没有完成的使命。

1939年11月12日凌晨，八路军最终没能留住这位心系中国革命事业的国际友人，共产党的好战士白求恩永远地合上了眼睛。

（撰文：张鑫智）

注释

① 罗德里克·斯图尔特：《不死鸟——诺尔曼·白求恩的一生》，柳青译，中国青年出版社1991年版，第85页。
② 罗德里克·斯图尔特：《不死鸟——诺尔曼·白求恩的一生》，柳青译，中国青年出版社1991年版，第82页。
③ 罗德里克·斯图尔特：《不死鸟——诺尔曼·白求恩的一生》，柳青译，中国青年出版社1991年版，第88页。
④ 白求恩：《一位富有激情的政治活动家——国际主义战士白求恩作品集》，齐鲁书社2005年版，第260页，"信件"。
⑤ 罗德里克·斯图尔特：《不死鸟——诺尔曼·白求恩的一生》，柳青译，中国青年出版社1991年版，第88页。
⑥ 白求恩：《一位富有激情的政治活动家——国际主义战士白求恩作品集》，齐鲁书社2005年版，第95页，"信件"。
⑦ 白求恩：《一位富有激情的政治活动家——国际主义战士白求恩作品集》，

齐鲁书社2005年版,第95页,"信件"。
⑧ 白求恩在西班牙被孤儿成群居无定所的景象所震动,牵头"儿童村"计划,将无家可归的孩子们安置在远离前线的地方。
⑨ 白求恩:《一位富有激情的政治活动家——国际主义战士白求恩作品集》,齐鲁书社2005年版,第260页,"信件"。
⑩ 马国庆:《白求恩援华抗战的674个日夜》,人民文学出版社2019年版,第14页。
⑪ 见白求恩日记,收入天津市卫生局编《纪念白求恩文荟》1991年版,第114页。
⑫ 琼·尤恩记述的"日本公主"号及白求恩日记中提及的"亚洲皇后"号是同一艘船。
⑬ 琼·尤恩:《白求恩随行护士自述(1932—1939)》,朱雁芳译,北京出版社2019年版,第54页。
⑭ 罗德里克·斯图尔特:《不死鸟——诺尔曼·白求恩的一生》,柳青译,中国青年出版社1991年版,第300页。
⑮ 见白求恩日记,收入天津市卫生局编《纪念白求恩文荟》1991年版,第116页。
⑯ 见白求恩日记,收入天津市卫生局编《纪念白求恩文荟》1991年版,第118页。
⑰ 斯图尔特在书中记述这位向导叫周藏正,尤恩护士的记述中称之为小朱。
⑱ 琼·尤恩:《白求恩随行护士自述(1932—1939)》,朱雁芳译,北京出版社2019年版,第50页。
⑲ 宋家珩主编:《加拿大人在中国》,东方出版社1998年版,第86页。
⑳ 冀国钧、张业胜:《白求恩在中国》,中国协和医科大学出版社2007年版,第30页。
㉑ 罗德里克·斯图尔特:《不死鸟——诺尔曼·白求恩的一生》,柳青译,中国青年出版社1991年版,第292页。
㉒ 见白求恩日记,收入天津市卫生局编《纪念白求恩文荟》1991年版,第121页。
㉓ 琼·尤恩:《白求恩随行护士自述(1932—1939)》,朱雁芳译,北京出版社2019年版,第71页。
㉔ 琼·尤恩:《白求恩随行护士自述(1932—1939)》,朱雁芳译,北京出版社2019年版,第81页。
㉕ 琼·尤恩:《白求恩随行护士自述(1932—1939)》,朱雁芳译,北京出版社2019年版,第81页。
㉖ 见白求恩日记,收入天津市卫生局编《纪念白求恩文荟》1991年版,第117页。
㉗ 见白求恩日记,收入天津市卫生局编《纪念白求恩文荟》1991年版,第119页。
㉘ 见白求恩日记,收入天津市卫生局编《纪念白求恩文荟》1991年版,第119页。
㉙ 见白求恩日记,收入天津市卫生局编《纪念白求恩文荟》1991年版,第119页。
㉚ 见白求恩日记,收入天津市卫生局编《纪念白求恩文荟》1991年版,第119页。
㉛ 拉瑞·汉纳特:《一位富有激情的政治活动家——国际主义战士白求恩作

品集》,李巍等译,齐鲁书社2005年版,第260页。
㉜ 拉瑞·汉纳特:《一位富有激情的政治活动家——国际主义战士白求恩作品集》,李巍等译,齐鲁书社2005年版,第260页。
㉝ 冀国钧、张业胜:《白求恩在中国》,中国协和医科大学出版社2007年版,第49页。
㉞ 冀国钧、张业胜:《白求恩在中国》,中国协和医科大学出版社2007年版,第50页。
㉟ 冀国钧、张业胜:《白求恩在中国》,中国协和医科大学出版社2007年版,第65页。
㊱ 见白求恩日记,收入天津市卫生局编《纪念白求恩文荟》1991年版,第118页。
㊲ 见白求恩日记,收入天津市卫生局编《纪念白求恩文荟》1991年版,第118页。
㊳ 见白求恩遗书,收入天津市卫生局编《纪念白求恩文荟》1991年版,第140页。

马海德：中国人的"马大夫"

他是第一个加入新中国国籍的外国人。

他被中国老百姓亲切地称呼为"马大夫"。

他是新中国卫生事业的先驱。

他,就是马海德。

马海德,原名沙菲克·乔治·海德姆(Shafick George Hatem, 1910—1988),祖籍黎巴嫩,1910年出生在美国纽约州布法罗的一个普通家庭。在马海德8岁时,由于当地传染病盛行,全家都得了流行性感冒。当时有一位给各家各户看病的老医生,虽然他自己也很贫穷,却从来不收取任何诊疗费用。这位老医生,就此成为小小的马海德心中的英雄,也为他埋下了一颗梦想成为医生的种子。

1933年,马海德怀揣着好奇与理想漂洋过海、不远万里地来到了他一直神往的东方国度——中国。

自此,马海德把他一生的汗水、心血、梦想全部奉献给了中国的医疗卫生事业。上海、延安、北京、内蒙古……中国大江南北的土地上,永远铭记着中国人的"马大夫"的足迹。

马海德

一、延 安 岁 月

一次舞会上,人们都在翩翩起舞,一位穿着朴素旗袍、中等身材、皮肤细白、双目有神的女士优雅而安静地坐在位子上。马海德透过人群一眼发现了她,于是毫不犹豫地走到她身旁邀请她跳舞。这位女士笑着说她不会跳,但是马海德坚持说"我来教你",便把她拉上了场。

后来,马海德通过史沫特莱才知道她就是孙中山的夫人——宋庆龄。"上帝啊,我怎么这样轻浮!"虽然回想当时的场景,马海德脸色通红,但是通过史沫特莱的介绍,马海德与宋庆龄成了很好的朋友。

史沫特莱,美国著名作家、记者,于1929年作为德国《法兰克福日报》的记者来到中国,为中国的革命解放事业作出过重大贡献。她与鲁迅、茅盾等文化界人士关系亲密,此外,也结识了宋庆龄等人。史沫特莱知道马海德很向往中国共产党领导的红色区域,便跟宋庆龄说起这件事[1]。

红军长征胜利到达陕北后,毛泽东和周恩来捎信给宋庆龄,请她帮助邀请一位"诚实的西方新闻工作者"和一位"训练有素的西医"到陕北苏区访问。宋庆龄立即推荐了马海德作为医生人选,推荐的记者则是埃德加·斯诺。1936年6月,马海德带着宋庆龄给他用来冒充记者的一架柯达相机和几卷胶卷,以及用以与当地人员会和接头的半张5英镑的钞票,开始了奔赴苏区的旅程。

火车抵达郑州站,透过车窗,马海德看见了一位中等身材、波浪形棕色头发、灰色眼睛,身穿半旧粗花呢套装和敞领卡其布衬衫的男子,那便是斯诺。自此开始,马海德与斯诺的友谊一直延续,斯诺去世之时，马海德也陪在他身边。斯诺在《今日的红色中国》中这样描述马海德：

> 马海德有着敏锐的智慧，他已经透过社会光鲜的表面，看到它最丑恶的脓疮。表面上似乎玩世不恭，有一件事他却是认真的。他要为他的医生这一行业找到一个目的，希特勒也把他送到了西安——正如，从某一点上说，希特勒也把我送到那里，因为对于知道希特勒将把世界引向何处的年轻人来说，世界已经不是一个美妙的地方。在东方，日本人也在向同一方向前进，扬言要把蒋介石也带上（他那时用德国和意大利法西斯分子做顾问）……共产主义似乎是唯一关注与法西斯做斗争的势力了。既然希特勒和日本如此痛恨共产主义，马海德认为它总有些好处。他强烈地厌恶当时的上海社会。

几经周折，马海德和斯诺到达陕北根据地后，毛泽东和周恩来十分热情地接见了他们，毛泽东坦诚地向马海德提出一项委托："请你到我们的每一个医院去看看，希望能对苏区医疗条件的改善、医生素质的提高等方面提出具体意见。另外，我们计划创办一所医科大学，也请你结合考察，提出一个筹建方案。"[②]

马海德没有想到，面前这位身材高大、眼睛炯炯有神的伟大领袖居然对自己如此坦诚。于是，他愉快地接受了毛泽东的委托。

牢记着毛泽东的委托，马海德花了一个多月时间，考察了红军中所有的医疗单位，在大大小小的病房和走廊，总能看到他与医护人员及伤病员交谈的身影。

经考察后，马海德发现苏区经过正规训练的医务人员极其缺乏、医疗设备十分简陋、药品也奇缺，为了把红军的医疗卫生工作搞好,他写了一份考察报告——《苏区医疗卫生工作考察报告》。1936年10月,当斯诺结束访问要离开苏区时,马海德没有选择和这位亲密的朋友一同离开,他越发明确了自己的理想信念。在向毛泽东提交了考察报告后,马海德表达了要留下来参加红军,并为红军医疗卫生事业服务的决心。毛泽东看了报告大加赞赏,对马海德参加红军表示热烈的欢迎。

1937年底,马海德接到了在延安建立陕甘宁边区医院的命令。那时,陕甘宁边区的医疗卫生条件极其落后,医院、诊所数量有限,广大的基层部队及偏远地区几乎没有设立医疗机构,战士和群众治伤看病十分不便。在医生队伍里,从医科大学毕业的也仅有马海德、傅连暲、姜齐贤等几人,获得博士学位的则只有马海德一人。

为了改善这种情况,马海德在和卫生部的领导同志经过反复研究后,向中央军委提出了关于改善八路军和边区医疗卫生条件、建立军队医疗网络的构想,坚持"因陋就简、自己动手、勤俭办医疗事业"的方针,先后在延安建立起卫生部直属医疗所和陕甘宁边区医院[③]。虽然被称作"医院",实际上,陕甘宁边区医院在建院之初,只有一排窑洞和非常有限的设备。"医院"共有三层,第一层是办公室,其他两层则是诊室和病房。

两条板凳架上一块木板就成了病床,褥垫是粗布套子装谷草做的,这就是八路军医院最简易的医用设施。1938年底,八路军对日作战频繁,伤亡人数也在日益增加。山西沿黄河一线的伤员被送到陕北的绥德、清涧、延川、甘谷驿等地的兵站医院,而重伤员和高干伤员则转送延安。面对作战形势需要,马海德和卫生部领导同志又提出以直属医疗所为基础,建立八路军医院的设想[④]。八路军医院虽然条件简陋,但是布置得却干净整洁,每个病室的墙壁都用石灰水刷过,房顶棚也糊上了白纸。医院设有外科、妇科、小儿科,总共可以收容三百多名伤员。

1939年11月,加拿大著名胸外科专家白求恩医生不幸殉职,为了纪念他,中央军委决定将八路军医院改名为"白求恩国际和平医院"。后来,为了大力发展边区医疗事业,马海德和卫生部领导共同商量决定,以白求恩国际和平医院为总院,先后新建了8所中心医院和24所分院,形成了总计拥有11 800张病床的医疗网[5]。此外,所有这些医院都下设门诊部,以便让这些医院在为八路军服务之外,能够更好地为当地人民群众服务。

由马海德和卫生部共同建议,以卫生部直属医疗所为基础建立与发展起来的边区医疗网络,在开展战地医疗服务和为当地群众提供卫生服务方面发挥了重要作用。据有病案可查的记录,仅在1944年到1947年间,马海德在延安诊治的伤病员就达到了4万多人次。

在延安,马海德还有一个重要的使命——兼任毛泽东的保健医生。

毛泽东工作压力较大,睡眠状况不太好,马海德为了缓解毛泽东的疲劳,经常拉他一起去散步、打乒乓球、看文艺节目等。毛泽东很喜欢打麻将,有时马海德看毛泽东工作过度,就会和妻子周苏菲邀请他一起打麻将。麻将经常一打就是一整夜,到了凌晨四点,马海德和妻子已经筋疲力尽了,但毛泽东一般总是要打完八圈,而且非常想和牌,为此还曾发生争执。八圈过后,马海德对毛泽东说:"主席,怎么样,争争吵吵比打八圈更有意思吧?这对松弛您的神经大有好处。"毛泽东明白了马海德的用意,双手抱拳打趣说:"那就感谢博士了!"[6]

当时边区卫生条件有限,马海德除了担任毛泽东的保健医生外,还要力所能及地关照中央其他领导人的身体状况。

苏联医生阿洛夫、苏菲与马海德合影(从左至右)

"您救了我一命,在延安我得了肺病,那时是不治之症。您告诉我,让我每天躺在门板上晒太阳,后来我的肺病果然痊愈。太感谢您了。"离开延安50年后,有一次邓颖超拉着马海德的手表示感激之情。原来,当时担任中共中央机要科长兼中共中央白区工作部秘书的邓颖超,因工作压力过大导致肺结核病复发⑦。而陕北苏区根本没有治疗肺结核的药物,营养条件也差,邓颖超的病情丝毫没有好转。马海德为邓颖超仔细检查病情后,临时采取了一个土办法,让她每天躺在门板上晒两个小时的日光浴。最后,在遵循马海德的建议及配合药物治疗后,邓颖超的肺病得到痊愈。

邓颖超和周恩来作为中国的革命伉俪,均接受过马海德的医治。1939年7月10日,周恩来在骑马去党校做报告的途中,意外坠马造成手臂粉碎性骨折。马海德获悉后,立即同来自印度援华医疗队的巴苏华、柯棣华等人一起去会诊。后来在看望周恩来时,马海德发现他的臂骨愈合很不理想,右臂肌肉开始萎缩、右肘半弯不能伸直。于是,马海德指导他做手臂矫正练习,但是情况仍然没有得到很大的改善,马海德感到十分内疚。后来中央送周恩来赴苏联治疗,他的心才踏实下来。

"这些同志都是在用自己的生命为中国人民换取未来的幸福生活,我们必须保证他们的健康。"马海德一直尽己所能地关心着中共领导人的身体健康。

二、医治性病

1933年,位于上海公共租界九江路的大陆银行大厦里,三个从美国漂洋过海来的年轻人在此开了一家诊所,马海德就是其中一位。这家诊所分为三个科室:内科兼眼、鼻、耳、喉科,外科,皮肤、

马海德与邓颖超合影

性病科。马海德负责第三个科室。马海德的毕业论文题目是《优越的华氏曼实验》，他对性病研究有着浓厚的兴趣。起初，他想来中国，是认为上海作为一个大海港，有着来自全世界的轮船停泊和水手上岸，能够给他提供很多研究性病的机会。但是，灯红酒绿、繁华喧闹的上海，给马海德提供这些治疗机会的同时，也使他对中国越发着迷。

有一次，一位高级的性病医生休假三个月，请马海德替他开业。这位医生告知，他们有一百名外国妓女的花名册，这些妓女必须定期体检才能够获得准许营业的合格证，中国妓女则有大概两百名需要检查。此外，荷兰轮船公司及上海警察局都与他们存在合同关系。在上海，性病是一桩大买卖，黑社会帮派组织在租界和国民党华界警方的保护下，培育和传播着性病。梅毒，是马海德治疗中常见的一种性病类型。

黑社会组织通过培育性病获取暴利，但中国贫困的老百姓，只有在快病死之时才能够进慈善医院。面对这种不公、残酷的社会状况，满怀理想的年轻医生显得有些束手无策。马海德的两位同伴兼同学、九江路诊所的另外两名医生卡茨和列文森，放弃中国的旅程回到美国。而马海德，面对家人的期盼，选择了"再待一段时间"，这一待就是一辈子，将近30年马海德都未与家人重逢。

1949年11月21日，新中国成立的第52天，晚上8点左右，冬日的北京夜色早已降临，当一切都沉寂下来之时，几辆卡车疾驶的声音划破了北京"八大胡同"的安静[⑧]。

从车上跳下来众多带枪的解放军战士和民警，堵住了每个妓院的门口，有的登上房顶占据制高点，有的守住大门口、天井以及街角。这一场查抄行动，一夜之间铲除了中国历朝历代都没有根除的娼妓制度。马海德作为卫生部的参议，也参与了这场查抄行动。

禁绝娼妓源于毛泽东对北京城的一次暗访。毛主席和党中央从西柏坡迁到香山后，经常到北京城了解社情。一天晚上，他和秘书坐着吉普车行至一个胡同口时，见一个妓院的老鸨正当众毒打一个出逃的妓女。秘书下车阻拦，但是老鸨反而逞凶⑨。不久，北京市委书记彭真去见毛主席，也谈及北京城娼妓制度的反动性。彭真曾到妓院做过实地考察，了解到石头胡同一个13岁的小姑娘因过早接客染上梅毒。这一切，更坚定了毛泽东除掉这一社会毒瘤的决心。

"新中国决不允许娼妓遍地，黑道横行，我们要把房子打扫干净！"毛泽东急电当时的公安部部长兼北京市公安局局长罗瑞卿。罗瑞卿迅速担任总指挥，开展了这一场查抄妓院的行动。查抄第二日，《人民日报》发表评论文章称："从此，在人民的首都，妓院绝迹，妓女解放。"⑩

民国初年，"八大胡同"所处的大栅栏商业区兴盛一时，"茅楼酒肆近倡寮，都在繁华巷几条。车马如云人似海，果真夜夜是元宵"。百顺胡同、胭脂胡同、韩家胡同、陕西巷、石头胡同、王广福斜街（现棕树斜街）、朱家胡同、李纱帽胡同（现小力胡同），统称为"八大胡同"——旧时北京"红灯区"的代名词。赛金花、小凤仙就是"八大胡同"出来的"名妓"。

但"解放"一词对于妓女而言，根本不知何意。那天晚上，哭声、闹声、争吵声充斥于北京的夜色之中。有的妓女态度恶劣，打滚、撒泼；还有的故意为难民警，摔东西、撕窗户纸，有的企图越墙逃跑。甚至当民警执行任务时，一个妓女一丝不挂地从屋里跑了出来。

面对这些无理取闹而又充满恐惧的妓女们，马海德心平气和地握着她们的手，告诉她们："我们只是医生，来给你们治病的。等你们的病治好了,就可以回家。"⑪

这次查抄行动是非常机密地进行的,马海德连妻子苏菲都没有事先告诉,由于没有走漏任何风声,行动进行得很顺利。从晚上8点到第二天凌晨5点,全市24家妓院被全部封闭,454名老板、领家被公安局收审,1 300多名妓女被集中收容。后来经检查,95%以上的妓女都患有性病,还有人患有梅毒、淋病、第四性病等多种性病。其中,一个9岁的小女孩也没能幸免。

马海德等治疗性病的专家和医生在教养院里给妓女们抽血样、查性病。由于大多数人同时患有两种以上的性病,政府花费了巨额医疗费,用非常紧缺且昂贵的进口药盘尼西林给她们治疗。当时,一针盘尼西林的价钱能买好几袋白面。

"八大胡同"的一夜销声,不仅具有禁娼的历史性意义,也是新中国成立初期治疗性病的一次里程碑式行动。

1953年,马海德被任命为以治疗梅毒为主的皮肤病与性病研究所的副所长和顾问。当时,中苏关系非常密切,中国从各方面向苏联学习,包括医疗卫生工作。但是,马海德认为新中国有自己的社会特点,应该根据实际情况出发来治疗性病。

当时,苏联医生认为验血是检查性病唯一可靠的办法,但是中国幅员辽阔、人口分散,且设备和医护人员有限,马海德建议研究所派医疗小组到少数民族地区,训练当地人识别性病症状。所以,马海德的第一项举措,就是指定自己为派往边疆少数民族地区向性病作战的医疗队总领队,并率先带领医疗小组进入内蒙古。

来到内蒙古的居民点后,医疗队开始组织当地大夫接受治疗性病的培训。当地大夫其实也尝试过医治性病,但是由于没有经验,也不讲究科学方法及卫生,往往造成一些灾难性后果。例如,在治疗梅毒的过程中,当地大夫就因为用药过度以及使用一些包含砒霜的化合物,治死过许多病人。医疗队在训练期间,通过实战治疗病人,来教他们如何识别性病特征,并将盘尼西林使用和治疗同时进行。

鉴于当地很少有居民主动来配合检查,所以查出梅毒患者存在很大的困难。于是马海德利用"群众路线"开展宣传活动,呼吁积极分子填写调查表,从而吸引更多的人来参与填写。

> 性病是旧社会遗留的毒害。现在旧社会虽然打倒了,但是残余的毒害还存在。梅毒的罪魁祸首是旧社会,你不必感到耻辱,不是你个人的过失。我们这儿有一张表,问你十个问题,请说实话。不识字的,请告诉我们,我们帮你填。如果你发现自己有某些症状,请来检查一下。治疗不要钱,保证给你治好。同志们,我们不能把梅毒带进社会主义社会里去。⑫

调查表的十个问题涉及梅毒可能出现的各种症状,从而可以从回答中判断填写者是否存在染病及传染的可能。比如填写者出现过皮肤损伤、头发脱落、生殖器疼痛等状况,医疗小组则会邀请他们来接受检查。

苏联专家治疗梅毒常用青霉素加上砷和铋的化合物,这种治疗方法时间很长。马海德认为其不适用于中国,于是他和其他中国专家开创了短期青霉素治疗法,即只用青霉素进行治疗,并且用药时间仅十天。从1954年开始,马海德为了证明这种治疗方法的功效,每年都会带领治疗小组进入内蒙古、青海、甘肃等少数民族农牧区,检查于1950年及1951年实施的短期青霉素治疗的效果。事实证明,这种治疗方法效果良好。

在治疗性病过程中,马海德非常注重复查的作用。马海德第一

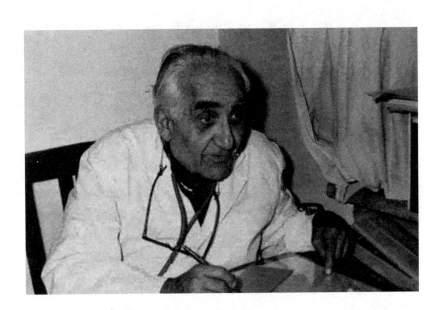

次来到内蒙古时，有一个牧民的妻子哭着来做检查，说她无法生育。马海德给她做血检之后发现，她患有梅毒。在马海德的治疗之下，这名妇女在几周后治愈了梅毒。五年后，马海德带着另一支治疗小组来到这里，这位牧民妻子又来看病，但是这次她想求治的是怎么才能够不生孩子了。原来，梅毒治愈后，她生了五个孩子，而且个个健健康康，由于她和丈夫实在无法养育更多的孩子了，才再次求助马海德，马海德则建议她结扎输卵管。

至1964年，除个别边远地区外，梅毒在中国基本绝迹。

三、抗击麻风

"隔离衣3件，帽子3顶，口罩3个，胶鞋1对，胶手套2对……"1957年12月8日，一份《关于抽调医师进修麻风防治的通知》记载着这些报到须知。

在麻风病医院，护士们用防护用品把自己包裹得严严实实，藏在镜片后面的睫毛还挂着汗水。马海德总是穿着一件白大褂穿梭在病房中，时常有医生和护士提醒马海德穿上隔离服，但他只是以微笑作为回应。有时，为了安慰病人，不戴手套的他会握住麻风病人腐烂的手，笑着宽慰他们说麻风病能够治愈。有时，他会把病人溃疡的脚放到自己腿上，边细心检查，边和病人说话。

麻风，这类曾让人闻"风"丧胆的疾病，可以追溯到数千年前。孔子弟子伯牛是我国有文字记载的麻风第一人。在《论语》中有这么一段话："自牖执其手，曰：亡之，命矣夫，斯人也而有斯疾也！斯人也而有斯疾也！"医学史家诠释伯牛患的是麻风病，而这种病会传染，尽管圣人孔子痛惜弟子，仍只能隔窗问候。希伯来文《圣经》被译成希腊文后，其中有一个词"Lepra"，英文译为"Leprosy"，中文音译为"来普罗西"——专指麻风。然而,这个词还有另外一个含义:"道德败坏但可由于神的宽恕而能痊愈的病人。"[13]所以,在得到有效防治之前,麻风在全世界都是一种令人生畏而又被污名化的疾病。

1873年,挪威医学家韩森氏首先从麻风病人的皮肤结节中发现了麻风杆菌,确认麻风杆菌是麻风病的致病菌,从此,医学界公认麻风病是一种慢性传染病。麻风主要通过侵犯人的皮肤和周围神经,使皮肤出现麻木性皮疹,触觉、痛觉、温度感觉可以消失,并常伴有局部、颈部、四肢的浅神经肿大。麻风病主要分为两大类:一类是传染型麻风,在皮肤和黏膜上可以查到多少不等的麻风杆菌,如瘤型麻风就是其中的主要一型;另一类是非传染型麻风,即查不到麻风杆菌,在一般情况下没有传染性,如结核样型麻风病。

马海德曾在《争做(本世纪末)消灭麻风病的宣传员》一文中介绍到,麻风病的传染性要比结核病小得多,麻风杆菌的生存能力不强,在60℃的情况下1小时后就会死亡,在夏天,太阳照射两三个小时也会死亡。一般85%以上的健康人都对麻风杆菌有较强的抵抗力和免疫力,除非个别抵抗力差的人,在长期密切接触传染型麻风病人后,才有可能被传染上麻风病。

但是,中国从封建时代到国民党统治时期,对麻风病人的迫害就绵延不止。很多地方政府和患者家属经常采用杀害麻风病患者的方法来阻断传染。湖南省《桑植县麻风病防治志》大事记中记载:1936年,麻风病人刘庆康之父因患麻风病被赶出村子独居深山,由于生活困苦和疾病折磨,最后上吊自杀[14]。1948年,芭茅溪保长郁年成活活烧死一田姓麻风病人。新中国成立后,麻风村病人郁春元回忆起当年被烧死的病人名叫田伯海[15]。而一些地区,则通过驱逐、流放麻风病患者的办法来确保当地社区和家庭成员的安全,把潜在的危险转嫁给社会。在普遍的社会歧视下,麻风病人自杀的案例屡见不鲜。

马海德认为:"患麻风病的人是双倍的不幸,因为社会看不起他们。这很不公平。"⑯

新中国的麻风病防控与救治工作起步于50年代初期。1954年,中央人民政府在北京组建"中央皮肤性病研究所"(后改为中国医学科学院皮肤病研究所),当时已经是国际知名性病、麻风病专家和卫生部参事的马海德被任命为麻风病研究室主任,负责指导与协调全国麻风、性病和头癣的防控、救治与科研工作。

蒙古包、破旧的乡村小店、废弃的庙宇,走路、骑驴、坐火车……马海德所到之处,多为贫困落后、交通不便的边远地区。就这样,他带领着医疗小组在极为艰苦的条件下与麻风病做斗争。20世纪60年代,是马海德调查中国麻风病现状的重点时间段。有一次,马海德和麻风病小组乘坐马拉的大车前往一个位于野地中的诊疗所,由于天气过于寒冷,他的腿早已冻僵,失去知觉。在耗费整整一天时间到达后,一个护士给马海德用热水洗了脚,他才能从大车上爬下来。

一直到"文革"爆发,他始终奔波在防治麻风病的路上,跑遍了二十几个省市,最后在江苏海安和广东潮安分别建立了麻风病综合防治研究基地。通过对这两个重点县麻风病人的病因、治疗、用药等情况的考察,马海德总结出一套行之有效的麻风病医治措施,并且很快把麻风病的防治经验推广了出去⑰。到1966年初,我国麻风病的发病率和患病率已呈下降趋势,个别地区甚至基本控制了麻风病的发病。

"只要有一个麻风病患者,我就睡不着觉。"⑱1978年马海德重回卫生部出任高级顾问,在一次政协会议上向中央领导人提出要带人到农村治疗麻风病的想法。虽然1966年"文化大革命"爆发后,治疗麻风病项目因此中断十年,但是马海德从未忘记他的决心。得到领导人支持后,他派遣医疗小组到全国各省市(西藏、台湾除外)进行群众性调查,其中有几个组由他亲自带领,深入云南最南端与缅甸交界的边境。

1980年,马海德又从国外引进强杀菌联合药疗新技术,使麻风病人一周内可以脱离传染期,平均两年即可治愈,但所需药品价格较高,阻碍了该技术在全国的推广使用。为此,马海德抱病出访。回溯至1979年春的某一天,马海德胃部突然剧痛,伴随吐血、便血症状,当时治疗组大多数医生认为他已经到了胰腺癌晚期。9个小时的手术后,医生诊断病情是胰腺发炎而非癌症,马海德重获新生。在争取到了十几个国家相关基金会的援助后,马海德终于在全国推广了强杀菌联合药疗,大大加速了消灭麻风病的进程。马海德提出的综合防治措施使全国的麻风病发病率明显下降,许多地区达到了控制或基本控制的指标。

1981年,马海德满怀信心地提出了治理麻风的奋斗目标,即中国要在20世纪末消灭麻风病,这得到卫生部的支持。于是,为了这一目标能够顺利实现,除了大力加强对国内麻风病患者的救治外,从1982年起,他开始带领中国麻风病代表团出访各国,宣讲中国麻风病防治经验,更重要的是寻求世界各国的经济和技术援助。

既要"走出去",也要"引进来"。1985年,中国麻风病防治协会在广州成立,第一届国际麻风病学术交流会也在广州召开,26个国家和地区的100多位麻风病专家参与了会议。会上,马海德分享了自己的抗"风"原则:防治麻风病应由住院隔离治疗转变为社会防治,由单一药物治疗转变为多种化学药物联合治疗,由单纯的治疗转变为治疗与康复并重,由专业队伍孤军作战转变为动员全社会力量共同作战。这次国际麻风病学术交流会结束不久,马海德的"中国要在2000年基本消灭麻风病"的愿景和方案,便提上了议程[19]。

1988年1月,马海德前往印度新德里接受"甘地国际麻风病奖",那时的他已经日渐消瘦、健康不佳,陆陆续续入院好几次。3月,马海德刚从医院治疗出来,就飞往加拿大参加会议,此时的他已经被癌症折磨得瘦了三十多斤。然而,在三个月后,他又不听劝阻,坚持飞往美国落实一笔援助经费。刚从美国回来,他又马不停蹄地在北戴河主持召开三省麻风病防治会议。在这次会议上,他终于支撑不住,晕倒了。从北戴河回到北京后,马海德住进协和医院,通过输营养液和药物以维持生命。

一直到生命的尽头,他念念不忘的还是麻风病人。有一天,他在美国的侄子寄来支票,这是他几个月前去美国争取来的援助经费。他用颤颤巍巍的手拉着妻子苏菲说:"妹子,这是给麻风病人治病的钱,一定要管理好啊!"苏菲眼泪汪汪,答应一定办到[20]。

马海德认为:"我们必须按照适合中国的路线来发展,不能照抄国外的。"

在经过长期的麻风治疗实践后,马海德结合新中国自身的特色总结了一些抗击麻风病的经验,并取得了显著效果。

第一,治病先治心,就要科学认识麻风病及其传染性。由于对麻风病的错误认识以及晚期麻风病人四肢残疾和畸形等缘故,群众、医护人员、各级干部,甚至是麻风病人家属都存在极大的恐惧心理。所以,每当到达有麻风病人的村子时,马海德就立刻去与病人交谈。如果群众害怕抽血,他就以身示范;如果医护人员害怕传染,他就有意与病人握手,既不戴口罩、手套,也不穿防护服。他用自己的行动来告诉人们:麻风,不是"魔鬼"。

在科学发达、具备特效药物的今天,我们应当对麻风病有正确、科学的认识,试想:我国在两千多年前就有麻风,如果这个病传染性非常大,那么经过这么长时间,不是在全国都会传染起来吗?最起码也得有一半人得麻风,但事实上没有,这说明它的传染性不大。另外,麻风杆菌的发现至今已经一百多年,但是麻风杆菌一直没有培养成功,科学家曾经25次把含麻风杆菌的菌液注射到志愿者身上,经过每年观察,志愿者没有一个得麻风病的。

不能否认麻风病是一种传染病,但它的传染性比结核、肝炎小得多。在麻风防治工作中,至今尚无确切证据说明有因搞麻防工作而被传染的例子。所以说,麻风并不像传说的那样可怕[21]。

马海德还指出,我们要努力改变报纸、书刊、广播、电视等大众传媒极力回避"麻风"话题的现状,加大公开宣传教育力度,使群众掌握有关麻风病的科学知识,以消除人们对麻风病的恐惧。

第二,联合治疗,将20世纪70年代的科学进展应用在麻风防治上。在药物方面,马海德发现除疗效很好的氨苯砜(DDS)外,还有硫脲类药、氯苯酚嗪(B663)、抗菌类药(利福平)等许多有效的治疗麻风药物。通过动物实验证明,利福平对麻风杆菌有杀灭作用,杀菌时间平均为25天,砜类药物抑菌时间为90天。合并应用氨苯砜和利福平进行治疗,可使新病人在六个月内大大减低传染性,这就为病人无需到麻风村进行隔离,只需"药物隔离"在家治疗创造了最有利条件。同时,这也是实行新防治办法的主要科学依据。此外,实行"药物隔离"在家治疗还可以大大降低防治费用。据统计,"药物隔离"在家治疗每年只需花费20—40元,而在麻风村(院)则需花费800—1 000元。

第三,尽早查明,将病人自报与医务人员发现麻风病人相结合。马海德对消灭麻风病的拳拳热忱与良苦用心书写在他的字里行间。1988年2月20日,马海德写了一封公开信——《请全体医生为消灭麻风尽一把力》。信中,他呼吁全国卫生厅、卫生局的领导同志能够召集下属和代管的医院院长及诊所所长召开麻风会议,并发布安排医生每年听半个小时的麻风诊断课的通知。此外,他还提出了一套奖罚制度,力争在麻风病人发病后第一、第二次就诊时能一个不漏地被诊查出来,医务人员如果发现一个麻风病人就发放报病奖,如果误诊则要进行通报。马海德对推动麻风诊断知识的普及,促进早期发现病人发挥了巨大的作用。

第四,隔离方式,从隔离治疗为主转变为院外防治为主。马海德认为,对麻风病人实施强制隔离是特定历史条件下的产物。在现有医药技术条件下,应当结合国情并积极创造条件,把麻风防治工作由院内转移到院外,进行社会性治疗。此外,新发现的病人不必再收入麻风村(院),可以进入普通医院治疗。而现有的麻风村(院)可以用来收容一些老弱病残、生活不能自理的病人,或因治疗产生严重反应或需要做外科矫形手术者[22]。

新中国成立后,经过30年的努力,麻风病患者的数量由50万人下降到15万人左右。

"马海德是完全的中国人。"[23]在毛泽东看来,马海德对党和中国革命事业的忠诚和无私贡献,表明他不仅是中国女婿,而且已经是一个中国人。

"五十年,不容易啊!"[24]在马海德来华工作50周年的庆祝会上,邓小平对马海德为中国革命事业作出的卓越贡献予以高度评价。

"无私无畏的国际共产主义战士,全心全意为人民服务的光辉典范。"1988年9月3日,中华人民共和国卫生部授予正患病在床的马海德"新中国卫生事业的先驱"荣誉称号。

1988年10月3日,马海德逝世,享年78岁。按照他的遗愿,他的骨灰被分成了三份:一份送回了他的美国家乡布法罗,一份撒向

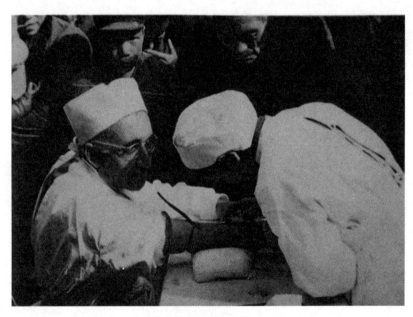

马海德亲自给牧民们做抽血示范

了流过延安的延河里,一份安葬在北京八宝山革命烈士公墓。

(撰文:苏琦)

注释

① 孟昭庚:《美国医生马海德的红色情结》,《党史纵览》2010年第4期,第16—19页。
② 孟昭庚:《美国医生马海德的红色情结》,《党史纵览》2010年第4期,第16—19页。
③ 韩赟:《抗战时期国际医疗援华研究》,天津商业大学硕士学位论文,2017年。
④ 韩赟:《抗战时期国际医疗援华研究》,天津商业大学硕士学位论文,2017年。
⑤ 张注洪:《国际友人在抗日战争中的贡献和作用》,《历史档案》1998年第3期,第113—120页。
⑥ 程楠:《慈善是需要一代接一代不断实践的事业——访全国政协委员、马海德基金会会长周幼马》,《中国社会组织》2016年第6期,第44页。
⑦ 孟昭庚:《美国医生马海德的红色情结》,《党史纵览》2010年第4期,第16—19页。
⑧ 杨敏:《八大胡同一夜销声——北京妓女的解放》,《老年教育(长者家园)》2013年第3期,第15—17页。
⑨ 穆玉敏:《1949:北京全面禁娼》,《人民公安》2003年第3期,第46—50页。
⑩ 穆玉敏:《1949:北京全面禁娼》,《人民公安》2003年第3期,第46—50页。
⑪ 沙博理:《马海德传》,郑德芳译,中国青年出版社1997年版,第115页。
⑫ 沙博理:《马海德传》,郑德芳译,中国青年出版社1997年版,第115页。
⑬ 方格子:《一百年的暗与光——中国麻风病降伏记录》,《江南》2015年第6期,第4—92页。
⑭ 方格子:《一百年的暗与光——中国麻风病降伏记录》,《江南》2015年第6期,第4—92页。
⑮ 董国强、邵京、王江南:《新中国成立以来麻风病防控与救治工作的历史回顾》,《中共党史研究》2013年第9期,第59—71页。
⑯ 董国强、邵京、王江南:《新中国成立以来麻风病防控与救治工作的历史回顾》,《中共党史研究》2013年第9期,第59—71页。
⑰ 窦应泰:《马海德:新中国卫生事业的先驱》,《党史文汇》2010年第4期,第4—10页。

⑱ 窦应泰:《马德海:新中国卫生事业的先驱》,《党史文汇》2010年第4期,第4—10页。
⑲ 窦应泰:《马海德:新中国卫生事业的先驱》,《党史文汇》2010年第4期,第4—10页。
⑳ 北洋君:《他为中国消灭麻风病做出巨大贡献》,《恋爱婚姻家庭(月末)》2019年第11期,第54—56页。
㉑ 沙博理:《马海德传》,郑德芳译,中国青年出版社1997年版,第182页。
㉒ 董国强、邵京、王江南:《新中国成立以来麻风病防控与救治工作的历史回顾》,《中共党史研究》2013年第9期,第59—71页。
㉓ 丁晓平:《马海德:第一个加入新中国国籍的外国人》,《党史博览》2012年第6期,第42—47页。
㉔ 华兹:《一位美国医生,一位"完全的中国人"——马海德传奇人生》,《国际人才交流》2010年第3期,第49—51页。

伊文思：追风的人

《风的故事》是尤里斯·伊文思（Joris Ivens, 1898—1989）的最后一部电影，影片完成半年之后，他就离开了这个世界。电影结尾，伊文思迎风伫立在新疆沙漠上，双眼深邃地遥望着远方，满头银发被风扬起。距离第一次踏上这片土地，已经过去了近半个世纪。在回忆录中，伊文思曾这样总结道："1930年在古朴的列宁墓前，此一程也。1980年在毛泽东纪念堂前，彼一程也。我在这两点之间，在历史中穿行往返：荷兰、比利时、美国、澳大利亚、捷克斯洛伐克、波兰、古巴、智利、越南和一切反抗凄惨、邪恶及奴役的人们所在的地方。"[①] "飞翔的荷兰人"一生都在为信仰而奔波，中国，是伊文思生命的彼岸。

一、摄像机如同武器

20世纪30年代，是萧条、危机与战争的10年。1929年，大萧条带来的经济混乱和大规模失业破坏了一战后短暂的和平与稳定，资本主义世界的各种矛盾不断激化，致使有些国家政府企图通过对外侵略扩张来摆脱国内危机。然而，在西方世界一团糟的时候，苏联开始实行社会主义计划经济，从一个以农业为主的落后国家迅速上升为世界第二大工业强国。伴随着对资本主义的失望，全球涌现了一批投身国际共产主义的左翼青年，伊文思正是其中一员。1937年秋，伊文思宣布他的下一部电影将在中国拍摄，那时，他还不知道自己的生命、信仰与追求将会与这个远东国度如此紧密地相连。

1898年，伊文思出生于荷兰的一个中产阶级家庭，他的父亲拥有专门出售照相器材的连锁公司"卡皮"（CAPI）。老伊文思在光学技术领域非常专业，卢米埃尔兄弟第一次在荷兰放映电影时，他就在现场，在这种家庭环境下成长起来的伊文思，从小便对光学器材产生了兴趣。

从鹿特丹市区高等经济学院毕业后，伊文思前往柏林学习摄影、化学，在这期间，他积极参加人民运动，和德国工人一起示威游行、为德国共产党运送禁映的影片、阅读列宁的早期著作，这些促使他慢慢接近共产党人和共产主义。

1926年，伊文思从德国回到故乡荷兰，在父亲的"卡皮"摄影公司里担任经理和技术部主任，开始对电影艺术产生兴趣。苏联导演普多金夫的《母亲》在荷兰被禁止公开上映，为了将这类影片放映给更多观众，更重要的是为了自己欣赏，伊文思和他的朋友们成立了"电影联盟"俱乐部，在接触的众多影片中，伊文思对先锋派代表的苏联电影尤为喜爱，并受其影响先后拍摄了《桥》《雨》等充满诗意的短纪录片。"电影联盟"在反对电影检查制度的斗争中，逐渐成为当时欧洲最活跃的电影团体之一。1929年，普多金夫来到荷兰参加"电影联盟"举办的电影演讲会，伊文思心怀崇敬地接待了这位艺术大师，并拿出自己拍摄的《桥》《暗礁》等请普多夫金批评，没想到获得大师宝贵建议的同时，还收到了前往苏联的邀请。

经过十月革命的苏联建立起社会主义体制，被很多左翼青年视为共产主义乌托邦。在苏联，伊文思结识了很多电影工作者，自己拍摄的电影也在各处放映,他的第一份职业是在摄影制造厂当工人,但苏联的工人有所不同,伊文思表示"自己从没看到过一群工人能够这般富有创造性地同政府和国家的文化生活打成一片"②。在与苏联工人阶级的接触中,伊文思坚定了自己的无产阶级信念,这直接改变了他未来的创作方向与创作风格。

1933年,比利时西南部博里纳奇煤矿工人举行大罢工,积极参加罢工的工人被列入比利时煤矿的黑名单,比利时进步纪录电影工作者亨利·斯笃克邀他一同拍摄这个地区的情况,他们不断受到当局的阻挠,不断更换旅馆,最终在矿工的帮助下秘密拍摄了纪录片《博里纳奇矿区》。该片是伊文思的第一部"考虑问题"的影片③,是他人生重要的转折点:拍这部影片之前,他专注于电影美学,之后他选择加入工人阶级的事业,将手中的摄像机作为战斗的武器。从此,伊文思从"电影诗人"转变为"电影战士",希望通过电影使人们行动起来。

1937年,西班牙内战爆发,伊文思带着摄像机奔赴西班牙战场,他希望将拍摄的电影拿到美国上映,借以筹款去支持西班牙人民的事业。在那里,美国作家海明威也加入了伊文思的摄制组,协助搬运摄影器材。这是伊文思有生以来第一次亲历战争,目睹毁灭和死亡,甚至很多次他自己也与死亡擦肩而过。在去前线的路上,他并不平静,但也不恐慌,因为他非常清楚自己在做什么:"我参加了一场人民战争,在这场战争中,我站在了人民的一边。"④《西班牙土地》上映之后广受赞誉,伊文思也收到不少关于纪录片"客观"问题的讨论,有人问他为什么不去另一方拍一部更"客观"的影片,他坚持纪录片应该充分体现出拍摄者主观、真实、坦率的看法,客观并不是必须的。针对诸多质疑,伊文思回复:"一个纪录片摄制者对于法西斯与反法西斯这样重大的问题,一定要有他自己的看法,我

伊文思（左）与普多金夫（右）在莫斯科

海明威和伊文思（右一）在西班牙拍摄《西班牙土地》

的信仰和我的工作应该是统一的,假如失去了这种统一,我就会改行干别的工作。"⑤离开西班牙不久,伊文思又来到了世界上另一个反法西斯的战场——中国,去支持中国人民的抗日斗争事业。

二、四万万人民的抗战

1937年,日军在北平附近挑起卢沟桥事变,抗日战争全面爆发。在太平洋另一边的美国,《西班牙土地》的一些创作者提议去中国拍摄一部战争纪录片,某种程度上可以作为《西班牙土地》的续集。关于西班牙内战的纪录电影取得了不错的国际反响,让越来越多人对共产主义运动深感同情,伊文思希望将中国介绍给美国人,让更多人知道在远东进行的这场战争,知道它与西班牙人民抵抗侵略者的战争有着同样性质。抵抗日本侵略对苏联也至关重要,伊文思怀着这样的信念:每一位共产党员,无论他置身何处,都有义务和责任保卫第一个社会主义国家。⑥

中国之行大概需要5万美元,筹集资金的过程并不顺利。一开始,伊文思联系了在好莱坞的一些中国商人和艺术家,以及中国援助委员会和国民政府大使馆,但都以失败告终。他接着将希望寄托于投资拍摄《西班牙土地》的"当代历史电影公司",但几乎没有成员对此有兴趣。幸运的是,这项摄制计划最终得到了几位纽约爱国华侨的帮助。

在去中国之前,伊文思对这个国家了解甚少:"我只知道它是一个大国,有着自己的文明、文化、历史和象形文字。至于谈到中国的政治生活,我的知识同任何一位进步知识分子的知识所差无几。我读过安德烈·马尔罗所著的《人类的命运》和斯诺的《红星照耀下的中国》,仅此而已。"⑦这时候,这趟中国之行的意义,仅是一次支持共产主义信仰的探险行动。

1938年1月下旬,伊文思从旧金山出发,与约翰·费尔诺(负责摄影和协助导演)和罗伯特·卡帕(负责摄影)两位摄制人员在香港会合。在那里,他们见到了宋庆龄女士,她是伊文思一生中所遇到的最杰出的女性之一。宋庆龄向伊文思介绍了中国抗日斗争的情况和整个历史,并给宋美龄写了一封信引荐伊文思。告别时,宋庆龄对他们即将进行的拍摄表示了信任与支持。同年,宋庆龄女士发起成立了保卫中国同盟并担任主席,确立了"保盟"在现阶段抗日战争中的目标是:鼓励全世界所有爱好和平民主的人士进一步努力以医药、救济物资供应中国。伊文思返回美国之前,前往香港拍摄了宋庆龄女士的一个镜头,希望以此展现中国人民的尊严与精神。

一周之后,伊文思一行三人飞往国民政府新的所在地——汉口,因宋庆龄的引荐,宋美龄邀请摄制组到蒋介石的官邸喝茶,她给伊文思的印象是一位妩媚动人、精力充沛的妇女。他们还见到了蒋介石,蒋介石听了他们的拍片计划后,并没有表态。蒋介石的副官黄少名义上将会适时给予他们帮助,实际上,他担负着监视此次拍摄的任务。因为每个来到中国的外国摄制组都会受到监督,之前西方的商业制片公司曾拍过丑化和侮辱中国人的内容,国民政府希望维护自身的形象,因而会控制商业拍摄行为。伊文思感到非常无奈:"我曾跟蒋介石夫人解释过我们此行来中国的目的完全被误会了,他们认为我们要拍的影片是一种商业冒险,因此,我们不得不遵循此前在中国拍摄电影的外国公司必须遵循的程序。"⑧

在汉口的四个星期,被伊文思视为一场争取自由行动和到前线去的战斗。恰逢台儿庄战役局势越发紧张,伊文思坚持认为他们必须立即前去拍摄,于是与黄少将一方展开了多次谈判与交易,过程并不顺利,有段时间他们甚至无望地整日去酒吧消磨时光。

4月1日,伊文思和他的同事们终于得到准许乘火车奔赴前线,几番辗转,距离前线越来越近,列车行驶途中所有的灯都被关灭,远处的密集枪声不断响起。4月4日,他们到达几百里之外的目的地——台儿庄,第三十军的孙连仲将军在这里建立了他的战地指挥部,他将整个前线情况向他们作了介绍。战役的战线很长,农民在白天依旧下地干活,战斗双方远距离交火,时不时有炮弹在田地里爆炸。战区将领喜欢跟远道而来的客人们一起打扑克、喝茶,有天晚上,伊文思和费尔诺给大家表演了荷兰民歌,大家还一起唱了一首刚学会的中国战歌《起来》。

4月6日,经过六七个小时的激烈夜战,日军被赶出台儿庄和他们的阵地,这是抗日战争开始以来,中国军队取得的重大胜利。伊文思一行和记者们进入战后的村庄,这里一片死寂,有三个老太太缩作一团,其中一个以为他们的摄像机是一支枪,所以当镜头对准她时,她们三个人忙拿手遮住了脸,大声喊叫起来,求他们饶命⑨。随后几天,伊文思一行都在台儿庄进行拍摄,也包括后方战士们的操练。战役结束后,原先的居民们开始陆续回到他们破碎的家园,伊文思用镜头记录下一批批回家的人们。有受伤农民一家让他印象深刻,这是一家八口,父亲的上臂和肩膀都受了伤,日本人强迫他去运军火,当中国军队逼近村庄时,日本人离开之前竟向坐在家门口的他扔了一颗手榴弹,炸开的弹片飞到了他的手臂上⑩。伊文思希望记录下普通民众的一张张面孔,在中国,坐在地上的每个人都代表了其余成千上百万人的遭遇,他们悲痛,但仍有着争取自由与求生的愿望。

在拍摄了村庄里的悲惨景象以后,他们都深深地被震动,对日军的行径也越发愤慨,在伊文思看来:"正是这股力量,几个月后使他坐在纽约剪接室里独立处理所有这些影片素材,把它们塑造成一个艺术品,使每一个观众都能很清楚地明白你想表达些什么。"⑪

　　伊文思原来设想到延安去,拍摄华北敌后八路军的游击战,这时候的延安吸引了很多支持抗日的爱国青年,他在路上常常碰到三五成群往北走的大学生,连村庄的墙上也都写着标语"到北方!"但是,伊文思显然低估了中国政治局势的复杂程度,可能因为了解他的政治倾向,国民政府方面强烈反对他到共产党根据地去拍摄。尽管花费了很多工夫来谈判,国民政府也只同意他们去西安,不能再继续北上延安。来自汉口的压力不断施加在伊文思身上,5月11日,他收到一封电报,让他取消所有安排立刻返回汉口。伊文思回电报说他还有任务在身,而且还提交了一份要去长城拍摄的申请以试图瞒过审查而奔赴延安,但最终也没有实现,他只得转道兰州,拍摄了另一段长城的空镜。

　　伊文思为去延安作了不少努力,撰写了拍摄的具体方案,还在汉口时,在"八路街"的办公室里,伊文思兴奋地同周恩来详细讨论了他的计划。周恩来是共产党代表,也是国民政府军事委员会的成员。他本打算当伊文思团队途径西安时,准备一辆卡车带他们去延安,但为了避免危害国共合作,最终决定取消延安之行。伊文思绝望了,望着前方辽阔的土地,自己却被迫止步不前。所幸在八路军武汉办事处,伊文思拍摄下了周恩来、叶剑英介绍共产党指挥的军队和解放区人民在敌后抗击日本侵略者的斗争形势的历史场景。

　　伊文思深知:"延安的中国人与世隔绝,孤立无援,需要用电影画面来表现他们,尽管北京和上海的电影工作者已在山区和毛泽东会合,但他们什么事也做不了,他们一无所有,既无胶片也无摄像机。"⑫为了弥补遗憾,在返回汉口前一晚,伊文思以摄制组有事为借口打发走了监视者,趁天黑溜出旅馆,把一台跟随他多年的摄像

伊文思在讨论《四万万人民》的拍摄工作

机和数千尺胶片，秘密交给了左翼摄影师吴印咸，希望借他之手转赠给延安电影团，这台摄像机曾跟随伊文思记录了徐州会战和台儿庄大捷，留下了中国抗战宝贵的影像史料。这是延安电影团拥有的第一台摄像机，在以后的革命岁月里，它拍下了中国共产党的第一部纪录片《延安与八路军》，记录了毛泽东、刘少奇、周恩来等共产党第一代领导人的革命活动及延安的生活片段。曾亲手使用过伊文思摄像机的电影团老摄影师鲁明，抗战时曾任战地记者，他回忆起自己第一次见到这台摄像机，是1946年在延安电影学员班。这是一台35毫米摄像机，它只有一个标准镜头，不能调整焦距，却是当时唯一的教具，可以说它培养了新中国的很多摄影师，影响了一个时代。[13]

在香港拜访宋庆龄女士之后，摄制团队完成了拍摄任务，比之前伊文思预计的时间多了三个月。一行人返回美国，在好莱坞开始了剪辑工作。伊文思对初剪版的质量并不满意，除了台儿庄战役部分，其余部分由一些没有联系的资料汇编在一起，同时缺少一个角色建构叙事线。但纪录片《四万万人民》最终于1939年7月在美国纽约正式发行，向世界宣传了中国人民抗击日本法西斯的英勇斗争。

三、早春里的信仰疗愈

1946年，伊文思秘密拍摄了纪录片《印度尼西亚在召唤》，正面表现了当地海港工人针对荷兰军队的罢工事件。离开澳大利亚时，伊文思站在甲板扶手边，撕下《十佳电影剧本》杂志的封面，分成两半，把两边对齐组成了印尼共和国的红白旗[14]，表达了自己对印尼独立的强烈支持。在自己的祖国和其殖民地印度尼西亚的独立之间，伊文思选择了支持第三世界被压迫的人民，因为这部电影，他被荷兰驱逐出境长达数十年。但他没有停止自己的脚步，1947年起，东欧与西欧的关系恶化，伊文思加入了东欧《最初的年代》的拍摄计划，展现了保加利亚、南斯拉夫、波兰、捷克斯洛伐克四个年轻的社会主义国家的建设成就。

1956年，斯大林去世三年后，赫鲁晓夫在苏共二十大上作了冗长的秘密报告，批判了斯大林党内政治生活中的种种错误。仅仅两个多月，这份秘密报告不再是"秘密"，在国际社会引起强烈反应，斯大林作为世界共产主义运动领袖形象崩塌，不可避免地冲击了国际共产主义运动，各地共产主义组织走向分化。同年10月，同为社会主义阵营的匈牙利发生群众游行，苏联两次出兵镇压，造成几千人死亡、20余万人流离失所。苏联坦克碾破了共产主义的乌托邦，让国际社会上很多共产主义同情者感到愤怒与失望。

作为左翼知识分子的伊文思，曾对苏联有着万分向往，可以说，斯大林时代的苏联引导了他的社会主义信仰。伊文思不愿完全接受赫鲁晓夫是正确的，他骨子里的乐观主义使他对这条道路充满信心，因此也与一些好友产生政治隔阂。但疑惑与裂隙也就此在心中埋下，于是，他选择放慢自己前行的脚步，拍摄了一些没有太多政治意味的影片。"作为对东方发生的事情的反抗，我拍了《塞纳河畔》"，这部寻找青春诗意的电影获得了当年的戛纳电影节大奖。

在这段信仰动摇的时期，伊文思发现了新中国。《四万万人民》问世18年后，他重返中国，这时候，中国正在全面建设社会主义，为实现"一五"计划艰苦奋斗。看到中国城乡所发生的翻天覆地的变化，他感到由衷喜悦。到访期间，伊文思参观了由延安电影团演变而来的颇具规模的中央新闻纪录电影制片厂，并在两年后，愉快地接受了新影厂的邀请，成为该厂的艺术顾问，在中国授课，向中国的电影工作者传授他的艺术观念和视听理论,并亲身指导拍摄。为提高影片艺术质量、培养创作人才,伊文思积极地做了许多工作,他总是强调身体力行的原则:"作为艺术家,必须遵循深入到群众中去的法则,因为,是人民在影片中出现。"⑮在制片厂,他还建议员工们"创造一种艺术的有创造性的氛围",来避免出现行政或官僚的气质,并鼓励他们注重质量而不只是"追求原计划的胶片使用长度"。

这位荷兰纪录片大师受到中国的热情欢迎。在北京,伊文思分别受到国家主席刘少奇、总理周恩来、副总理陈毅以及中国文联副主席郭沫若和文化部长茅盾等人的接见,在中国政府的委托下,伊文思应邀拍摄一部电影。从一次偶然听到的广播里得到灵感,伊文思决定以《雪》为名,通过拍摄中国各地在雪中的活动,表现社会主义新人的生活⑯。他选择与中国电影工作者共同完成该作品,这可以使他们学习和积累更多电影拍摄经验。在工作中,因为语言不通,交流起来会有困难,但伊文思工作时总是那样兴致勃勃,他一面讲一面用手势表达他的创作意图。在内蒙古的拍摄是在零度以下完成的,每次拍片前,伊文思都要进行大量的调查研究,他总要到生活中,像朋友一样和拍摄对象通过谈话互相了解,回来写出拍摄提纲。《雪》的拍摄从无锡附近的渔村开始,表现在上海工作的人回到家乡,农民唱戏、舞龙来庆祝新年,接着转移到南京,农民准备春耕,而北方的孩子还在雪中游戏,骆驼队迎着风雪艰难行进。这部纪录片后来定名为《早春》。

对于伊文思来说,《早春》是一次信仰疗愈,他把这次拍摄与苏联之行相提并论:"我明白,我对年轻的社会主义中国的访问和我在这个国家的工作,就像伟大的十月革命15年之后的30年代我在苏联的旅行和生活是一样重要的。"⑰

1957年伊文思再次来到中国,与时任北京电影学院副院长的吴印咸相见

1958年伊文思在指导拍摄《早春》

四、"文革"历史中的有情与无情

"文革"期间,中国与伊文思几乎切断了联系,但他始终关注着中国,阅读一切能读到的相关报道,所以当1971年初,伊文思突然收到来华邀请的时候,他惊讶的同时又欣喜无比。在与周恩来的会面中,周恩来建议这位老朋友拍一部关于中国的电影。这正应伊文思心中所想,因为他也好奇"发生了什么,这场'文化革命'的现实及深远意义是什么"[18]。"文革"使中国在国际上刚刚建立起来的形象陷入低谷,为了挽回国际声誉,中国开始向世界传递出开放的信号,拍摄纪录片就是一种方式。

西方观众关于中国的想象是贫瘠而零散的,之前也有国外电影工作者来到中国拍纪录片,但他们像观光客般地记录中国,并没有与拍摄对象进行亲密的交流。伊文思回忆起当时国际社会对中国的刻板印象:"人们头脑里老一套的原始想法十分强烈,什么'黄祸',什么中国人是'清一色穿灰衣服的人群',什么'没有个性的蓝色蚁群'"[19],这部电影的主要目的就是促进西方观众对中国的了解。

为了筹集经费,伊文思和他的法国女友兼合作伙伴罗丽丹回到法国,并在欧洲进行了一系列有关中国之旅的报告会,征集了观众提出的200多个问题,了解到西方人对中国政治、社会、文化等方面的疑惑与偏见。1972年,他们再次返回北京,开始摄制工作。伊文思有意培养中国的纪录电影工作者,于是,在新影厂进行前期筹备工作的同时,他们也从中挑选人马。摄制组在广阔的中国大地安营扎寨,记录了"文革"时期中国社会的风貌,拍摄范围西至新疆,东到上海,北至东三省,南到广州。他们以参与者的身份,长期而深入地观察不同地区与不同群体的生活,试图让中国人自己说话。每到一个地方,

伊文思(中)和罗丽丹(左)在讨论《愚公移山》的拍摄工作

伊文思总是先深入生活,与拍摄对象交谈,先熟悉起来和他们成为朋友,再进行拍摄。《愚公移山》剧组摄影师杨之举谈到伊文思对摄影的要求时说:"他要求摄影机不是旁观,要参与到事件当中去。这不同于我国拍摄纪录片用支架拍摄,而后把镜头推上去。《愚公移山》基本不上架,除非拍空镜头、拍外景上架,全是扛着摄影机过去,是摄影机移过去而不是把镜头推上去。"[20]在拍摄中,伊文思觉得要全面反映中国,就应该去西藏拍摄,因此多次提出请求,考虑到伊文思年事已高而且患有哮喘病,中央没有批准他的请求。伊文思非常不安地对他的翻译说:"陆,去问问你们的中央,党中央他是要一个活着的不革命的伊文思,还是要一个死了的革命的伊文思?"[21]

片名《愚公移山》,源自一个古老的中国寓言,伊文思随身带着的《毛泽东语录》里面收录了毛泽东在中共七大作过的一篇演讲,将中国共产党自比为"愚公"。《愚公移山》长达12小时,共12集,完成于1975年,当它于1976年开始在欧洲放映的时候,中国宣告"文革"结束,使得这部系列电影成为那个特定时代重要的历史见证,这不仅仅是指它的时代内容,更是因为它包含了伊文思对这个特定时代所涉及的具体内容的独立观察和思考[22]。在复杂的斗争环境下,伊文思始终忠于自己的感受,并尽一切努力保持拍摄的独立性,试图摆脱各种外部因素对拍摄与剪辑的干涉。

1974年中期,伊文思和罗丽丹一回到法国就开始剪辑120小时的素材。1975年初,他们带着剪辑完成的7集影片来到北京放映,遭到了"四人帮"的不满与批评。此次中国之行很不愉快,但动身回国的那天却让伊文思热泪盈眶,他在事后回忆这段经历时,感慨地写道:"出发那天,四十多位朋友来到机场为我们送行。全体摄制组成员都来了。他们在北京成了'愚公帮',我一生中从未见过如此动人的告别场面,怎能想到它竟发生在社会主义的中国!四十多个送行的人一直走到不能再往前走一步的地方,他们聚集在舷梯下,用双臂紧紧地拥抱我们,和我们告别,大多数人落下眼泪,我们也无法控制自己。大家都清楚,他们将再度面临大狱,我们再也不能相见了。这就是中国之行给我留下的最后一个印象:四十双目光,四十双高举的双臂,一片摇动飞舞的手绢,机舱门就这么关上了。我们带回了《愚公移山》——这部当权者不愿看到的记录中国的影片。"[23]

《愚公移山》在巴黎的发行十分困难,在遭遇几家法国电影发行公司的拒绝之后,伊文思决定通过自己的卡皮公司发行此片。发行放映该片几乎占据了他们随后几年的时间,所有商务联系、宣传工作,全靠伊文思和罗丽丹自己筹备。1976年,影片终于在巴黎的四家小影院首映。在冷战年代,《愚公移山》让西方观众看到了地球另一端封闭已久的中国,许多国家争相购买拷贝和电视播映权,播映后影片受到评论界的广泛好评和观众的热情欢迎,大体的评价是:电影摄制者深入到中国日常社会生活的各个方面去拍摄,而并没有将他们自己的政治同情明显地渗入影片中[24]。

然而,随着"四人帮"瓦解,"文革"被揭露是一场灾难和浩劫,但却在《愚公移山》中得到了正面展现。《愚公移山》一夜之间被贬为虚假的政治宣传片,里面的内容都是经过排演编撰的。伊文思的亲华立场遭到许多攻击,指责他同"四人帮"勾结宣扬"文革",这位闻名世界的纪录片大师被西方媒体抨击为"骗子、宣传家、中国疯子、盲目的共产主义者",一位荷兰政客甚至称伊文思就是"荷兰的里芬施塔尔"[25]。因为这部影片,他们在欧洲长达10年找不到工作,生活极为拮据,作为一个用电影表达思想的电影艺术家,伊文思无法躲避时代的政治风暴。

尽管如此,伊文思与中国的关系依然密切。1977年底,伊文思夫妇再次来到北京,《愚公移山》的中国首映礼也在12月29日举行,这正好是该片于巴黎首映后的一年十个月。1978年1月,两人又受到了当时的中共中央主席华国锋的接见。不久之后伊文思又拜访了邓小平,并一起喝茶会谈。有记者担忧中国的政治斗争会使中国步苏联后尘,伊文思在1978年接受访谈时说:"我不能预言将来会发生什么,中国人民自己会决定的。我同中国人民在感情上连在一起。我看到的是道德和伦理正伴随着中国的发展,这在苏联仅在早期存在过。我看到的是,有一个诚实和坦率的愿望,这是苏联所没有的。"[26]

1978年,伊文思被聘为中华人民共和国的电影顾问。在81周年诞辰之际,中国在北京饭店为他举办了一场盛大的生日宴会,邀请了不少四十多年来同他工作过的同事和朋友,伊文思激动万分,自1938年以来的往事历历浮现在他眼前,他不停地起身同朋友们握手、谈笑。

五、追风的人

《愚公移山》首映时,伊文思已经77岁了,就在影片上映的那几个月,他两度赴靠近布朗克山的拉克吕萨休养了三个星期。在影片的剪辑过程中,他就曾支气管炎复发,放下工作疗养了十天。他饱受健康问题的摧残,愈发虚弱的身体让他无法再继续拿着摄像机工作。尽管如此,伊文思一直心念着中国,在给好友司徒慧敏的信中,他多次提到不久将前来中国筹备拍摄新片,感慨自己对中国人民能做的和做过的贡献太少了,只要健康情况许可,还要为中国电影工作做许多事情[27]。

《风的故事》是伊文思60年电影生涯的最后一部作品,决定拍摄时他86岁,拍摄期间,他突患严重肺炎并多次复发,拖着病躯到影片完成时已经90岁了。20世纪80年代,中国开始探索改革开放,社会发生剧烈变化,各种思潮、思想和观念在国内激荡,"姓资姓社"在内的各种争论声音也是此起彼伏。伊文思也许感到困惑,于是选择回归电影诗人身份,再次来到中国,拍摄一部与政治、革命无关的电影。在最初的构想中,这部影片将由两部分组成:第一部分是通过风这个既是自然的、又具有社会和哲理含义的现象,向西方世界展现中国人民的历史、文化、艺术,所以伊文思在电影里使用了很多中国文化中的意象,比如太极、嫦娥、孙悟空。第二部分拍摄伊文思追寻风的过程,介绍一个自1938年起就同斯诺、白求恩等人一样把自己生命与中国人民紧密联系在一起的人[28],这部电影也因而带有自传特征。

伊文思追着风去过世界上很多苦难与抗争的地方,哪里有革命就去哪里,他用手中的摄像机记录下了这个时代的风暴,也曾被风暴所伤害。1938年,他第一次来到中国,拍摄了纪录电影《四万万人民》,为中国抗日战争的国际宣传提供了有力支援,也为我们留下了中国革命宝贵的影像资料。之后的几十年,世界时局动荡,但伊文思始终以饱满、真挚、无畏的情感对待中国和中国朋友,为世界了解中国做了许多工作,这些工作和贡献超越国别、阶级与意识形态,我们在今天回望伊文思与中国的故事,仍然会感动不已。

1989年6月28日,伊文思在巴黎去世,留下了比他小30岁的妻子罗丽丹,继续着他们的事业。

(撰文:杨悦言)

注释

① 罗贝尔·戴斯唐克、尤里斯·伊文思:《尤里斯·伊文思或一种目光记

② 尤里斯·伊文思:《摄影机和我》,沈善译,中国电影出版社1980年版,第44页。
③ 克莱尔·德瓦里厄:《尤里斯·伊文思的长征》,张以群译,中国电影出版社1980年版,第25页。
④ 克莱尔·德瓦里厄:《尤里斯·伊文思的长征》,张以群译,中国电影出版社1980年版,第105页。
⑤ 克莱尔·德瓦里厄:《尤里斯·伊文思的长征》,张以群译,中国电影出版社1980年版,第125—126页。
⑥ 汉斯·舒茨:《危险地活着:伊文思传》,孙红云、黎松知译,新星出版社2018年版,第68页。
⑦ 罗贝尔·戴斯唐克、尤里斯·伊文思:《尤里斯·伊文思或一种目光记忆》,胡滨译,载《理论与批评:电影的类型研究》,中国电影出版社2007年版,第12页。
⑧ 汉斯·舒茨:《危险地活着:伊文思传》,孙红云、黎松知译,新星出版社2018年版,第177页。
⑨ 尤里斯·伊文思:《摄影机和我》,沈善译,中国电影出版社1980年版,第149页。
⑩ 尤里斯·伊文思:《摄影机和我》,沈善译,中国电影出版社1980年版,第151页。
⑪ 尤里斯·伊文思:《摄影机和我》,沈善译,中国电影出版社1980年版,第155页。
⑫ 罗贝尔·戴斯唐克、尤里斯·伊文思:《尤里斯·伊文思或一种目光记忆》,胡滨译,载《理论与批评:电影的类型研究》,中国电影出版社2007年版,第21—22页。
⑬ 张悦:《伊文思:电影大师与中国的传奇故事》,《中国艺术报》2008年12月2日。
⑭ 汉斯·舒茨:《危险地活着:伊文思传》,孙红云、黎松知译,新星出版社2018年版,第266页。
⑮ 转引自钱筱璋《我的亲密战友》:http://www.cctv.com/cndfilm/history/200503/200503-wen1.htm。
⑯ 张同道:《一位电影人和一个国家的传奇——伊文思与中国50年》,见孙红云、胥戈、基斯·巴克:《伊文思与纪录电影》,吉林出版集团2014年版,第320页。
⑰ 尤里斯·伊文思:《摄影机和我》,沈善译,中国电影出版社1980年版,第297页。
⑱ 尤里斯·伊文思:《摄影机和我》,沈善译,中国电影出版社1980年版,第

324页。
⑲ 克莱尔·德瓦里厄:《尤里斯·伊文思的长征》,张以群译,中国电影出版社1980年版,第18页。
⑳ 孙红云:《两个"中国"》,载《伊文思与纪录电影》,吉林出版集团2014年版,第70—71页。
㉑ 见纪录片《伊文思眼中的中国》第5集陆颂和的回忆。
㉒ 吕新雨:《我想将你们尽可能地引向远方》,《读书》2014年第4期,第139页。
㉓ 汉斯·舒茨:《危险地活着:伊文思传》,孙红云、黎松知译,新星出版社2018年版,第412页。
㉔ 汉斯·舒茨:《危险地活着:伊文思传》,孙红云、黎松知译,新星出版社2018年版,第413页。
㉕ 里芬施塔尔:德国女导演,曾为纳粹拍摄过多部纪录片,是20世纪最有争议的人物之一。
㉖ 克莱尔·德瓦里厄:《尤里斯·伊文思的长征》,张以群译,中国电影出版社1980年版,第19页。
㉗ 司徒慧敏:《伊文思和中国情》,载《伊文思与纪录电影》,吉林出版集团2014年版,第292—293页。
㉘ 胡滨:《寻求真理和自由的目光——怀念若里斯·伊文思》,《电影艺术》1991年第3期,第45页。

乔治·何克：在中国大地上放声高歌

2008年,电影《黄石的孩子》上映,在影片的结尾,中国游击队队员陈汉生(周润发饰演)、外国护士丽和一个外号为"老四"的小孩子坐在一座坟墓前。面对长眠于此的逝者,外号为"老四"的孩子轻轻地说:"我长大了我不会尿床了,狼来了我会把它赶走。"墓碑周围被大雪覆盖,镜头切换到全景后,可以看到屋顶上、树枝上、山谷里全变成一片雪白,天地间此刻显得无比寂静,正如墓主人一向的风格——不善于宣扬自己,总是朴实、简单而又纯粹。

2020年,故事里这位英年早逝的主人公离开我们整整75年了,在这75年里,他的名字极少被人谈起,甚至关于他的书籍也少得可怜。他轻轻地来,又悄悄地走,正如雪花悄悄亲吻了一下挚爱的大地。他的人生意外地停止在30岁的这一年,他把满腔热忱永远地留在了他所热爱的中国大地,把一生留给了他所热爱的中国人民。

他,就是英国记者、中国两所培黎学校校长、中英人民友谊的纽带和象征——乔治·何克(George Hogg,1915—1945)。

一、从哈彭登到牛津

1915年,乔治·何克出生于英国哈彭登的一个中产阶级家庭,

乔治·何克

何克是他的中文名。他是家中最小的孩子，父亲罗伯特经营着一家名为"霍格和他的孩子们"的裁缝店，在当地小有名气。何克从6岁起就接受家庭教师的辅导，到10岁那年被送往位于瑞士日内瓦河岸的格兰德中学学习，也是从那时候起，他开始正式接触和平主义教育。这是一所特立独行的学校，学校处处洋溢着自由民主的氛围，旨在打破一切年龄、性别、阶级、国籍的隔阂，学校所有的教职员工都会和学生一起劳动。

学校每周召开一次例会，在会上学生可以自由批评老师乃至校长，对何克来说，这是个具有革命性的主意，在小乔治的心中撒下了民主和平等精神的种子。这种精神甚至影响到了何克成年后的行为，日后当何克担任中国培黎职业技术学校校长职务时，也经常召开类似的大会，他还在学校设立学生自治委员会，让学生进行自我管理。

之后，何克来到圣·乔治学校上学，在学校里，凭借着出色的运动能力，他在校园内崭露头角，继而成为全校的风云人物。他的老师写道："我看出他将来是大有希望的，因为我感觉到他身上蕴藏着巨大的力量，而且有着崇高的生活目的。他毫无傲气，而是真正的谦虚。他缄默而无矫饰，但在年级里的影响力却是最大的。我很高兴地观察到，在他走后的很多年里，新的一代的级长们仍然显露出他们无意中从乔治身上学来的一些特点。"①

在圣·乔治学校，何克保持着优异的成绩。1934年夏天，19岁的何克来到牛津大学的瓦德汉学院求学，在此学习经济、政治和哲学，他逐渐成为一名充满自信的年轻人。何克在牛津度过了非常快乐的时光，他加入了学院橄榄球队并成为队长。他还经常参加学院的莫里斯·博拉教授举办的各类社交聚会。

此时，西班牙内战即将爆发，德、意、日加紧法西斯主义结盟，而国际联盟对此采取"绥靖"政策,欧洲处在大战之前的短暂和平期。在牛津大学,学生们常常就国际格局在校外的酒吧里展开激烈的辩论,校内还是一派和谐的景象。据何克回忆,在牛津的日子充满着烧毁厕所里的抽水马桶的恶作剧和在篝火前烤松饼的乐趣,还有争当橄榄球队勋章选手的艰苦训练,这是他青年时代的快乐回忆。

在牛津的日子将他从压抑的家庭生活和严肃的求学生涯中解放出来,让他成为一个"有独立见解的个体"。但是,牛津大学并没有教会何克如何面对世界的残酷,在平静的象牙塔生活之外,法西斯主义的阴云笼罩着世界,整个世界处于一触即发的战争边缘。在离牛津八千多公里之外,中国人民正在遭受着日寇的侵犯和屠戮。当时年轻的何克没有想到,自己的命运将会和远在千里之外的中国紧紧地捆绑在一起。

二、横穿美国的牛津青年

从小在外求学的经历造就了何克独立、有主见的性格。1937年,何克即将从牛津大学文学系毕业,在这之前,他感觉广阔的世界正在向自己打开。1936年的暑假,何克带着少量现金,和一位学者一起以搭便车的方式穿越欧洲,深入他们既熟悉又陌生的中欧和南欧。

何克的姑姑穆里尔·莱斯特穆里尔从小就信奉"和平主义哲学",且一生都是坚定的和平主义者,小乔治从小便深受这种思想的影响。1937年,何克决定和姑姑周游列国,他认为不应该放过这次了解远东和美国人民生活的好机会。

在美国,由于旅费有限,何克采用搭便车的方法旅行。何克认为摩天大楼只能引起人民的一时注意,要想真正了解美国人民,还需要和底层的民众接触。这种接地气的方式让他有了广泛接触美国人民的机会。在路上，他遇到过形形色色的人，如醉汉、青年学生、商品推销员、自由职业者、卡车司机等。搭便车常常会遇到一些让人扫兴的事情，有时会发现汽车主人喝得酩酊大醉，接着何克便不得不在乘坐醉汉的车和长途跋涉之中做出选择，另外，当他在车上偶遇一些年轻的姑娘和青年学生，听着他们谈论最新的足球比赛，何克又会觉得车里满是快活的空气。

何克和偶遇的人们的交谈产生了许多有意思的观点碰撞。何克和商品推销员谈论罗斯福新政，倾听他们对经济萧条的抱怨。有一次，在美国南部，一位好心的司机帮助何克联系搭车事宜，接着带他去加油站。在加油站稍作休息之后，从傍晚等到晚上十点，何克还没等来接他的车。何克无处可去，只能返回警察局，警察给了何克牢房里的一个干净的铺位休息。到了第二夜，何克来到了亚拉巴马州的一个小镇，把前一夜在牢房过夜的奇遇告诉当地警察，于是，当地警察把何克交给一位阴险恶毒的警卫班长，派专车"请"何克体验一下他们的牢房。

警卫班长两颊深陷，手里拿着钢管，何克形容"他的脸几乎和钢管一样冷酷"，他指着肮脏的牢房里一堆散发着臭味的破旧毯子，对何克道了晚安。

据何克自己估算，他搭乘汽车走过的旅程足足有5 500英里，何克在美国见识到了不同种族和肤色的人的生活，让他对美国的风土人情有了进一步的了解，极大地增长了他的见闻。除了和各色人物打交道，何克还重点考察了美国的各类合作社，他曾在美国得克萨斯州的萨姆·富兰克林合作社农场待过一段时间，这个合作社的社员既有黑人也有白人，他们共同经营并分享合作社给他们带来的利益。在姑姑的介绍下，何克来到美国南部密西西比州的三角洲合作农社,在那里,黑人和白人佃农一起工作,一起偿还债务,并购买他们自己的土地。在那里,何克看到自己信奉的和平主义正在变为现实,进一步坚定了自己投身合作社建设的想法。

在路上,何克偶遇了美国圣经协会的莱西博士,剩下的1 600英里路途,何克都和他一路同行,并终于在旧金山码头顺利地和他的姑姑团聚,接着他们又踏上了前往日本的旅程。

但是,日本的景象却和美国大相径庭,何克先来到日本横滨,接着来到港口城市神户。他被带去参观合作银行、合作农场、合作餐馆以及商业花园。何克成了著名的社会改革家和宗教领袖贺川丰彦博士（Dr. Kagawa）的客人,参观了贺川博士在日本推行的合作社。贺川博士是激进的和平主义者,为帮助贫苦老百姓,他积极倡导建立了信用、生产、消费等多种类型的合作社。

但何克敏锐地发现,在日本朋友展示的繁荣的现代文明背后,军国主义和专制主义正在这个现代国家迅速膨胀。但是,与之不相匹配的是,人民的言论自由权却处处受限,政府严禁人民提出反对意见,大众媒体成为政治权力的"传声筒",激进的民族主义思潮在各个阶层中蔓延,人民仿佛喝醉了似的沉浸在政府描绘出的扩张美梦中,迟迟不愿醒来。

在何克到达日本的时候,日本已经占领了中国东北的大片领土,并在中国建立了伪满洲国政府,中国华北乃至中国全境都笼罩在巨大的危机之中。

对此,日本朋友轻描淡写,只将其美化为日本帮助中国"文明开化",促进"共同繁荣"的友好之举。何克无奈地发现,自己身处于一个外表和内在处于巨大撕裂中的国家,现代化的技术和文明成果,并没有成功改造这个国家狭隘的民族优越感和侵略扩张的野心,反而成为日本的制造帝国扩张的助推器,何克发现自己正处于

"一个充满了盲目爱国主义、歇斯底里的国家"。

何克开始对中国产生了好奇,日本侵占下的中国,真的如同日本朋友描述的那样幸福吗?于是,日本之旅结束后,何克迫不及待踏上了前往中国的旅途。

三、到中国去,到人民中去

何克原本只打算在中国待上两个星期,然后再和姑姑前往印度,最终回到英国。在何克来到上海之前的几个月,1937年8月13日,"八一三"淞沪抗战爆发,11月12日,中国军队撤离上海,上海沦陷。次年2月,何克踏上了上海的土地。

在日军的炮火之下,上海成为一座充满废墟和难民的城市,往日的精致不再,街道上到处是流离失所的难民,孩子和乞丐围着他这个蓝眼睛的外国人讨饭吃。失去了家园的人们只能住在马路上,许多人哄抢街上的报纸,这张薄薄的纸可以为他们留住仅有的温暖。在乡村,情况也好不了多少,日军焚毁了庄稼,用刺刀挑死了淳朴的老农,空气中弥漫着淡淡的血腥味,饥肠辘辘的幸存者涌入城市,他们忍饥挨饿,相继死去。

自小养尊处优的何克从未见过这样充满焦土、瓦砾和碎片的城市,也从未亲历过如此窘迫、卑微、心酸的生活。2月已然是早春时节,但在这个破碎的城市,一切似乎都笼罩在死亡的阴影之中,人们尚未从南京大屠杀和上海沦陷的巨大阴影中缓和过来,人人如同惊弓之鸟,成为动荡的大时代中的一粒微尘,只能被动地随着时代起起伏伏。

此时的上海成为一座弃城,国民政府新的权力中心已经迁到新的地方,日军也开始集结军力向西进发。何克看着这座令他心碎的城市，感到再无留下的必要，于是，他重新出发，来到下一个目的地：汉口。

在汉口，何克一面担任美国合众国际社自由撰稿记者，一面开始学习中文。在初夏的汉口，经由美国女记者史沫特莱介绍，何克第一次见到了他这一生最重要的合作伙伴——路易·艾黎，开启了他们相伴一生的革命友谊。从1938年春到1939年秋，何克成为一名坚守中国战区的记者，他辗转在各个敌占区和敌后区，见证并报道了武汉保卫战。他给《曼彻斯特卫报》写了一篇名为《帝国操纵之我见》的文章，并发表于头版头条上，在文中何克揭露了外国势力在日军侵略汉口时只顾自己的利益而不保护中国人民的势利行为，他也是最早向西方世界报道中国抗日战争的西方记者之一。

当时，因建立中国工业合作社的大小事情，路易·艾黎正忙得焦头烂额。

中国工业合作社运动简称"工合运动"，是抗日战争时期以合作社方式在大后方从事工业生产的群众性经济互助救亡运动，1938年8月，中国工业合作协会在汉口成立，孔祥熙任理事长，艾黎任技术顾问。此后，在西北、西南各地建立了一大批小型的工业合作社，遍及纺织、机械、化工、矿冶、食品、武器等行业，生产出大量军工、民用产品，对支援抗战、活跃后方经济起了积极作用。

此时艾黎急需外部的援助，尤其需要一个宣传助手来向外国介绍中国的工业救国项目，以争取更多的援助和支持。工合运动由埃德加·斯诺和路易·艾黎率先发起，它得到了宋庆龄的支持，工合运动的主要任务之一是促使国民政府继续抗战。

在史沫特莱的住处，艾黎第一次见到何克。在艾黎眼中，何克是一个漂亮而健壮的小伙子，艾黎认为何克"是那样的年轻幼稚"，心里怀疑他是否能在战乱的汉口安定下来，但在何克欢快的举止背后,艾黎又感受到了他的坚韧和刚毅。他决定把何克推荐给当时宝鸡工合总部的主任卢广绵,让何克加入轰轰烈烈的工合运动。尽管当时的工合开出的条件是只发生活费而没有薪俸,并且工作量很大,但何克还是欣然接受了这一差事。

那年6月,在日军封锁汉口前,何克辗转洛阳、西安、重庆、北平等地,他的足迹遍布中国。他想要更进一步报道中国的生活,更进一步了解战时中国人民的选择,了解在游击战争中新的社会形态的发展以及在穷乡僻壤发生了什么样的工业革命。

经人介绍,何克从西安来到延安,他称之为红色中国的首府。他在延安逗留了一周,短暂的访问只给他留下了初步的印象,他还只是一个游客,他的蓝眼睛好奇地打量着延安的一切,对中国的革命事业还不能感同身受。

在延安,何克亲切地被城外的卖茶人称为"同志",被看作中国人民的朋友。延安有许多洋溢着青春活力的青年进步学生,他们让何克回想起在牛津的青春岁月。学生们穿着统一的制服,住在窑洞里,领取微薄的津贴,学校的教员、政府官员和军队首长也住在窑洞里。延安的窑洞成了社会运转的重要空间,何克新奇地发现延安的政府机关、工会、学校和许多普通人家的住所都在窑洞里。

在从北平到河北曲阳县宋家庄的途中,何克患上了伤寒,所幸遇上了来自新西兰的凯瑟琳·霍尔护士。凯瑟琳在抗战时期冒着生命危险从日本占领的北平运出药品送到白求恩大夫手里,新中国成立后她曾经来中国进行访问,她一生都热情支持中国人民的各项事业。

何克在宋家庄医院停留了六周,在生病期间,何克还经常带领周围的孩子们唱歌,凯瑟琳回忆,何克常常到山里去,他的歌声飘荡在空旷的山谷里,在山谷中荡漾开来。在养病期间何克接触了许多

1939年5月,何克在军政民抗日拥蒋大会上讲话

1939年5月,聂荣臻将军与何克合影

边区工作人员和当地的大量社会组织，他进一步坚定了自己留在中国支援中国人民的念头。

四、和工合"结婚"

何克决定接受艾黎的邀请，前往"工合"西北办事处工作，职位是外事宣传秘书。他对这份工作十分满意，觉得找到了人生的意义和曙光，他把满腔热情都投入这份工作中，说自己终于如愿以偿和工合"结婚"了。工合的总部在宝鸡，工作十分灵活和自由，何克得以有机会接触各种各样的中国人，他十分渴望可以和具备先进觉悟的知识分子接触。他评价这是一份"可以把搞工业和社会建设相结合"的工作。

何克的足迹遍布西北，他前往兰州、汉中和洛阳等地的工合分校考察当地办学情况。在兰州的工合学校，他惊喜地发现工合兰州站办的合作社卓有成效，在合作社的帮助下，加入合作社的难民已经还清欠款，由难民变为自主的人。合作社为了进一步帮助他们，还为18位成员举办了集体婚礼，其中男方大部分是由难民"改造"成的新成员，女方大多是当地的姑娘。工合的成员开始了新生活，对未来充满了信心。

1940年，何克来到鲁山工合事务所，鲁山工合事务所在重视传授劳动技能的同时也十分注重提升社员们的文化素质。在这里，五位来自辽宁、山东、江苏、湖北和广东的骨干为社员编写了特制的识字教材，组织社员们每天抽出固定时间学习汉字。鲁山工合事务所还为女性社员组织了妇女编织合作社，女性社员每天开展识字、练字、读报纸、学唱革命歌曲等活动。经过了一段时间的培训，许多原本目不识丁的妇女具备了一定的读写能力和文化水平，能够参与工

何克在宝鸡"工合"基地门前留影

合的会计等其他工作,何克对此感到十分欣慰。在洛阳的工合合作社,社员们每天在生产之余开展了丰富多彩的活动,社员们统一着装和作息,每日清晨早起在打谷场上晨练,晚上打手球,学习新的工人舞蹈,社员们干劲十足,如获新生。

何克主要的交通工具是自行车,有时候也会乘坐"公共汽车"——敞篷卡车。在车上,熙熙攘攘的人占据了每一寸空间,车上还夹杂着小孩子的哭声和满满当当的行李,随着交通工具一起飞驰在乡间的道路上,何克却觉得有趣。

在乡村行进时,何克还会搭乘板车,但他无论如何也是不肯像老爷一样让人拉着走的,他总是和车夫等人换着拉车。有一次,何克在拉板车行进时,天上日军的飞机发出隆隆巨声呼啸而过,何克把飞机比作"银鹰",它们在空中发出教堂风琴一般的低音。"银鹰"所到之处一片狼藉,人们还来不及收拾行李便要开始逃难,家园瞬间变成燃烧的废墟,在乡间小道上,裹小脚的女人、儿童和挑扁担的男人在仓皇地逃命。

1942年,黄河泛滥,受灾的地方向工合求助,何克和西北工合办事处主任卢广绵一起来到潼关以北的平民县考察灾情,商量对策。洪灾给平民县群众的生产生活造成极大影响,县里储藏的粮食颗粒不剩,家养的鸡、鸭、猪等牲畜无影无踪,用于生产的纺织机等各类机器也纷纷失灵,村民们的土坯房融化在洪灾过后留下的烂泥里,往日自给自足的生活在灾难面前瞬间化为乌有。

灾难打不垮坚韧的中国人民,一位老年妇女告诉何克,她在汹涌的洪水中漂浮了半个小时,她一直紧紧抱着小孙子,后来小孙子也因此活下来了。除了这次洪灾,她还经历了1938年国民党故意炸毁开封黄河堤岸造成的洪灾。尽管因此沦为难民,但她还是乐观地说:"我从黄河手里逃出来两次,它想让我死,我可不能让它得逞。"经过这次经历,何克深受触动,他在给家人的信中写道:"现在我懂了,我知道了这才是真正的中国人民。他们将生存下去,重建家园……我为此感到精神焕发。今天我一觉醒来,突然发现事实确实如此:人民确实是无比英勇的,这种英勇的精神存在于平凡之中,是我或其他人所看不到的,也是我望尘莫及的。"②

这些经历让何克进一步感受到他所从事的工作是有意义的,他进一步投身于自己所热爱的工作,不分昼夜地燃烧自己。白河在1941年7月15日《工合战士》上所发表的《洋秘书何克先生》一文,对何克的工作进行了这样生动的描述和总结:"他负责起草各项英文报告与宣传文件工作,日夜不停地苦干,如果你走过他的住处,就能听得踏踏踏打字机跳动的声音……他对工作从来不倦怠,冷热寒暑,都一样地努力","他很能吃苦,一天能跑一百多里路,能吃中国茶,能吃中国菜、中国饭,到了合作社,调查十分详细,归来后,再比较、研究,将结果送交国际报纸发表,所以他代工合的宣传,在国际间有很大的效用","他做事有一种永远乐观的精神,在一般同工中种下深刻的影响。他痛恨日本对于中国的侵略,他不计报酬,不辞艰苦,愿为中国这个新兴事业——工合运动服务。"③

1941年春,何克被委派去陕西凤县双石铺重建培黎学校④。1937年抗日战争全面爆发后,沿海工业遭到严重破坏,1938年9月,中国工合运动创始人艾黎在凤县双石铺组建了钨铁社、机器社、造纸社和耐火砖社等23个工业生产合作社,主要从事机器、采木、采矿、制革、造鞋等14个项目,大量生产军需、民用物品,为抗战提供了坚强的物质保障。与此同时,艾黎还建立了培黎工艺学校,需要一位校长来进行管理,此时,他想到了那位踏实肯干的牛津小伙子,于是他找到了何克。由于条件艰苦,报酬不高,学校前前后后换了八位校长。何克成为双石铺培黎工艺学校的第九位校长,开始了他的教育生涯。

刚开始，学生们对何克这个蓝眼睛的外国校长敬而远之，只要何克做的事不能被他们所理解，他们便称之为"洋主意"或"洋道道"。但随着何克和学生们交往的深入，学生们也开始渐渐接受这个"洋老师"，并渐渐把何克当成了他们可以信赖的大朋友。

双石铺学校是一所特别的学校，这里的大部分学生都来自穷苦的农民家庭，还有不少学生是难民，部分学生是工人家庭的子弟。学校里有约160名难民学生，他们大约14—17岁，何克认为这些来自最穷苦家庭的学生最能吃苦，也最有可能成为当时中国社会急需的工人。他负责学校的大事小事，为学校的日常教学、学生的日常生活、学生毕业后的就业、学生的劳动与纪律、学生的品德等各方面呕心沥血，夙夜操劳。他用以身作则、树立榜样代替体罚，给学生以引导和教育，让学生自己去感悟和学习。他在工作中注重培养学生的集体意识和自主意识，比起"传技"，更注重"育人"。何克在格兰德中学的教育经历给予他很大启发，他模仿这种教育体制，在学生中设立学生自治委员会，培养他们的主人翁意识。

在双石铺学校，每天早晨，何克都要带领学生们做早操，夏天还会去小河里游泳。为了解决物资匮乏问题，乔治带领学生们过上了"自己动手，丰衣足食"的生活：他们在窑洞外面种上白菜、番茄、红辣椒等蔬菜，没有牙膏，就用盐刷牙，自己动手缝衣服，利用水力带动毛纺织机给孩子们做毛衣。他又当老师又当"爸爸"，在生活上无微不至地关心学生。他极力培育学生们讲卫生的习惯，每天带领学生们到河边洗脸，让学生们每人使用各自的生活用品，与虱子作斗争。

虽然物质生活艰苦，但学生们的精神生活却很充实。在上课之余，何克教孩子们说英文，带领孩子们去河里游泳。乔治是一名不折不扣的"文艺青年",他努力在学校开展各类文娱活动,还积极向当地孩子学习乡土民歌,以唱歌作为纽带增进和学生的沟通。他带领学生们排练校歌和抗日革命歌曲,抗战歌曲《杜鹃花》就是何克的最爱。

学生们的业余生活可谓丰富多彩,他们运动、唱歌、共同讨论知识。据和何克接触过的双石铺老人回忆,何克闲暇时喜欢到处拍照,还喜欢带着学生打篮球,向他们表演三步上篮、反手扣篮的技巧。每当学生闯进他办公室向他"告状",他也不恼,总是面带笑容地耐心听着,之后积极找出解决办法,增进学生们之间的团结友爱。他力求把培黎学校变成一个踏实肯干、不畏困难、团结一心的有机体,他为学生们树立了一个新社会劳动者应有的形象,这种踏实肯干的精神成为培黎学校的核心精神,培黎人把这种精神代代相传。

五、小"长征"实现大"转移"

正当双石铺培黎学校的事业正在如火如荼之时,好景不长,1944年日军开始大规模入侵西北,培黎学校面临着巨大的威胁。除了来自日军的威胁外,双石铺培黎学校和国民党的关系日益紧张。国民党把艾黎看作"亲共分子",艾黎在双石铺的活动处处受限,他遭受着政治上的巨大压力。此外,国民党常常突袭学校来抓"秀才兵",无力阻止这一切的何克常常爬到附近的高山上偷偷抹泪。这一切都让其何克和艾黎认为"不可能再在秦岭的双石铺工作下去了",于是,为保存实力,何克和艾黎决定将学校由陕西凤县双石铺迁往甘肃山丹,在新的地方重建培黎工艺学校。艾黎认为,红军长征的时候曾到过甘肃山丹,那里的环境更适合学校的进一步

电影《黄石的孩子》剧照:何克(左一)带着孩子们"搬家"　　何克

发展。

艾黎先来到山丹考察环境，寻找合适的落脚之处，在当年的11月底，何克汇集双石铺、成都及重庆培黎学校的师生、工人，从双石铺出发，冒着冬季的暴风雪，长途跋涉超过1 000公里，于1945年3月初抵达山丹，与第一批到达山丹的33名学生会合。

从双石铺到甘肃兰州有700多公里，再从兰州到山丹还有440多公里。艾黎在山丹给何克发来电报："房子已盖，火速将机器运来。"可是，去哪里寻找这么多可供运输的交通工具呢？学校高斯车间的机器大约需要15个大箱来装，这部分机器需要四到五辆卡车。除此之外，学校还有一台机床、一部半自动洗棉机、一部卡车发动机、两部小型柴油发动机、一台纺机、四台织机。艾黎还希望何克把学校的牲畜等物资也一并运到山丹。何克望着学校的大小物件，不由得犯了难。

何克一方面组织学校的老师和工程师带领学生们拆卸机器，制作一些配套的零件，另一方面组织学生们在一位丁姓制图员的带领下绘制机器图纸，方便日后组装。孩子们的课余生活中又多了一项任务——用圆规、尺子、铅笔在本子上和丁姓制图员学画图，最终他们不负众望，出色地完成了这一任务。

最终，何克想方设法租了许多破旧的卡车，又东拼西凑找来许多骡子来拉车，终于结束了这段颠沛流离的生活。一路上他们顶着二十年未遇的寒风，踩着道路上覆盖的冰雪，冒着严寒抵达了甘肃山丹。何克的养子聂广涛回忆这次"长征"时说："从两当到天水，几乎全是山路，峭壁上不时有岩石滚落下来，路边到处是提示牌，提示山高、坡陡、路弯、涧深。当时乔治带着我们走的就是这条路。"[⑤]山丹是甘肃河西走廊上一座半荒废的城市，那里还有许多新的挑战在等待着他们。

到了山丹，何克和艾黎租下一座寺庙作为新学校的落脚之处。学生们从附近借来手推车，把庙里的佛像几乎都搬了出去。根据租约只留下了三尊最大的佛像，再加上两座小宝塔和两尊菩萨，把这些塑像安置在纺织车间里。这些庞然大物几乎要触到车间的天花板，它们傲然"俯视"着在此工作的学生，学生们每天和佛像共处一室，感觉十分新奇。

除了纺织车间外，木工、车床、钳工、毛纺等车间也逐渐建立起来，院子中间最大的庙堂放置高斯纺棉机。一间教室房顶上还挂着寺庙大钟，虽然学生不小心用锤子敲钟把大钟敲破了，但古老的大钟还是发出阵阵悠扬悦耳的钟声，成为学校里动听的交响曲。

很快，学校的建设事业就走上了正轨。学校引进了生产牙刷的机器，生产出来的牙刷投放市场后为学校带来了新收入。山丹培黎学校利用锅炉和蒸汽机开始向全城供电，得到了当地人民的热烈欢迎。学生们在课余时间自发加入劳动，用手推车从别处运来建筑原料，帮助山丹学校建立新的校舍。学生们把院子中间的另一座寺庙重新装修，作为孙中山纪念堂，他们还新建了图书馆、阅览室和礼堂。

在山丹，何克鼓励学生们发挥创造力，把所学到的技术与知识与当地社会的发展相结合。山丹培黎学校的学生们自己组织起来接管了高斯纺棉机。在高斯车间的男同学们争分夺秒，迅速把机器安装起来，并用柴油机来发动机器。

一天晚上，艾黎从学校回来便听到"哗啦啦"的巨大水声，孩子们出神地站着，他们成功地安装了水力发电装置——水轮机，眼睛一刻也不舍得从水轮机上移开。何克十分开心，他从中看到了培黎学校强大的生命力，中国青年身上体现出的在逆境中继续工作的精神让他深感欣慰，他认为这种精神是"一个民族伟大的根源"。

六、四个中国孩子的"外国爸爸"

聂长林是中共地下工作者,早年曾跟随杨靖宇参加东北抗日联军,东北沦陷后辗转来到宝鸡,后在宝鸡的工合小学工作,担任教师。1940年,国民党在西北全力通缉共产党员,聂长林因身份暴露,被组织调往别地工作。妻子常年生病卧床,自己又不能轻易回来,考虑再三,聂长林找到何克,希望他可以帮忙照顾自己尚年幼的四个儿子⑥。

在当时,公开与共产党员及其家庭来往这一行为具有非常高的风险,但经过再三考虑,何克还是答应了下来。当时,聂长林最大的孩子不过12岁,四个孩子有了新的"外国爸爸"。

何克常常去看望四个孩子的母亲,并把她送进了工合医院,向她承诺自己和艾黎一定好好对待四个孩子。何克把老大和老二送进培黎学校,将老三和老四送到孤儿院。后来何克发现老三和老四在孤儿院过得并不好,造成了体弱多病的体格。有时候何克把老三从孤儿院接到宾馆,给他洗澡,又给他喂鸡汤。在孤儿院老三一直没有吃饱,因此一直和何克嚷嚷着自己好饿,甚至还因为吃得过多患上了疟疾,于是何克又找来奎宁和眼药水为老三治病。在他的悉心照顾下,老三恢复了健康,也渐渐胖起来了。

1942年,何克和艾黎把老三、老四接到身边一起照顾,此时四个兄弟终于在双石铺重聚了。老三和老四来到双石铺之后,老三和何克住在一起,老四因为只有三岁,不方便照顾,被寄养在当地一户人家,每到周日,何克便把老四接来窑洞。在何克的精心照顾下老四胖了许多,被大家昵称为"把门泥菩萨"。在来到双石铺后,何克和艾黎特地买回一只母羊,用羊奶给孩子们补充营养。1943年春

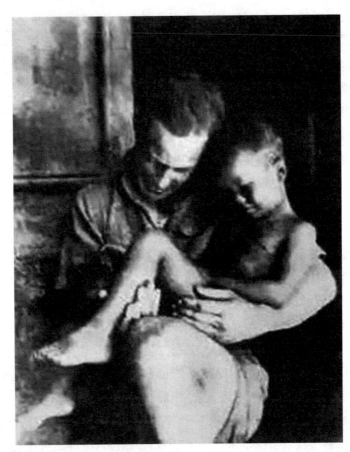

何克在照顾他的"中国儿子"

天,何克便把老三送到双石铺的双镇小学读书,他每日严格监督老三按时完成作业,督促他好好学习。

何克不仅精心照料孩子们的身体,还努力培养他们讲卫生的习惯,在给家人的信中,何克曾这样写道:"现在我收养了四个儿子,我想我已经告诉过你了。有一段时间我未精心照管他们,后来我在他们的衬衣里找到了74个虱子,还有一些未抓尽,我把衬衣烧了。给他们每人买了两件新衬衣和两条新裤子。上次我又做了检查,我在一大堆衣服中只发现3只跳蚤,我这个当父亲的也感到自豪,他们现在喜欢洗澡了,跳蚤在我们屋里扎下根了,这就是我们的生活。"⑦

尽管生活艰难,但是何克还是多次拒绝其他人的收养请求,坚持亲力亲为照顾孩子们。尽管孩子们正处于调皮捣蛋的年纪,常常惹他生气,但他从不发火,而是耐心地解决问题。何克对聂家四兄弟的一生产生了深远的影响,四兄弟对这个"外国爸爸"充满感激和怀念。

时过境迁,当年何克抚养的牙牙学语的孩子们已经成为白发苍苍的耄耋老人,但他们都忘不了这段珍贵的异国情缘。他们日后没有辜负"外国爸爸"的期待:退休时,老大聂广淳曾任吉林省通化市电业局变电所副所长,工程师;老二聂广涵曾任中国有色金属总公司高级工程师;老三聂广涛曾任中国农垦总公司辽宁分公司高级农业经济师;老四聂广沛曾任中国石油化工总公司高级工程师。他们均在自己的岗位上做出了出色的成就,以实际行动践行何克的教育理念,以杰出的成绩回报他的养育之恩。

1945年7月22日,命运在何克的生命乐章上画上了休止符。尽管怀着无限的眷恋和万般的不舍,何克还是离开了他奋斗一生的工合事业。此时,距离他从双石铺来到山丹仅仅四个月,距离日本无条件投降的日子只有23天。

来到山丹之后，过度的工作对何克的健康产生了影响，他休息不足，抵抗力下降，但他浑然不觉。在一次学校建设中，何克意外染上破伤风，当时山丹是一座偏僻的小县城，没有足够的医疗资源，何克患病后只能躺在炕上艰难地与病魔搏斗。艾黎对此十分自责，责怪自己为什么没有准备好足够的疫苗。即使是在何克患病期间，他还勉励学生们好好学习。病痛像一条毒蛇似的撕咬着他，他逐渐变得十分瘦弱，常常疼痛得说不出话来，气若游丝。他对平时最爱吃的馒头和菜汤再也提不起一点兴趣，炕上常常放着冷掉的食物。他毫无胃口，只是日渐消瘦，他的生命之火正在一点一点地熄灭。

在他比较平静的时候，他要求艾黎给他读一读斯诺的《西行漫记》中他标记的段落，他心情好的时候会要求加上《共产党宣言》。艾黎给他念了几次，他每次听后都感叹道："讲得真在理啊"，说完便沉沉睡去，短暂的平静之后又被痉挛折磨着醒来。即便这样，他还努力在孩子们面前装出康复的样子，努力安抚他们的情绪，"等你们回来时我就会好些的"。即使在病中，他还是那么体贴，那么坚强，那么为他人着想。

在何克弥留之际，他让学生拿来纸笔，颤颤巍巍地写下了"把我的一切献给培黎学校"一行字，不一会儿，他的呼吸突然停止了，不久便与世长辞。培黎学校的孩子们冲进屋子，用何克曾经教过他们的抢救溺水者的方法来抢救他，但于事无补。孩子们这才意识到他们永远失去了自己最熟悉的伙伴，此时做什么都是回天乏力，他们不禁失声大哭。

培黎学校的孩子们把写有自己名字的校旗放入棺木中，围着坟墓最后一次为何克唱起了校歌，接着孩子们三鞠躬，默哀一分钟，一同树立了墓碑。何克的墓地就在学校南门，1987年艾黎去世后，他的骨灰撒在山丹，在何克墓碑旁边树立了新的墓碑，何克陵园由此改名为"艾黎与何克陵园"。

在何克去世后,全校都投入纪念何克的运动中去。艾黎命人把何克的遗体抬到城外,在河边筑起一块新墓碑。在新墓碑附近,艾黎带领学生建立了新的毛纺厂、造纸厂、玻璃和瓷器车间,对于热爱劳动的何克来说,这是对他最好的纪念。孩子们在他墓碑附近修建了凉亭,建了新的篮球架。每年何克离世的这一天成了培黎学校的"节日",孩子们相约来到河边游泳、在凉亭里下象棋、在他的墓碑附近打篮球,学生们选择继续开展何克生前常常带领他们完成的活动,以这种独特的方式来纪念他。即使他去世了,也仿佛他从未离去,他的精神和思想还在继续鼓舞和支撑着培黎学校的师生们。

范文海是何克曾经的学生,在回忆这位恩师时,他写道:"当我回忆起乔治·何克的生平时,我更钦佩他的国际主义精神。他能看到他周围需要他做什么,懂得爱什么和恨什么。很自然,乔治知道如何与普通人民一起工作,丝毫不以恩人自居或觉得这样做有什么了不起。他对所有和他共事的人都很热情友好。从一九四五年他去世到一九四九年解放的那几年里,他好像仍在我们中间鼓舞我们去战胜困难。"⑧

范文海还回忆起何克生前的一些趣事。何克有一副浑厚的嗓子,他的声音非常悦耳动听,他在周六的娱乐会上唱歌时,总能吸引许多孩子侧耳倾听。每当一曲终结,孩子们总是缠着他说:"何克,再来一个,再来一个!"他也总是笑吟吟地满足学生的要求,在自己唱完后教学生们唱这些革命歌曲。

他对收集红色革命歌曲充满了热情,常常不知疲倦地把收集来的各类红色歌曲记在随身携带的小本子上,这些本子早已不知道换了多少本了。学校里的丁齐生老师常常帮助何克学习新歌,他唱起歌来总是那么动人,他将自己的满腔感情融入歌中,唱出了歌曲的灵魂。

何克用中文写过一首歌,歌词唱道:"我们在山丹获得新生,我们要坚持在这里,一直到生命的最后一天。"何克已经完全融入了中国社会,他穿着和学生一样朴实的蓝色粗布衣裳,光着脚穿着一双麻编凉鞋,在他左胸的口袋里装着笔记本和一支笔。他常常睡在简陋的土炕上,盖着一条舍不得扔掉的破被子。打字机、手表和照相机便是他全部的家产,他一直过着清贫的劳动人民生活,丝毫不以压迫者和享乐者自居。

他正直、刚毅、坚韧、细心,被与他接触过的人评价为"完人"。

艾黎在何克的墓碑上刻下了几行英国诗人格伦费尔的诗句:

彩色绚丽的生命啊光辉而又温暖,
为了它人们一直奋发向前。
他已逝去,从此不再奋战,
在战斗中逝者的生命却更加光辉灿烂。

这是他一生最好的总结和写照。虽然他再也不能唱歌了,但他的灵魂早已唱出了最优美的歌声,这歌声久久萦绕在中华大地上,激励着一代代培黎人和中国人为追求光明和解放而奋斗,进而驱散现实的黑暗。

2015年10月20日,中国国家主席习近平在英国女王伊丽莎白二世举行的欢迎晚宴上致辞说:"我们不会忘记,英国曾经向中国提供了宝贵的经济和道义援助。一位中文名字叫作何克的英国记者积极投身中国人民抗日战争,不仅撰文揭露日本侵略者暴行,还担任陕西双石铺培黎学校校长,为带领学生向安全地区转移付出了年轻的生命……"

何克曾经写了一本书，名为《我看到一个新的中国》，书中记录了自己在中国的工作过程和"工合"在中国取得的成就，旨在让世界了解一个真实的20世纪40年代的中国。这本书的出版之路并不顺利，当时极少有出版社愿意出版这样公开歌颂中国人民的作品，直到1942年何克把书稿交到美国《生活》杂志的创办人亨利·卢斯手上并几经删改之后，这本书才在1944年在美国和英国问世。从书名便不难看出何克对中国人民和土地深深的眷恋之情，寄托着他对中国未来的新期许和新希望。他不远万里来到中国，把自己满腔的柔情和爱洒在了这片异国的土地上，对中国底层人民充满了热情和敬意。

何克逝世后，他的事迹和精神并没有被人遗忘，他高尚的品格经过历史的淬炼而显得愈加珍贵。1984年，在艾黎提议下兴建的、以纪念何克等国际友人为目的的"山丹培黎图书馆"在山丹建成。1986年，牛津大学瓦德姆学院设立了一项以乔治·何克命名的奖学金，并且将何克就读时住过的宿舍命名为何克宿舍。进入21世纪以来，乔治的母校英国圣·乔治中学与恢复重建的山丹培黎学校建立了姊妹学校关系，展开了师生互访交流活动，圣·乔治中学每年还举办何克周，并在学校建有何克档案馆。斯人已去，但他的精神却成为宝贵的精神财富，为后人提供丰厚的精神滋养。

何克成为中英人民之间友谊的纽带，他将短短的一生投入中国人民的解放事业中去。在不同时期何克承担了不同工作，他勇敢撰文向世界揭露日寇罪行，投身"工合"运动在中国的发展工业和开展职业教育的事业中去，还精心照顾着四个中国养子……乔治作为国际友人的国际主义精神继续感召着世人，为中国人民树立了宏伟的精神丰碑。

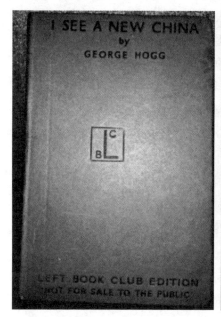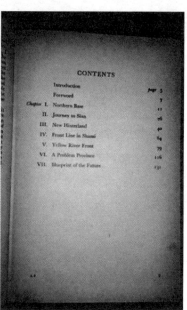

何克的著作《我看到一个新的中国》封面及目录

何克生前极喜欢唱歌，尤其喜欢在乡间放声高歌，中国人民永远不会忘记这么一位热爱唱歌的小伙子，在20世纪来到中国，在中国大地上用行动为中国人民书写了一曲友谊之歌与和平之歌，这首和平之歌永远在中国大地上飘荡和回响。

（撰文：黄嘉莹）

注释

① 路易·艾黎：《从牛津到山丹：乔治·何克的故事》，段津、高建译，北京出版社1984年版，第9页。
② 路易·艾黎：《从牛津到山丹：乔治·何克的故事》，段津、高建译，北京出版社1984年版，第66页。
③ 中国甘肃网：《把我的一切献给培黎学校——纪念乔治·何克诞辰105周年》，https://baijiahao.baidu.com/s?id=1656792923110568871&wfr=spider&for=pc，20200126。
④ 培黎学校以路易·艾黎的朋友约瑟夫·培黎命名。培黎是爱尔兰血统的美国传教士，新中国成立以前在中国生活了几十年，积极从事救灾工作，创办技术学校，输送了几百名中国学生出国学习技术。
⑤ 祝嘉：《乔治·何克：一位国际友人的凤县情结》，《宝鸡日报》2015年12月1日。
⑥ 老大聂广淳，老二聂广涵，老三聂广涛，老四聂广沛。
⑦ 路易·艾黎：《从牛津到山丹：乔治·何克的故事》，段津、高建译，北京出版社1984年版，第61页。
⑧ 路易·艾黎：《从牛津到山丹：乔治·何克的故事》，段津、高建译，北京出版社1984年版，第170页。

安东尼奥尼和他的东方理想国

一、启程：左翼知识分子和政治乌托邦

20世纪的六七十年代，世界形势都产生了新的变化。从国际上看，欧美左翼知识分子对苏联共产主义感到失望，他们将目光投向了遥远的中国，试图以当时风起云涌的"文化大革命"为参照，以毛泽东思想为理论指导，重启两百年前启蒙思想家寻找东方理想国的历史旧梦。于是，处于"文革"中的中国便成为左翼知识分子的政治乌托邦。在那个时代，西方知识分子普遍存在一种"中国的诱惑"，去中国看一眼也成了那些左翼知识分子心中之梦，而意大利著名导演米开朗基罗·安东尼奥尼（Michelangelo Antonioni）便是其中之一。

安东尼奥尼于1912年出生于意大利费拉拉的一个中产阶级家庭，1939年他来到罗马的电影学院学习导演理论并投入相关实践中。1940年，安东尼奥尼担任罗马权威的电影杂志《电影》的编辑，当时的《电影》杂志具有极强的政治性，它既是法西斯党的文化联盟杂志，也是在二战期间受到政治庇护的独立文化阵地。借此杂志，安东尼奥尼得以结识当时意大利的新现实主义艺术家。也正因受到新现实主义的熏陶和影响，安东尼奥尼将摄像机对准了底层人

意大利电影导演安东尼奥尼

民,不管是《波河上的人们》还是《罗马清洁工》,安东尼奥尼形成了一套属于自己的纪实主义拍摄手法,善于用长镜头、特写镜头、摇晃镜头书写自己的人文关怀和哲学思考。

到了60年代,整个西方知识界由于受到苏联修正主义和"布拉格之春"的影响,开始产生左派立场内部的调整,从之前对理性主义和道德主义的质疑转变为一种更为激进的对秩序世界的批判,也由此产生了对狂欢式革命的需求。在这样的背景下,安东尼奥尼开始了他的世界之旅,他进行了大跨度的空间流动,从英国、美国到中国、北非,安东尼奥尼始终以他的批判性视角,用影像对世界提出质疑。

从国内形势来看,70年代的中国处于"文革"狂热退去的阶段,与此同时,伴随着中国恢复在联合国的合法席位、美国总统尼克松访华和中日实现邦交正常化,中国国门向外打开的同时,世界的眼光也在望向中国,如何向世界展现中国形象成为当时政府的迫切需要。于是在20世纪70年代,西方掀起了来华拍摄纪录片的高潮:1971年,比利时人亨利·华纳和杰拉尔·瓦莱来华拍摄了《中国1971!》;和安东尼奥尼同期应邀的也有荷兰纪录片导演伊文思及其妻子,后者拍摄了纪录片《愚公移山》,也经常被拿来和安东尼奥尼拍摄的《中国》进行比较讨论;1974年,美国记者欧文·德拉宁拍摄了纪录片《上海》;另外还有美国广播公司制片人露西·贾维丝夫人率领的摄制组拍摄了《故宫》、美国导演谢莉·玛克莱娜和克罗迪亚·维尔拍摄了表现一个美国妇女团体中国之旅的《半边天》、加拿大导演马塞尔·卡里埃尔的《中国掠影》(加拿大国家电影局出品)以及堂·麦克威廉姆斯的《中国印象》,等等[①]。而在70年代所有来华拍摄的纪录片中,影响最大同样也是争议最大的还要属安东尼奥尼的《中国》。

1970年11月中国和意大利正式建交之后,次年5月意大利国

安东尼奥尼团队拍摄《中国》

家电视台文化节目负责人弗利奥·哥伦布跟随代表团访华。借由这波外交东风，意大利国家电视台于7月份向中国外交部新闻司发出公函，提出想要在中国拍摄一部纪录片，而当时被委托的导演，就是安东尼奥尼。这个提案最终经由意大利驻华大使和新闻司司长的讨论以及和周恩来总理的商讨之后通过了。紧接着，中国外交部和广电部发出批文，正式邀请安东尼奥尼来华拍摄纪录片。

于是，1972年5月13日，一个由安东尼奥尼带领的小型摄制组到达中国，摄制组只有四人，除了安东尼奥尼，还有摄影师卢奇亚诺·都沃里、安东尼奥尼的妻子恩丽卡·菲克和一个录音助理。整个拍摄期间，安东尼奥尼都受到一个中国小组的陪同，陪同人员中有上海电视台资深记者朱黔生。当时的朱黔生不仅以一个"监督者"的身份跟随安东尼奥尼团队，某种程度上也以一个学习者的姿态接收着来自西方世界电影艺术家的经验。除此之外，北京电视台意大利语部的张文润和广播局负责外事工作的副局长金照也都陪同拍摄。

在出发前往中国之前，安东尼奥尼在寄往北京的意向书中写道："我计划关注人的关系和举止，把人、家庭和群体生活作为记录的目标。我意识到我的纪录片将仅仅是一种眼光，一个身体上和文化上都来自遥远国度的人的眼光。"②朱黔生曾回忆："那一年，领导关照，安东尼奥尼是意大利的著名导演，在国际上也是很出名的，而且这批外宾又是周恩来总理请来的，所以要我们不卑不亢，有理有节，通过他，把我们好的东西宣传给全世界。"③于是，中国政府向外开放的意图和西方左翼知识分子对中国的认知渴求相互耦合，共同推动着《中国》的拍摄和制作。安东尼奥尼也带着这份来自遥远的西方的炙热目光，在22天的时间里，从北京、上海、南京、苏州和林县这五个地点短暂地看了中国一眼，而这一眼，便成了他一生的记挂和思念。

二、相遇：一部关于"人民"的电影

影片虽然命名为《中国》，但安东尼奥尼曾经说过，其实这部电影不是关于中国这个国家的电影，而是一部关于中国人的电影。在安东尼奥尼与中方陪同人员讨论拍摄计划的第一天，他就发出了一个疑问：什么最明显地象征革命后中国的变化？"人"——这是中方给出的回答。于是安东尼奥尼把中国家庭和群体的生活作为自己记录的对象，他认为中国人的单纯、城市和他们之间的互相尊重真切地打动了他。安东尼奥尼在影片开篇就用旁白表明："我们不期望解释中国，我们只希望观察这众多的脸、动作和习惯。"④

在真实遇见中国之前安东尼奥尼在脑海中已然形成了一个关于中国的形象，这个中国不全是"文化大革命"的中国，也不全是毛泽东思想的中国，安东尼奥尼所想象的中国更多是童话般的影像：黄色的河流、蓝色的沙漠、动物象形的山峦和用盐覆盖的房子和铺起的路。但是，这个童话般的中国，安东尼奥尼没有遇见，他遇见的不是童话，而是关于人类的风景，那些直侵镜头的面孔，是和西方如此的不同，却又是如此的具体和现代。于是影片的第一个镜头就对准了天安门广场上的游人，伴随着《我爱北京天安门》的歌声，镜头推拉摇移，捕捉着每一个人的表情，他们好奇、紧张、羞涩、质朴。安东尼奥尼由北向南，用影像制作了那个年代的关于中国人民的写真集。

安东尼奥尼的镜头是晃动的，摄制组坐在车上沿着长安街一路开去，摄像师把镜头伸向车窗外。跟随着车辆的颠簸安东尼奥尼拍摄了街上骑行的人们，他尤其将镜头对准了一位在街上大撒把的男人，他悠闲自得地张开双臂、舒展自己的身体作飞翔状。在安东尼

安东尼奥尼拍摄的天安门游人

奥尼的影像中，节奏是舒缓的，影像中人是自得的，正如旁白写道："这里看上去既不焦虑，也不着急。"

安东尼奥尼不仅将镜头对准了晨曦中的工人，还关注着在空地上打着太极拳的老人，摄像机用特写镜头聚焦在老人的脸上，目光坚定、神情淡然。安东尼奥尼的镜头语言处处表现着一个西方人眼中的神秘国度及对生活在这片土地上的人民的好奇和关照。

最让摄像师印象深刻的是一个产妇分娩的手术过程。在妇产医院中，护士们将长长的银针扎进产妇的身体中用针灸的方式进行麻醉，之后产妇的腹部被刀子割开，婴儿被抱出。整个过程中，每当镜头摇到产妇的脸上时，产妇都面带微笑和护士轻言细语地沟通。摄像师之后回忆起这一幕时直截了当地表明自己当时拍摄时的恐惧："一开始害怕地闭上了一只眼，之后就将两只眼睛都闭上了。"安东尼奥尼还拍摄了棉纺厂托儿所的儿童、下班后讨论政治议题的工人以及过着简朴但无忧生活的工厂夫妇。于是借由一间棉纺织厂，中国向外展示了70年代体制内职工的生活状态和主体面貌：工厂之于中国工人不单是谋生之地，而更像是生活之所，在这里，平等、尊严、主人翁意识都得到保证，家与国也处于同构的关系之中，中国和世界的联系也借由工人的一句"再纺一米好纱，我们就能为世界革命作出贡献"而得以显现出来。

在北京走马观花地逛了一圈之后，安东尼奥尼经历了两天的火车旅行到达了河南省林县，在那个有些落后和荒凉的小山村中，安东尼奥尼再次找到了他想象中的中国：斑驳的村舍外墙、衣着破烂的村民、没有被现代化浸染的原始封闭的山村……但这显然不是林县作为被中国政府安排在拍摄路线之中的目的。林县被称为"社会主义的第一座大山"，有三万个"林县英雄"建造的水坝、水渠和水库，还有除了家和工具其他东西都属于国家的集体农庄，这些才是中国想要借助安东尼奥尼的镜头向外传达的。显然，安东尼奥尼对中国面貌的探索渴望不止于此，他多次想要停车拍摄一些不在计划之中的镜头，虽然都被回绝，但安东尼奥尼也从未关闭他的摄像机，"他真是一个倔老头"是当时中方陪同人员朱黔生对他的评价。

安东尼奥尼继续南下，来到了苏州和南京，苏州郊区公社收割蔬菜的社民、回民面店里吃饭的老人和孩子以及苏州的园林艺术都进入了这部影片中。唯一的遗憾是安东尼奥尼想在苏州拍摄一个婚礼，但是翻译告诉安东尼奥尼那几天没有人结婚，安东尼奥尼执意说："只要一个男孩和一个女孩，我们就能虚构一个婚礼的场面。"但是翻译重复强调如果这几天苏州没有人结婚，却要假装结婚，这样是不对的。

在拍摄南京长江大桥时，安东尼奥尼运用了一个长镜头，镜头从右往左推移，雾气连绵，江水平阔，长江大桥占据画面上三分之一水平线处，成为水天之间唯一的边界线。紧接着，安东尼奥尼用一个基于船上视角的仰拍镜头展现了长江大桥的桥底。安东尼奥尼用镜头向上环顾了一周，由于距离和角度原因，桥产生了变形，这是安东尼奥尼的主观视点，也是他的观看本能。但他唯独没有想到的是，这种使大桥变形的视角和过于冷静平淡的表现方式成为这部影片之后遭到批判的重要原因。

安东尼奥尼中国之行的终点是上海，在他看来，北京是象征着革命的、带有高度纯洁性的首都，而上海则是经过脱胎换骨的一座城市。上海当时是中国最大的工业城市，而上海炼油厂则成为中国政府挑选的拍摄对象。朱黔生积极地向安东尼奥尼推荐上海炼油厂，因为工厂的大烟囱、大车间带有现代化的意味。但显然这不是安东尼奥尼期望拍到的中国，他依旧将镜头聚焦在工人身上，一些抱着孩子上班的工人更是激起了他的好奇。当时中国的每一个厂

安东尼奥尼拍摄的上海浦东

就是一个小社会,里面有幼儿园,有学校,而且很多职工都住在厂里,这让安东尼奥尼觉得中国没有很明显的等级差别,中国人真切地享受着平等。安东尼奥尼曾这样描绘对中国人的感受:"中国人所具有的那种社会团体感,是我在世界其他任何地方都没有遇到过的。中国人将自己视为社会的一分子,并因此为社会而劳动。这是一种我们所不知的情感,我们的自尊自大,我们紧密隔绝的世界,使我们不能具有更广阔的视野。"⑤

安东尼奥尼依然喜欢使用长镜头,摄像机在人群里穿梭,上海街头行人的各色表情均被纳入其中。安东尼奥尼还将茶楼、老人与宣传画、样板戏音乐并置,一种"既怀念过去,又忠于现在"的中国成为安东尼奥尼想要借助影像向世界传达的信息。安东尼奥尼的镜头是带有纪实意味的,他不会在影像中刻意附加痕迹浓烈的主观意念,而是倾向于让画面在自然流动中获得其生命和意义。

在《中国》这部纪录片中,可以发现他带有明显个人风格的摄像机运动体系——重视镜头的纵深调度和横向移动,他还喜欢使用长镜头来表达气氛以及人物与环境的依附关系。整部纪录片的色调是冷静的、暗淡的,是不够热烈也是不够"红色"的。这样的色彩表现是足够理性的、足够日常的、足够安东尼奥尼式的,但却是不够"中国"的,或者说是不够"革命中的中国"的。而以上这些安东尼奥尼式的镜头创作方式,也成为不久以后这位导演遭到批判的"把柄"。

三、大时代下的"审判"与"正名"

安东尼奥尼用他特有的美学风格和镜头表现方式展示着一个他眼中的70年代的中国。1973年1月,《中国》在意大利公开上映之后获得了较大的反响,褒贬不一。值得一提的是,此片在发行不久后就被美国广播公司以25万美元的高价购买并在美国电视上播放。此片在当年获得了极高的收视率,同时也获得当年美国"十佳纪录片"的荣誉称号,美国政要都关注到了此片,据说美国总统尼克松观看了两次。《中国》在欧美世界的大受关注,一方面和70年代在西方世界流行的反文化运动有关,另一方面也与中国在70年代的外交开放相关。

然而,好景不长,此片很快就因当时的政治斗争原因在中国受到了严厉批判。1974年1月30日,《人民日报》发表评论员文章《恶毒的用心,卑劣的手法》,对安东尼奥尼进行声讨批判。比如,文章批判安东尼奥尼用样板戏的唱段配合猪摇头的镜头,认为这是在攻击当时的文艺革命。这场大批判持续了近一年,并于1974年由人民文学出版社出版了一本名为《中国人民不可侮》的书,此书收录了40多篇批判文章。一瞬间,安东尼奥尼就沦为了"反华小丑",这种巨大的舆论转向完全出乎安东尼奥尼本人和意大利政府的意料。安东尼奥尼曾申诉道:"我不是一个法西斯分子!我曾与法西斯士兵搏斗过。我想让中国人知道:战争期间,我作为抵抗运动的成员曾被判处死刑。我是另一方的!"⑥而更令安东尼奥尼感到委屈和失语的是,他不仅承受着中国的误解,也遭受着西方世界认为其支持苏联修正主义的批判。这样的双重批判显然成为"文革"后期政治斗争的一枚棋子,同时也是冷战格局下意识形态对抗的缩影。

到了20世纪80年代末期,《中国》及安东尼奥尼开始在中国发生形象上的反转,反转的背后是中国社会的变迁。《中国》在80年代后期产生影响是新时期启蒙运动的结果,这部影片也影响了中国新纪录片运动的导演。比如20世纪末在中央电视台工作的陈真就曾坦言当时被《中国》独特的表达方式所打动,影片中对人的关注也和那个年代媒体人所奉行的人文关怀相吻合。《中国》影响了中国的纪录片导演,让他们也将镜头对准了社会边缘人群和底层人民的生活。

2004年,安东尼奥尼的《中国》在北京电影学院公开放映,这场时隔32年的重映终于为安东尼奥尼"正名",这场重映的背后也折射出21世纪初中国电影媒介环境的变化:2000年后影碟市场的繁荣给了一代青年观看影像的机会,DVD成为人们私人观影的媒介,借此东风,《中国》才得以在中国重新火热。安东尼奥尼的再次流行除了得益于音像出版物的盛行,还基于中国国家心态的开放和自信。

就这样,安东尼奥尼和他的《中国》经历了从审判到接受的历程。这个怀揣着东方理想国之梦的西方左翼知识分子只是"短暂地看了中国一眼",便勾勒出一个国家人民的主体景象。"我怕再也看不到1972年的中国"成了安东尼奥尼一生的挂念和牵绊,这位外国友人和中国的交流也显现着中国在30年的时间里社会与文化的变迁过程。

晚年时,安东尼奥尼的夫人曾问他:"您想回中国吗?"

"我们一起走,赶快",安东尼奥尼回答道。

(撰文:刘纯懿)

注释

① 杨晟:《外国人在华拍摄纪录片中的中国形象研究(1949—1976)》,暨南大学硕士学位论文,2017年。
② 舒可文:《安东尼奥尼与中国的对话》,《三联生活周刊》2004年第48期。
③ 丁翔华:《安东尼奥尼与上海》,《文汇读书周报》2014年1月27日。
④ 侯宇靖、刘海平:《安东尼奥尼与中国》,重庆大学出版社2013年版,第157页。
⑤ 侯宇靖、刘海平:《安东尼奥尼与中国》,重庆大学出版社2013年版,第26页。
⑥ 侯宇靖、刘海平:《安东尼奥尼与中国》,重庆大学出版社2013年版,第73页。

抗日战争中的"西班牙医生":合唱一支国际歌

一、名　　单

在中国国家博物馆的藏品中,有一份由原西班牙纵队反坦克炮队政委、中国志愿者谢唯进保存的名单。这份名单于1939年书写于法国古尔斯(GURS)集中营,长19厘米、宽25厘米,用钢笔记录着20位在西班牙国际纵队战斗过的医生的名字[①]。不久之后,这20位医生将在集中营里中国战友的帮助下,通过英国和挪威"中国医疗援助委员会"以及宋庆龄领导的"保卫中国同盟",辗转来到中国,参加抗日战争。他们被中国人民统称为"西班牙医生",尽管他们当中没有一个是西班牙人。

"西班牙医生是无国家的——正如倪慧如、邹宁远在《当世界年轻的时候》中所记录,在西班牙国际纵队中,有谢唯进等一群中国战士,也有一批像白求恩一样后来又转赴中国抗日战场的外国志愿者[②]。这份名单中的"西班牙医生",正是在西班牙国际纵队中与白求恩并肩工作的战友,也和白求恩一样,做出了不远万里来到中国的选择。对于1939年9月第一批到达中国的"西班牙医生"而言,他们的初衷和使命便是接替白求恩开展根据地的医疗工作。然而由于种种原因,一直到1941年白求恩去世,这群"西班牙医生"也没有能够

1) Dr Samuel-Mojsze Flato, Polish.
2) Dr Wiktor Taubenfligel, Polish.
3) Dr Franz Kriegel, Polish.
4) Dr Wolf Jungerman, Polish,
5) Dr Leon Kamieniecki, Polish,
6) Mrs Maria Kamieniecki, Polish,
7) Dr Jacub Kranzdorf, Rumanian,
8) Dr George Schoen, Hungarian,
9) Miss Edith Marcus, German,
10) Dr Janto Kaneti, Bulgarian,
11) Dr Herbert Baer, German,
12) Dr Walter Freudmann, Austrian,
13) Dr David Jancu, Rumanian,
14) Dr Alexander Volokine, Russian,
15) Dr Carl Coutelle, German,
16) Dr Henryk Kent, Austrian,
17) Dr Rolf Becker, German,
18) Dr Frederik Kisch, Tchecoslovaque,
19) Dr Fritz Jensen, Austrian,
20) Mrs Kranzdorf

中国国家博物馆藏从西班牙赴华的外籍医生名单

到达根据地,而是在贵阳被编入中国红十字总会救护总队,在云南、贵州、湖北、湖南等地的前线和后方,与中国人民一同战斗。1938年至1945年间,救护总队完成手术12万台,住院治疗214万人,门诊军人248万人,门诊平民201万人,灭虱79万人,疫苗接种463万人③。

如今,"西班牙医生"的名字,被镌刻在位于贵阳图云关原救护总队旧址的国际援华医疗队纪念碑上,碑文上方,是用红色大理石雕刻的国际红十字会会徽。在纪念碑的不远处,伫立着英国女医生高田宜之墓。墓的两侧有中英文对照的碑文:"英国女医生高田宜,1941年来华支援我国抗战。翌年,侵华日军投掷细菌弹,她为防治菌疫,不幸以身殉职。兹刻碑以志不忘。"在图云关的松林与红枫的掩映中,纪念碑与墓碑肃穆相望,提示着我们,八十载之前,在全球的危难时刻,跨越民族、国别、意识形态壁垒的国际团结如何成为一种可能。

2004年,最后一位"西班牙医生"甘扬道辞世。他们的故事和名字,在我们的社会记忆里逐渐模糊。而今天,新冠肺炎疫情带来的全球危机,呼唤我们重新审视人类共同的命运,也呼唤我们重新回顾人类曾经建立起的团结的历史,重新想象一种可能的未来。

根据贵阳市政府新闻办公室汇编的资料④,我将中国红十字总会救护总队外籍医生的国籍和姓名整理如下。"西班牙医生"的故事,将从这份来自集中营的名单开始。

中国红十字总会救护总队的"西班牙医生"一览表⑤

国　　籍	中　文　名	外　文　名
德国	白尔医生	Dr. Herbert Baer
	白乐夫医生	Dr. Rolf Becker
	顾泰尔医生	Dr. Carl Coutelle

(续表)

国　籍	中　文　名	外　文　名
德国	玛库斯医生	Ms. Edith Markus
	王道医生	Dr. Wantoch
	孟威廉医生	Dr. Wilhelm Mann
波兰	傅拉都医生	Dr. Szmuel-Moysze Flato
	戎格曼医生	Dr. Wolf Jungermann
	甘理安医生	Dr. Leon Kamienecki
	甘理安夫人	Mrs. Mania Kamienecka
	陶维德医生	Dr. Wictor Taubenfligel
奥地利	富华德医生	Dr. Walter Freudmann
	严斐德医生	Dr. Firtz Jensen
	肯特医生	Dr. Henryk Kent
罗马尼亚	杨固医生	Dr. David Iancu
	柯列然医生	Dr. Jasul Kransdorf
	柯芝兰医生	Mrs. Kransdorf
捷克斯洛伐克	柯里格医生	Dr. Franz Kriegel
	纪瑞德医生	Dr. Fredrick Kisch
保加利亚	甘扬道医生	Dr. Ianto Kaneti
匈牙利	沈恩医生	Dr. George Schoen
苏联	何乐经医生	Dr. Alexander Volokine
英国	高田宜医生	Dr. Barbara Courtney

二、马德里的回声

1939年，随着西班牙法西斯独裁政权的建立，国际纵队宣告失败。在这场由53个国家的共和党人、社会党人、共产党人和反法西斯志士参与的反法西斯战争中,半数以上的国际纵队成员流尽了最后一滴血,长眠于西班牙。1939年2月,一部分国际纵队志愿军撤出西班牙,退入法国境内,法国政府以"中立国"的姿态,将他们软禁于法国南部地中海边的古尔斯等集中营。即使是在集中营里,也始终存在着遥远的希望,而那个希望正是中国。

中国和西班牙这两个反法西斯战场在地理上虽然相隔万里,但正如爱泼斯坦所言,"他们的战士们强烈地感受到他们是在并肩战斗着"⑥。在马德里,西班牙共和国政府的保卫者们都知道中国的抗日战争,来自德国的白乐夫医生在佩尼卡西姆的国际纵队野战医院里,曾作过关于中国形势的报告⑦;在法国的集中营,时常有留学法国的中国学生隔着带刺的铁丝网探望被囚禁的国际纵队战士⑧;而在1938年的武汉、上海和延安,人们可以看到当时西班牙流行的口号标语"NOPASARAN(法西斯过不去!)"和听到《保卫马德里》的歌声。国际纵队失败后,集中营里谢唯进等中国志愿军人向各国同志宣传祖国抗战,在白乐夫的回忆中,当时集中营里的医生们"不假思索就认为,到中国去是理所当然的事"——"要在远东继续斗争,难道不也是我们的斗争吗?中国遭到了掠夺成性的殖民国家的袭击,中国需要援助!"⑨

与此同时,抗日战争爆发后,在各国共产党组织、左翼政治文化精英、反战人士和旅欧华人的组织下,欧洲各国的援华机构也迅速发展起来,形成了以英国援华会(China Campaign Committee)为中心的国际援华网络,并与中国国共两党的政治领袖形成跨国联系,建构起紧密协作的援助关系。在英国援华会和宋庆龄领导的"保盟"的合作下,1938年底,白求恩所在的晋察冀边区五台山的八路军医院被命名为国际和平医院,接受国际援华组织筹集的资金、医疗器械和援华医生的援助⑩。国际和平医院的建立,对抗日根据地的医生和战士而言是巨大的鼓舞。在国际和平医院的开幕式上,白求恩发表了动人的讲话:"这所医院是你们的外国朋友建立起来的,我很荣幸作为他们的代表……那些爱自由的人们同你们自己一样是国际主义者,我们不承认种族、肤色、语言、国界能将我们分离。"⑪

和白求恩一样,西班牙国际纵队中的医生是"爱自由的国际主义者",白乐夫、纪瑞德、严斐德、甘扬道、富华德、顾泰尔、傅拉都等医生是共产党员。这也正是他们曾保卫马德里,并希望与中国人民一同战斗的原因。白求恩工作的五台山国际和平医院,也是这些"西班牙医生"最初期待的目的地。抗日战争中发展起来的国际援华组织,为"西班牙医生"来到中国提供了至关重要的组织基础和政治基础。1939年初,在谢唯进的积极促成下,英国和挪威的"中国医疗援助委员会"(China Medical Aid Committee)从古尔斯集中营组织了18位医生和2名护士,派往中国进行救济工作。1939年5月,白乐夫、严斐德、纪瑞德医生三人组成了第一批赴华先遣队,在英国援华会的组织下,从英国利物浦乘轮船抵达香港。第二批从英国出发的富华德、白尔、甘扬道、杨固医生,于1939年8月5日从伦敦出发抵达法国马赛港,与从挪威出发的其他医生会合,于9月13日到达香港。在"保盟"的安排下,医疗队一行绕道越南海防进入广西,经柳州、南宁,于1939年10月16日抵达当时中华民国红十字会救护总队驻地贵阳图云关。肯特和顾泰尔因故于1940年到达贵阳⑫。

在从英国启航的轮船"安尼亚斯"号上,"西班牙医生"再一次看到了西班牙的海岸。他们回想起这段"交织着胜利与失败,充满喜悦和悲痛的岁月",回想起他们抵达西班牙时千万双欢迎他们的双手,在前线战斗时艰难胜利的喜悦,西班牙姑娘们的歌声,还有撤

1939年8月5日,甘扬道、白尔、杨固、富华德在"安尼亚斯"号上

1939年9月,宋庆龄和首批到达中国的外籍医生在香港

退至法国时的痛苦。眼前的西班牙海岸上露出一座教堂的塔尖和一堵公墓的院墙，在富华德的眼中，这仿佛是他们从1937年开始在西班牙战斗的隐喻："西班牙就是民主失败后所有为自由、生存而奋斗者的公墓。"⑬离开这座"公墓"重新向中国启航需要勇气——需要医生们直面国际纵队的失败带来的沉重的不安和忧虑，重新拾起曾经鼓舞他们战斗的信念。

经过六周航行，富华德一行终于抵达香港——这里正是向抗日战场，尤其是中共的敌后战场输送国际医疗援助的希望之地。1938年1月，白求恩抵达香港，随后在宋庆龄的帮助下前往陕北；同月，八路军驻香港办事处成立；5月，宋庆龄筹备的"保卫中国同盟"于香港成立，成为为抗日战场开展国际工作、直接集散支援物资的实际机构。"西班牙医生"正是在"保盟"的安排下，为突破日本的交通封锁到达抗日战场做最后的准备。两周后，他们终于等来可以绕道越南进入中国的消息。在他们从香港启程去河内的晚上，宋庆龄设宴送别医生们。富华德在《起来》这本小书中记录下了这个动人的夜晚：启程的时间快到了，宋庆龄向保盟秘书克拉克（Hilda Selwyn-Clarke）女士耳语，克拉克犹豫片刻后对大家说："孙逸仙夫人请你们，亲爱的朋友们，合唱一支《国际歌》，作为我们这个美好晚上的结束。"⑭

"这一请求使我们大吃一惊。沉默了好一会儿，才开始用多种语言合唱起这支离开法国集中营后第一次再唱的、为争取人类最终解放而斗争的歌曲。尽管我们的合唱有些走音，孙夫人却以那么深的内心关切，细心地倾听着这支歌。"⑮

这是1939年的9月底，在中国的大地上，湖南、湖北、江西前线战火频仍，长沙会战即将打响。在这至暗时刻，歌声是如此令人动容。从国际纵队到抗日战场，从白求恩到"西班牙医生"，援华网络

抗战时期"西班牙医生"的宣传画[16]

	Sponsors	Salary in Foreign Auxiliary	Salary R
	Foreign Auxiliary	200.00	
	Foreign Auxiliary	200.00	
	China Medical Aid Committee	200.00	
	-ditto-	200.00	
	-ditto-	200.00	
Freudmann	-ditto-	120.00	
Baer	-ditto-	120.00	
Kaneti	-ditto-	120.00	
Plato	Norwegian Committee	120.00	
Dr. Kamientiechi	-ditto-	120.00	
Mrs. -do-	-ditto-	120.00	
Taubenfligel	-ditto-	120.00	
Jungermann	-ditto-	120.00	
Marcus Edith	-ditto-	120.00	
Schon	-ditto-	120.00	
Kriegel	-ditto-	120.00	
Kradzdorf	-ditto-	120.00	
Volckin	-ditto-	120.00	
Iancu	-ditto-	120.00	
Manlok	Red Cross		

1939年,救护总队外籍医生的工资表,大部分人的工资是120元

中传递的,不仅是切实的医疗救助,更是一种光荣的、并不因失败而消沉的国际主义传统。

当歌声结束,宋庆龄送别了医疗队。铅灰色的晨曦从飞机的舷窗上照射进来,"西班牙医生"在中国的征程即将开始。

三、西西弗斯在图云关

飞机降落在重庆。两周后,经过多次辗转,"西班牙医生"终于到达中华民国红十字会救护总队驻地贵阳图云关。富华德立即将在重庆联系到的新四军将领的书信交给了救护队负责人林可胜博士,希望救护队尽快安排他们前往根据地。而令他们惊讶的是,林可胜博士"像没有这回事的样子,回避过去了"。此后,傅拉都和甘扬道负责联络,医生们与八路军贵阳交通站的负责人袁超俊、中国共产党驻重庆办事处的王炳南、陈家康同志面谈数次,却始终没有得到明确的安排。原本被委以帮助白求恩在国际和平医院工作任务的纪瑞德医生带着一个红十字小队到达宝鸡,却被国民党的军队拦下,两次被迫回渡黄河,没有到达目的地。1939年11月,白求恩去世,直至此时,没有一位"西班牙医生"抵达根据地。

"西班牙医生"在反复的失败后才意识到,"我们过分相信了1937年宣布的抗日民族统一战线"[17],也错判了复杂的国共关系下红十字会的"政治中立性"。正如1938年10月周恩来写给英国援华会的信件中所透露,"国际红十字会从未给过八路军一分钱"[18]。红十字会是"中立"的救济组织,但实际上,由于国民党对中共的封锁,八路军和新四军几乎没有获得任何医疗上的国际援助。在国共矛盾逐渐激化的现实中,宋庆龄、周恩来等人一面竭力为根据地寻求可能的国际医疗援助,一面谨慎地维护着日益不稳定的抗

"西班牙医生"在图云关(左起:甘阳道、白尔、杨固、富华德)

日民族统一战线。1940年,白乐夫和严斐德曾到重庆中共驻渝办事处会见周恩来并再次提出请求,但为了国共合作的关系,周恩来向他们说明了抗日民族统一战线政策,并劝他们继续留在图云关工作。

"西班牙医生"终于认识到一个事实——"我们中没有一个人会被派到新四军去"[19]。而眼前的情况似乎比医生们预料的更加残酷:由于医生们曾提出去抗日根据地的请求,他们在图云关的最初两个月甚至没有被安排任何任务,因为各种各样的借口,没有一次被派往正面战场前线,没有救治一个伤员。红十字会中暗中支持"西班牙医生"的女医护人员一针见血地指出:"你们在这儿不受信任,你们的善良愿望在这儿没有分量。"[20]尽管如此,甘扬道等医生仍坚持每天都到红十字会负责人的办公室谈判,终于,在医生们到达图云关两个月后,他们被批准前往湖南的前线。

然而,更为荒诞的事情发生了,国民党军队的伤员没有一个被送到医生们所在的医院,或者"只有快死的伤员才送给我们"[21]。"西班牙医生"到前线访问后才从士兵口中打听到,士兵们只要不死,军官就能从他们身上克扣兵饷;而士兵们的死亡,则能让部队医院的官员从丧葬费中获利[22]。更为讽刺的是,医生们还被安排参观一个宽敞的、布置了大量病床却没有病人的"模范医院"。顾泰尔医生询问"模范医院"的院长:"这么大、这么好、有这么多设备的医院,假如没有考虑对病人发挥什么作用,那设在这里干什么呢?在中国有很多允许这样浪费的医院吗?"[23]

院长像是受到了冒犯,回答说:"蒋夫人视察过这个医院,她对它很称赞。"顾泰尔医生回应道:"这样,它的目标大概已经完成了。"[24]

这是让"西班牙医生"真正感到痛苦的地方——在这个"官僚主义的冰窖","国家现在最宝贵的士兵被放在地上,见死不救;

外籍医生们申请办理工作护照的报告

外籍医生们赴前线前在图云关的合照

民族、国家的生命和健康被当成一笔金钱的剥削交易"[25]。富华德写到，他们仿佛陷入了"西西弗斯的命运"——他们背负着巨大的石块爬向山顶，但每当快到山顶时，石块又会重新掉回山谷，一切重来[26]。

四、竹子、DBC、细菌战

如何战胜西西弗斯的命运？分散在不同师部的"西班牙医生"互相写信鼓劲："随时准备新的开始，千万不要绝望！"[27]

全力以赴，全身心地投入当地工作，改善当地医疗条件——这是医生们面对眼前的困局时做出的回答。1940年，湖南、江西、贵州等地战事告急，医生们与林可胜博士协商，办理了能进出皖、浙、闽、桂、粤、湘、鄂、滇、黔等地工作的护照，此后，"西班牙医生"与中国医务人员混编，奔赴前线。傅拉都、严斐德、白乐夫、柯里格等医生被聘为救护总队本部顾问；傅拉都、柯里格、甘扬道被任命为卫生勤务指导员；严斐德、肯特、白尔、甘扬道等曾担任各自战区的医疗中队队长，白乐夫、肯特、柯让道、甘扬道、戎格曼、甘理安医生担任第十大队驻云南各地的区队长[28]。

到达前线的医生们很快发现，比战争造成的伤病更严重的，是各地简陋的卫生条件，这使大量士兵和平民死于传染病和伤口感染。而现实的问题是，各区队拥有的专业医疗器械极为有限，军民的医疗卫生知识十分匮乏，如何在这种条件下进行救治？医生们开始寻找"土办法"，利用中国西南地区最普遍可见的材料——竹子，因陋就简、因地制宜，医生们发明了许多实用便捷的救治工具。肯特、白乐夫等医生广泛使用了"提桶+竹管"的"沐浴桶"装置，在前线设置沐浴站，为士兵经常沐浴清洁创造条件，有效地改变了部

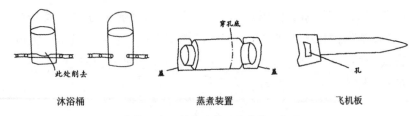

肯特医生绘制的竹制医疗器械示意图

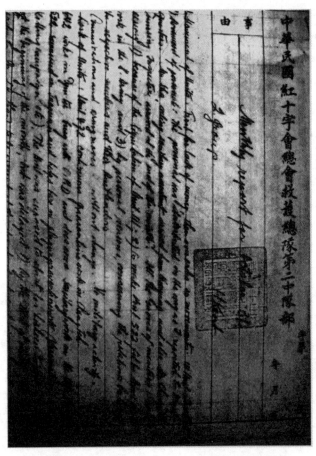

肯特医生《军医业务简评及改进之我见》原件

队中多名士兵共用面盆洗浴的习惯,有效遏制了疥疮、沙眼、皮肤病的发生和传染;竹条编织后,可以作为简易的蚊帐防止蚊虫疟疾,也可以形成幕墙搭建起临时手术室,还可以做成竹床解决病房床位紧缺的问题;竹头则可用来做双盖底穿孔的蒸器,置于烧水壶口,成为用于敷料和手术器械的灭菌消毒装置;部队医用夹板缺乏,医生们就设计了用木板和竹板组合而成的"飞机板",其上方可以缠绕止血用的土布,并训练医务人员迅速掌握上夹板、缚绷带的救治方法[29]。

这些宝贵的经验,被肯特医生翔实地记录在他的工作报告《军医业务简评及改进之我见》中。"西班牙医生"将他们的专业医学知识与中国西南地区的实际情况相结合,进行在地化的创新,并培训军队中的医务人员、给士兵们讲卫生课和急救术。这些实践经验的总结与传播,为改善当地医疗条件、进行防疫工作提供了巨大的帮助。集合这些不断摸索出的实用经验,医生们在前线推广了DBC站——即"灭虱、洗澡、疥疮治疗"站。在DBC站,士兵们可以用"沐浴桶"清洁沐浴,衣物被褥每月定时蒸煮消毒,灭虱灭疥,患有疥疮的士兵每日在站内接受治疗,涂抹"西班牙医生"用石灰和硫黄调制成的涂剂[30]。

回归热、斑疹、伤寒、疥疮等传染病,不仅威胁着士兵们的健康,也严重影响了他们的精神状态和军队的士气。而DBC站的防治方案,成本低、见效快、易推广,有效遏制了这些在军营中肆虐的疾病。1940年,史沫特莱来到救护总队,见到了这些"西班牙医生"和他们的DBC站,她写道:"这些人和我在中国遇见的任何外国人都迥然不同。他们在吃、穿、住上,全都和中国人一样。他们全都看清了中国在卫生条件和科学上的落后,但他们能从正确的角度看待这些状况,并且尽己所能,肩负一份重担,来改变它们。"[31]

1940年6月,史沫特莱访问救护总队

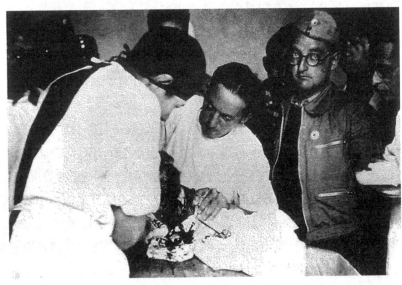

杨固医生(中)在手术中

这正是"西班牙医生"面对与理想相悖的现实条件时的选择——不以"西西弗斯"的命运自怜,不以"西洋医生"的"文明"自居,因地制宜、因陋就简,以最大的热忱、责任感和创造力,去了解这片土地,以"人溺即我溺"的信念,将中国人民的战斗看作自己的战斗,投入为当地军民服务的工作中。1941年,在一年的工作后,医生们的专业知识以及积累的在地经验,有效地帮助湖南常德的军民应对了一次更为严峻的危机——鼠疫,或者说,日军的细菌战。

1941年11月4日,一架日机在常德投下谷麦絮状物质。11日开始,该地出现死鼠和可疑病人,一名女孩发病后很快死亡。肯特医生和谭学华医生检验发现病人血液中的两极染色杆菌与鼠疫杆菌图谱完全相同。对尸体进行解剖后,证实日机投掷的絮状物为鼠疫细菌弹。肯特医生立刻将疫情报告给救护总队。救护总队与肯特医生所在的第六战区有关人员及时研究防疫方案,将111医疗队、427医疗队、731医疗队、522医疗队调到常德,增设医疗站和隔离医院,迅速控制了疫情。此外,肯特医生还撰文刊登在当地报刊,动员常德后方的全体市民参与灭鼠、清洁、接种疫苗——"守住个人'毒菌战'的岗位,服从行政人员及医生之指导。我们在战争的时候要有战争的勇气,前方有无数的勇士,正在从事与日本强盗的肉搏战,我们后方也当具有同样的精神,与鼠疫斗争,前方后方的全面胜利,那才是真正的胜利!"㉜

对于一些外籍医生而言,坚守中国战场上一次又一次"毒菌战"的岗位,成为他们最后的斗争。三位外籍医生为此献出了年轻的生命,牺牲于天明前的黑夜。1942年3月,日军再次在广西投掷了细菌弹,鼠疫很快蔓延。高田宜医生志愿参加扑灭鼠疫的医疗队,在注射疫苗时,由于药物过敏,不幸以身殉职,长眠于图云关。王道医生由于工作负荷太大,患肺结核大量吐血,于1945年在重庆

柯列然与柯芝兰在云南

病逝㉝。1941年,在柯列然医生的动员下,他的妻子柯芝兰从罗马尼亚来到云南前线。1943年,云南伤寒流行,柯列然医生夫妇在医院和居民家中为病员诊治打针,还亲自护理了一个无家人照顾的伤寒病患者㉞。然而,在这期间,夫妻两人都感染了伤寒后的回归热。1944年3月,柯芝兰由于心力衰竭与世长辞,年仅39岁。二十师的官兵为柯芝兰医生举办了葬礼,像送别牺牲于战场的烈士一样,将她安葬于建水城北门外普庵寺旁的墓地。在她的遗像边,有一副挽联:

淋惠遽云亡,南国同声失慈母;
伤残未尽起,西方何处觅美人。㉟

五、起 来!

在西南前线,"西班牙医生"与中国的军民一起经历战争、疾病和生死。在这些同甘共苦的战斗中,和中国军民们建立起来的信任、团结和情感上的联结,也宽慰着、治愈着医生们初到图云关时的困顿与苦闷。正如白乐夫医生所言,"作为医生,我感到最满足、最美好的经历是,我坐在奄奄一息的垂危病人床边的一张小椅子上,能够对病人进行输液抢救,看着病人苍白的脸开始变样、变红和复苏过来"㊱。

与此同时,中国人民的坚韧和勇敢,也时刻鼓舞着、启迪着"西班牙医生"。当医生们因为国民政府管理的腐败而感到消沉时,志愿参加部队服务、在部队进行文艺演出的姑娘们用歌声深深感动着他们。这些姑娘们在战争中失去了家乡和亲人,但依然为抗战做着自己的贡献,她们当过护理员,画过墙报,在田野做过流动宣传,成

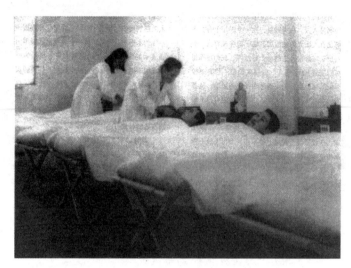

1945年，白乐夫医生在云南楚雄的一间由庙宇改造成的战地医院中

"西班牙医生"参加贵阳筑光音乐会

立过专门的剧团,为士兵演出爱国节目和演唱抗战歌曲。1938年后,尽管姑娘们的工作和演出越来越受到国民政府的限制,但她们还是在医生们的邀请下唱起了《义勇军进行曲》。这歌声里有着深沉的悲伤,却也有着最坚韧的力量。她们的诉说、她们的眼泪也是我们的,她们对未来的希望和信仰也给我们以力量。"……当时我听到过的歌曲,到现在任何时候都不会忘记,也不能变卖。……当她们把热爱自己民族的歌曲,以含着隐痛的声调演唱给我们听了后,我不再感到自己是身在异乡的外国人了。"㊲

在这些与中国人民的共同生活和战斗中,医生们不再是中国的异乡人,更重要的是,他们开始用新的眼光来看待自己的身份和使命。正如严斐德所言,初到中国时,他们并未摆脱"欧洲人具有较高文化"的偏见,认为自己是"施予者、教育者和传授者";而在中国的工作,在与"成千上万工人、农民和士兵"共同劳动和战斗中,医生们"从自封的'顾问'变成一个'小学生'",并认识到"必须当若干年学生,才能作出稍许有益于人民的事"㊳。也正是在这种信念下,外籍医生们才得以在艰难的条件下重新发掘适合中国本土的医疗方法,真正服务于人民,坚持到抗战胜利。

抗战胜利后,大部分医生回到了自己的祖国。而另一部分医生,继续参与了新世界和新中国的建设。白乐夫、严斐德和柯列然受聘于联合国善后救济总署,继续留在中国,他们以这种合法的身份到了解放区,给新四军送去宝贵的物资,并建立了新的医院。在山东解放区,白乐夫积极培训医务人员,开展卫生工作,为扑灭当地的黑热病作出了贡献。富华德将在中国的经历写成了《起来!》这本小书,严斐德则出版了《中国胜利了》。但令人悲痛的是,1955年,严斐德医生赴印度尼西亚参加万隆会议,在本以周恩来为袭击目标的"克什米尔公主"号飞机上坠机遇难。

Drs. Rolf und Judith B e c k e r   Mittelweg 8
                                        16347 Bierkagen Ost
                                        12.5.1999

Herrn
Liu Jibao
Botschaftsrat der Botschaft
der Volksrepublik China
Heinrich-Mann-Str. 9
1130 B e r l i n

Sehr geehrter Herr Liu!

Wir sind sehr empört über die Bombardierung der Chinesischen
Botschaft in Belgrad durch NATO-Bomber und möchten Ihnen
hiermit unsere Anteilnahme und Verbundenheit zum Ausdruck
bringen.
Insbesondere fühlen wir mit den Angehörigen der Totenopfer
und sprechen ihnen unser tiefes Mitgefühl aus. Den Verwun-
deten wünschen wir baldige Heilung und gute Genesung.

Diesen Krieg halten wir für einen Angriffskrieg, der nie
hätte stattfinden dürfen, schon gar nicht unter Beteiligung
der Bundesrepublik Deutschland. Für die Kosovaren ist durch
diese Angriffe der NATO alles viel schlimmer und das Elend
unermeßlich größer geworden.

In alter Verbundenheit mit herzlichen Grüßen

Rolf Becker

Judith Becker

白乐夫夫妇抗议北约轰炸中国使馆的信件

"我叫白乐夫,我姓白,白求恩的白,我是一条快乐的汉子。我最喜欢中国菜,特别是臭豆腐!"[39]1980年,白乐夫接受中国驻德国大使馆柏林办事处主任刘祺宝的采访时,仍然一边写着自己的名字,一边用中文这样介绍着自己。1999年5月,中国驻南联盟贝尔格莱德使馆遭到北约战机导弹袭击,白乐夫夫妇致信刘祺宝,谴责北约的不法行径。这是白乐夫生前最后一次签名。1999年底,白乐夫去世,在他的葬礼上,仍然悬挂着西班牙国际纵队的旗帜,播放着国际纵队的战斗歌曲[40]。

在今天,卢沟桥中国人民抗日战争纪念馆中还陈列着这些医生们的照片。如今,所有"西班牙医生"都已离世,但他们的故事,仍给我们无限的启迪。这是一个不远万里来到中国的故事,是一个在重重逆境中创造未来的故事,是一个打破医学知识和身份的壁垒,因地制宜,真正服务于人民的故事。西班牙医生们用生命,告诉我们在他们眼中新世界是何模样。那是一个团结公正的世界,一个没有压迫的世界,一个人人享有身体和精神的健康与喜乐的世界,这个世界仍然值得今天的我们为之奋斗。

(撰文:杨仪)

注释

① 安莉:《西班牙反法西斯战场上的中国勇士》,《近代中国与文物》2005年第1期,第36—44页。
② 倪慧如、邹宁远:《当世界年轻的时候:参加西班牙内战的中国人(1936—1939)》,广西师范大学出版社2013年版。
③ 《抗战时期(1937—1945)之救护工作》,见贵阳市人民政府新闻办公室:《经霜的红叶:国际援华医疗队的故事》,五洲传播出版社2007年版,第48页。
④ 贵阳市政府新闻办公室:《国际援华医疗队在贵阳》,五洲传播出版社2005

年版。

⑤ 该表中的高田宜医生和孟威廉医生,他们并非来自西班牙国际纵队,而是由其他途径来到中国。高田宜医生可能是由英国外交部和英国红十字会组织来到中国的,孟威廉医生是犹太人,为摆脱法西斯分子的追捕,从意大利乘船来到上海,后志愿来到贵阳的救护总队服务。此外,柯芝兰医生是于1941年在丈夫柯列然医生的动员下从罗马尼亚来到云南的。这些医生也是国际援华医疗队的一员,和其他医生一同被当地百姓统称为"西班牙医生",故此表中将他们的信息也包括在内。

⑥ 爱泼斯坦:《"西班牙医生"在中国——〈起来!中国胜利了〉》序,《文史天地》1995年第5期,第28—29页。

⑦ 白乐夫:《我在中国做医生》,见贵阳市人民政府新闻办公室:《经霜的红叶:国际援华医疗队的故事》,五洲传播出版社2007年版,第78—90页。

⑧ 龚普生:《匆匆一面,终生难忘——记拘留营里探望国际纵队》,见贵阳市人民政府新闻办公室:《经霜的红叶:国际援华医疗队的故事》,五洲传播出版社2007年版,第9—10页。

⑨ 白乐夫:《我在中国做医生》,见贵阳市人民政府新闻办公室:《经霜的红叶:国际援华医疗队的故事》,五洲传播出版社2007年版,第78—90页。

⑩ 宋庆龄基金会研究室:《保卫中国同盟新闻通讯》,中国和平出版社1989年版,第16页。

⑪ 新华书店部:《学习白求恩》,新华书店1950年版,第10页。

⑫ 克莱格:《英国援华实录》,北京出版社2018年版。

⑬ 富华德、严斐德、张至善、王燕生:《起来!中国胜利了:"西班牙医生"在中国》,北京师范大学出版社1994年版。

⑭ 富华德:《起来》,见贵阳市人民政府新闻办公室:《经霜的红叶:国际援华医疗队的故事》,五洲传播出版社2007年版,第181页。

⑮ 富华德:《起来》,见贵阳市人民政府新闻办公室:《经霜的红叶:国际援华医疗队的故事》,五洲传播出版社2007年版,第181页。

⑯ 本文中所有图片均来自贵阳市政府新闻办公室汇编的《国际援华医疗队在贵阳》及《经霜的红叶:国际援华医疗队的故事》,在此致以感谢。

⑰ 富华德:《起来!》,见贵阳市人民政府新闻办公室:《经霜的红叶:国际援华医疗队的故事》,五洲传播出版社2007年版,第203页。

⑱ 边志海:《一段鲜为人知的历史事实——周恩来在抗战初期给英国援华委员会的一封信探源》,《党的文献》1998年第5期,第71—72页。

⑲ 富华德:《起来!》,见贵阳市人民政府新闻办公室:《经霜的红叶:国际援华医疗队的故事》,五洲传播出版社2007年版,第203页。

⑳ 富华德:《起来!》,见贵阳市人民政府新闻办公室:《经霜的红叶:国际援华医疗队的故事》,五洲传播出版社2007年版,第191页。

㉑ 富华德:《起来!》,见贵阳市人民政府新闻办公室:《经霜的红叶:国际援

华医疗队的故事》,五洲传播出版社2007年版,第195页。
㉒ 富华德:《起来!》,见贵阳市人民政府新闻办公室:《经霜的红叶:国际援华医疗队的故事》,五洲传播出版社2007年版,第193页。
㉓ 富华德:《起来!》,见贵阳市人民政府新闻办公室:《经霜的红叶:国际援华医疗队的故事》,五洲传播出版社2007年版,第193页。
㉔ 富华德:《起来!》,见贵阳市人民政府新闻办公室:《经霜的红叶:国际援华医疗队的故事》,五洲传播出版社2007年版,第193页。
㉕ 富华德:《起来!》,见贵阳市人民政府新闻办公室:《经霜的红叶:国际援华医疗队的故事》,五洲传播出版社2007年版,第195页。
㉖ 需要说明的是,中国红十字救护总队作为一个非官方组织,在复杂的国共关系背景下,为抗日医疗作出了贡献。根据保盟的通讯可知,许多运往根据地的医疗物资正是通过中国红十字运输队运输。林可胜博士本人和救护总队也为外籍医生奔赴前线提供了必要的支持。本文根据富华德和严斐德的回忆,对他们初来救护总队的经历和心理感受进行梳理,旨在揭示复杂的政治背景下医疗援助的艰难,以及这种处境给医生们带来的困扰,而并非想抹杀救护总队在抗日医疗方面作出的贡献。
㉗ 富华德:《起来!》,见贵阳市人民政府新闻办公室:《经霜的红叶:国际援华医疗队的故事》,五洲传播出版社2007年版,第195页。
㉘ 《救护总队部所所属各医疗队工作分配表》,见贵阳市人民政府新闻办公室:《经霜的红叶:国际援华医疗队的故事》,五洲传播出版社2007年版,第43—47页。
㉙ 肯特:《军医业务简评及改进之我见》,见贵阳市人民政府新闻办公室:《经霜的红叶:国际援华医疗队的故事》,五洲传播出版社2007年版,第100—103页。
㉚ 史沫特莱:《中国的战歌》,作家出版社1986年版。
㉛ 史沫特莱:《中国的战歌》,作家出版社1986年版,第477页。
㉜ 肯特:《鼠疫横行在常德》,见贵阳市人民政府新闻办公室:《经霜的红叶:国际援华医疗队的故事》,五洲传播出版社2007年版,第104—110页。
㉝ 张辛民:《抗日战争时期在中国的"西班牙医生"》,见贵阳市人民政府新闻办公室:《经霜的红叶:国际援华医疗队的故事》,五洲传播出版社2007年版,第24—27页。
㉞ 赵婧璞:《怀念我的丈夫柯列然》,见贵阳市人民政府新闻办公室:《经霜的红叶:国际援华医疗队的故事》,五洲传播出版社2007年版,第124—127页。
㉟ 《罗共党员救死扶伤》,见贵阳市人民政府新闻办公室:《经霜的红叶:国际援华医疗队的故事》,五洲传播出版社2007年版,第128—129页。
㊱ 白乐夫:《我在中国做医生》,见贵阳市人民政府新闻办公室:《经霜的红叶:国际援华医疗队的故事》,五洲传播出版社2007年版,第78—90页。

㊲ 富华德:《中国姑娘》,见贵阳市人民政府新闻办公室:《经霜的红叶:国际援华医疗队的故事》,五洲传播出版社2007年版,第200页。
㊳ 严斐德:《中国胜利了》代序,见贵阳市人民政府新闻办公室:《经霜的红叶:国际援华医疗队的故事》,五洲传播出版社2007年版,第209页。
㊴ 刘祺宝:《回忆白乐夫》,见贵阳市人民政府新闻办公室:《经霜的红叶:国际援华医疗队的故事》,五洲传播出版社2007年版,第92—93页。
㊵ 刘祺宝:《回忆白乐夫》,见贵阳市人民政府新闻办公室:《经霜的红叶:国际援华医疗队的故事》,五洲传播出版社2007年版,第92—93页。

主要参考资料

埃德加·斯诺的中国"奏鸣曲"

[1] 约翰·汉密尔顿.埃德加·斯诺传[M].柯为民,萧耀先,译.沈阳:辽宁大学出版社,1990.
[2] 埃德加·斯诺.复始之旅[M].宋久,柯南,克雄,译.北京:新华出版社,1984.
[3] 张牧云.再论斯诺、海伦与一二·九运动之关系[J].中共党史研究,2018(2).
[4] 埃德加·斯诺.红星照耀中国[M].董乐山,译.北京:生活·读书·新知三联书店,1979.
[5] 埃德加·斯诺.为亚洲而战[M].宋久,柯南,克雄,新民,董乐山,译.北京:新华出版社,1984.
[6] 张红.中华人民共和国成立后斯诺与毛泽东的交往再探析[J].湖南科技大学学报,2020(1).
[7] 陈敦德.毛泽东、尼克松在1972[M].北京:中国文史出版社,2009.
[8] 埃德加·斯诺.斯诺陕北之行的自述[J].裴克安,译.新闻战线,1979(6).
[9] 石春蓉.《西行漫记》的翻译和版本[J].文史杂志,2014(4).
[10] 埃德加·斯诺.大河彼岸[M].新民,节译.北京:新华出版社,1984.
[11] 刘奋之.周恩来接待斯诺访华内情[J].炎黄春秋,2003(1).

海伦·斯诺:"新世界的探索者"

[1] 斯诺.一个女记者的传奇[M].北京:新华出版社,1986.

［2］韦尔斯.红色中国内幕［M］.马庆军,万高潮,译.北京:华文出版社,1991.
［3］武际良.海伦·斯诺与中国［M］.北京:人民出版社,2011.
［4］孙华.埃德加·斯诺:向世界见证中国［M］.北京:北京大学出版社,2011.
［5］埃德加·斯诺.活的中国［M］.长沙:湖南人民出版社,1983.

爱泼斯坦与中国的不解之缘

［1］爱泼斯坦.爱泼斯坦新闻作品选［M］.北京:今日中国出版社,1995.
［2］黄浣碧口述.爱泼斯坦与宋庆龄传记［M］.上海:东方出版中心,2014.
［3］宋庆龄,爱泼斯坦.宋庆龄与爱泼斯坦往来书信选［M］.上海:中国福利会出版社,2011.
［4］伊斯雷尔·爱泼斯坦.中国未完成的革命［M］.陈瑶华,谢念非,等,译.北京:新星出版社,2015.
［5］张彦,中外名记者丛书——爱泼斯坦［M］.北京:人民日报出版社,2005.
［6］爱泼斯坦.我访问延安:1944年的通讯和家书［M］.张扬,张水澄,等译.北京:新星出版社,2015.
［7］中国宋庆龄基金会研究中心.挚友情深:宋庆龄与爱泼斯坦、邱茉莉往来书信(1941—1981)［M］.北京:中央文献出版社,2012.
［8］冈瑟·斯坦.红色中国的挑战［M］.马飞海,章蟾华,等译.上海:上海译文出版社,1999.
［9］杨小佛.读旧信思故人——忆宋庆龄平易待人的往事［J］.世纪,1998(4).
［10］叶建华.爱泼斯坦为宋庆龄作传［J］.今日中国(中文版),1993(2).
［11］乔振祺.爱泼斯坦一颗爱心见证中国［J］.中国报道,2009(9).
［12］爱泼斯坦,沈苏儒,贾宗谊,等.见证中国——爱泼斯坦回忆录［J］.对外大传播,2005.
［13］爱泼斯坦.新中国外文出版事业50年［J］.对外传播,1999(6).
［14］爱泼斯坦.宋庆龄富有意义的一生(上)［J］.今日中国(中文版),1993(1).
［15］张娟.宋庆龄和她创办的刊物——本刊名誉总编辑爱泼斯坦访谈［J］.今日中国(中文版),2001(5).
［16］黄华,周幼马.从国际主义到爱国主义的爱泼斯坦［J］.今日中国(中文版),2005(4).
［17］徐锋华,杨琰."他者"笔下的中国——爱泼斯坦与中国共产党的对外宣传［J］.史林,2018(5).
［18］爱泼斯坦.追本溯源话"保盟"［J］.今日中国(中文版),1998(6).

［19］刘毅.浅述爱泼斯坦的新闻事实观［J］.对外传播,2014(10).
［20］杨天石.保卫中国同盟与中国"工合"运动的珍贵文献——读宋庆龄往来英文函札之一［J］.中国社会科学院研究生院学报,1993(2).
［21］左芙蓉,刘继同.宋庆龄社会福利实践与社会福利思想研究［J］.社会工作,2006(9).
［22］张皓,叶维维.北上:新中国成立前宋庆龄的心路历程［J］.党的文献,2011(5).
［23］郑俊琰.宋庆龄与抗日救亡运动［J］.党史研究与教学,1986(4).
［24］李跃进.国联与联合国文献中的国际援华抗战［J］.档案天地,2015(11).
［25］张洁明.宋庆龄争取国际援华抗日［A］//张世福.宋庆龄与中国抗日战争［C］.上海:上海社会科学院出版社,1996.
［26］杨栋梁,雷娟利.Japan's Various Battles to Cut off the Routes of International Aid to China During Its Invasion of China［J］.南开学报(哲学社会科学版),2017(5).

史沫特莱:用毕生谱写中国战歌

［1］史沫特莱.伟大的道路:朱德的生平和时代［M］.梅念,译.北京:新华出版社,1985.
［2］乔伊斯·米尔顿.中国人民之友——著名女记者史沫特莱［M］.陈文炳,苗素群,译.北京:新华出版社,1984.
［3］史沫特莱.中国的战歌［M］.江枫,译.北京:新华出版社,1985.
［4］芮必峰,李嘉树.西方记者探访和宣传"红色中国"的原因［J］.安徽大学学报(哲学社会科学版),2011(4).
［5］孙果达,王伟.西安事变中神秘的史沫特莱［J］.党史纵横,2011(8).
［6］袁武振,高喜平.世界知名妇女在延安的活动及其对中国革命的贡献［J］.中华女子学院学报,2008(5).
［7］简·麦金农,斯·麦金农.史沫特莱传［M］.江枫,郑德鑫,等,译.沈阳:辽宁人民出版社,1991.

赛珍珠:如何讲述中国的故事?

［1］赛珍珠.大地三部曲［M］.王逢振,等,译.北京:人民文学出版社,2010.
［2］赛珍珠.帝王女人［M］.王逢振,王予霞,译.上海:东方出版中心,2010.
［3］赛珍珠.母亲［M］.万绮年,原译,夏尚澄,编译.上海:东方出版中心,2010.

路易·艾黎：教育者与革命者的一生

［1］张秀娟.路易·艾黎的山丹情［J］.百年潮,2020(5).
［2］李建平.路易·艾黎的公益慈善情怀［N］.中国文化报,2019-12-05.
［3］廖雪琴.路易·艾黎五访洪湖［J］.档案记忆,2020(6).
［4］王婉如.路易·艾黎与中国少年儿童［J］.大众文艺,2020(2).
［5］陈一心.路易·艾黎在上海的11年［J］.百年潮,2017(4).
［6］聂广涛,李琰.用毕生书写中国情——记新西兰友人路易·艾黎［J］.党史文苑,2018(3).
［7］袁晶晶.路易·艾黎,邓小平称他为"老战士"［J］.环球人物,2012(29).
［8］路易·艾黎：中国给了我生活的目的［N］.文汇报,2010-08-07.

林迈可与抗战烽火中的红色电波

［1］林迈可.抗战中的中共［M］.杨重光,郝平,译.北京：解放军文艺出版社,2005.
［2］李效黎.延安情［M］.上海：上海远东出版社,2015.
［3］班威廉·克兰尔.新西行漫记［M］.裴然,译.北京：新华出版社,1988.

阳早、寒春：俯首甘为孺子牛的革命伉俪

［1］阳和平,李维民.寒春阳早画传［M］.北京：机械工业出版社,2018.
［2］缪平均,刘文强,杨普秀.阳早、寒春——在陕北的"美国老乡"［J］.纵横,2018(1).
［3］缪平均.白求恩式国际主义战士阳早、寒春夫妇的感人故事［J］.档案天地,2013(2).
［4］王建柱.一生甘为中国牛——记在华美籍专家阳早和寒春［J］.老友,2008(5).
［5］李易方.跨越半球的中国情——记为我国革命和建设事业无私奉献的阳早、寒春同志［J］.中国农垦,2004(1).
［6］魏巍.阳春白雪的故事——赞白求恩式的国际主义战士阳早和寒春［J］.中华魂,2004(8).
［7］张品纯.一对"世界公民"的东方情结——记奶牛场机械化专家阳早寒

春[J].农业机械,2001(12).
[8] 武际良.阳早、寒春——献身中国农业的美国人[J].炎黄春秋,1998(8).

"翻身"前后的韩丁

[1] 韩丁.翻身——中国一个村庄的革命纪实[M].韩倞,等,译.北京:北京出版社,1980.
[2] 王荣丽,李海明.西柏坡历史二十五讲[M].石家庄:河北教育出版社,2011.
[3] 邓宏琴."翻身"与"翻身"之后:集体化时代乡村运作机制中的权力实践[D].山西大学硕士学位论文,2010.
[4] 金宝瑜.勇敢的无产阶级的战士——威廉·韩丁[EB/OL].钟翰枢,邱伊翎,译.http://jiliuwang.net/archives/62859.
[5] 孟磊.土地改革背景下乡土社会秩序的变迁与重塑——读韩丁的《翻身——中国一个村庄的革命纪实》[J].山东科技大学学报(社会科学版),2017(6).
[6] 宋晓璐.农村土地制度变迁及对现实问题的思考——以张庄个案为例[D].山西大学硕士学位论文,2011.
[7] 史莉.韩丁的张庄情缘[N].山西日报,2014-08-27.
[8] 张辅仁.中国人民的老朋友——韩丁(续2)[J].当代农机,2007(1).

柯鲁克夫妇:每一次选择都指向中国

[1] 王烁,高初主编,大卫·柯鲁克(摄影),伊莎白·柯鲁克(口述).大卫·柯鲁克镜头里的中国[M].北京:中国民族摄影艺术出版社,2016.
[2] 伊莎白·柯鲁克,柯临清.战时中国农村的风习、改造与抵拒:兴隆场(1940—1941)[M].邵达,译.北京:外语教学与研究出版社,2018.
[3] 李正凌,宁均维,应曼蓉编.柯鲁克夫妇在中国[M],北京:外语教学与研究出版社,1995.
[4] 伊莎白·柯鲁克,大卫·柯鲁克.十里店(一):中国一个村庄的革命[M].龚厚军,译.上海:上海人民出版社,2007.
[5] 伊莎白·柯鲁克,大卫·柯鲁克.十里店(二):中国一个村庄的群众运动[M].安强,高健,译.上海:上海人民出版社,2007.
[6] 陈琳.怀念大卫·柯鲁克[N].中华读书报,2017-02-15.
[7] 舒暲.这一家人——我所认识的柯鲁克教授夫妇一家[J].友声,2015

（1）.
[8] 暴华英.伊莎白·柯鲁克——世纪老人的传奇故事[J].国际人才交流，2016（1）.
[9] 陈伟源.伊莎白·柯鲁克笔下的中国农村和农民[J].国际人才交流，2008（2）.
[10] 钱江.一对外国夫妇和《人民日报》的不解情缘[J].党史博览，2006（9）.
[11] 庄鸿琴.伊莎白·柯鲁克：从不后悔来到中国[N].中国教育报，2002-10-08.

国际主义战士诺尔曼·白求恩

[1] 罗德里克·斯图尔特.不死鸟——诺尔曼·白求恩的一生[M].柳青，译.北京：中国青年出版社，1991.
[2] 白求恩.一位富有激情的政治活动家——国际主义战士白求恩作品集[M].济南：齐鲁书社，2005.
[3] 马国庆.白求恩援华抗战的674个日夜[M].北京：人民文学出版社，2019.
[4] 天津市卫生局编.纪念白求恩文荟[M].1991.
[5] 琼·尤恩.白求恩随行护士自述（1932—1939）[M].朱雁芳，译.北京：北京出版社，2019.
[6] 冀国钧，张业胜.白求恩在中国[M].北京：中国协和医科大学出版社，2007.
[7] 拉瑞·汉纳特.一位富有激情的政治活动家——国际主义战士白求恩作品集[M].济南：齐鲁书社，2005.
[8] 宋家珩.加拿大人在中国[M].北京：东方出版社，1998.

马海德：中国人的"马大夫"

[1] 丁晓平.马海德：第一个加入新中国国籍的外国人[J].党史博览，2012（6）.
[2] 华兹.一位美国医生，一位"完全的中国人"——马海德传奇人生[J].国际人才交流，2010（3）.
[3] 孟昭庚.美国医生马海德的红色情结[J].党史纵览，2010（4）.
[4] 沙博理.马海德传[M].郑德芳，译.北京：中国青年出版社，1997.
[5] 韩赟.抗战时期国际医疗援华研究[D].天津商业大学硕士学位论文，

2017.
［6］张注洪.国际友人在抗日战争中的贡献和作用［J］.历史档案,1998(3).
［7］程楠.慈善是需要一代接一代不断实践的事业——访全国政协委员、马海德基金会会长周幼马［J］.中国社会组织,2016(6).
［8］王群.梅毒的发病机制［J］.中国医学文摘(皮肤科学),2015(4).
［9］杨敏.八大胡同一夜销声——北京妓女的解放［J］.老年教育(长者家园),2013(3).
［10］穆玉敏.1949:北京全面禁娼［J］.人民公安,2003(3).
［11］方格子.一百年的暗与光——中国麻风病降伏记录［J］.江南,2015(6).
［12］董国强,邵京,王江南.新中国成立以来麻风病防控与救治工作的历史回顾［J］.中共党史研究,2013(9).
［13］窦应泰.马海德:新中国卫生事业的先驱［J］.党史文汇,2010(4).
［14］北洋君.他为中国消灭麻风病做出巨大贡献［J］.恋爱婚姻家庭(月末),2019(11).
［15］马海德.请全体医生都为消灭麻风尽一把力——给全国卫生厅长局长的一封公开信［J］.中国麻风皮肤病杂志,1995(4).
［16］苏菲.大爱仁心献中国——中国共产党的外籍党员马海德［J］.晚晴,2014(7).
［17］苏菲.马海德大夫永远与我们在一起［J］.中国麻风皮肤病杂志,1990(3).
［18］苏菲.我亲爱的丈夫——马海德［J］.今日中国(中文版),1989(12).
［19］周幼马.马海德:献身中国的美国人——纪念我的父亲诞辰100周年(一)［J］.纵横,2010(9).
［20］周幼马.马海德:献身中国的美国人——纪念我的父亲诞辰100周年(二)［J］.纵横,2011(1).
［21］周幼马.马海德:献身中国的美国人——纪念我的父亲诞辰100周年(三)［J］.纵横,2011(2).
［22］马海德.卫生部顾问马海德博士在中国麻风协会、中国麻风基金会和中国麻风防治研究中心成立暨第一次中国国际麻风学术讨论会开幕大会上的讲话［J］.中国麻风皮肤病杂志,1986(1).
［23］马海德.麻风病防治工作的进展和今后工作意见——卫生部马海德顾问1980年5月9日在广西皮肤科年会和麻防工作会议上的讲话(摘要)［J］.广西医学,1980(5).

伊文思:追风的人

［1］尤里斯·伊文思.摄影机和我［M］.沈善,译.北京:中国电影出版社,

1980.
[2] 汉斯·舒茨.危险地活着：伊文思传[M].孙红云,黎松知,译.北京：新星出版社,2018.
[3] 克莱尔·德瓦里厄.尤里斯·伊文思的长征：与记者谈话录[M].张以群,译.北京：中国电影出版社,1980.
[4] 罗贝尔·戴斯唐克,尤里斯·伊文思.尤里斯·伊文思或一种目光记忆[A].胡滨,译//陈晓云.理论与批评：电影的类型研究[C].北京：中国电影出版社,2007.
[5] 孙红云.伊文思与纪录电影[M].长春：吉林出版集团,2014.
[6] 单万里.伊文思与罗丽丹的中国缘[J].书城,2003(1).
[7] 吕新雨."我想将你们尽可能地引向远方"[J].读书,2014(4).
[8] 胡滨.寻求真理和自由的目光——怀念若里斯·伊文思[J].电影艺术,1991(3).
[9] 张悦.伊文思：电影大师与中国的传奇故事[N].中国艺术报,2008-12-02.
[10] 钱筱璋.我们的亲密战友[EB/OL].http://www.cctv.com/cndfilm/history/200503/200503-wen1.htm.

乔治·何克：在中国大地上放声高歌

[1] 路易·艾黎.从牛津到山丹：乔治·何克的故事[M].段津,高建,译.北京：北京出版社,1984.
[2] 乔治·何克.我看到一个新的中国[M].尚亚宁,朱雁芳,译.北京：北京出版社,2018.
[3] 詹姆斯·迈克马努斯.黄石的孩子[M].徐露丹,等,译.西安：陕西师范大学出版社,2008.
[4] 祝嘉.乔治·何克：一位国际友人的凤县情结[N].宝鸡日报,2015-12-01.
[5] 中国甘肃网."把我的一切献给培黎学校"——纪念乔治·何克诞辰105周年[EB/OL].https://baijiahao.baidu.com/s?id=1656792923110568871&wfr=spider&for=pc,20200126.
[6] 长江网.《黄石的孩子》原型乔治·何克亲眼见证武汉沦陷[EB/OL].http://news.cjn.cn/sywh/201506/t2666070.htm.
[7] 卢广绵,寿祝衡,齐福霖.回忆中国工合运动[M].北京：中国文史出版社,1997.

安东尼奥尼和他的东方理想国

[1] 侯宇靖,刘海平.安东尼奥尼与中国[M].重庆:重庆大学出版社,2013.
[2] 单万里.中国纪录电影史[M].北京:中国电影出版社,2005.
[3] 杨晟.外国人在华拍摄纪录片中的中国形象研究(1949—1976)[D].暨南大学硕士学位论文,2017.
[4] 潘若简.安东尼奥尼谈安东尼奥尼[J].当代电影,2004(6).
[5] 阎伟,谈微姣."左眼"看中国的三种视像——萨特、安东尼奥尼和罗兰·巴尔特中国行文本的互文性分析[J].湘潭大学学报(哲学社会科学版),2016(6).
[6] 张同道.中国表情——读解安东尼奥尼与伊文思的中国影像[J].当代电影,2009(3).
[7] 温贝尔托·艾柯,单万里.论阐释或难为马可·波罗——谈安东尼奥尼的关于中国的影片引起的重大事件[J].当代电影,2007(6).
[8] 孙红云.两个中国?——伊文思的《愚公移山》与安东尼奥尼的《中国》[J].当代电影,2009(3).
[9] 杨弋枢.安东尼奥尼的《中国》:看与被看[J].文艺研究,2012(10).
[10] 梁超.意大利导演安东尼奥尼电影艺术专题研究[D].重庆大学硕士学位论文,2009.
[11] 刘忠波.中国形象的权力话语与意义生成——以安东尼奥尼《中国》为分析对象[J].社会科学论坛,2016(9).
[12] 聂欣如.也谈对安东尼奥尼纪录片《中国》的理解与观看[J].中国电视,2014(1).

抗日战争中的"西班牙医生":合唱一支国际歌

[1] 安莉.西班牙反法西斯战场上的中国勇士[J].近代中国与文物,2005(1).
[2] 贵阳市人民政府新闻办公室.经霜的红叶:国际援华医疗队的故事[M].北京:五洲传播出版社,2007.
[3] 贵阳市政府新闻办公室.国际援华医疗队在贵阳[M].北京:五洲传播出版社,2005.
[4] 爱泼斯坦."西班牙医生"在中国——《起来!中国胜利了》序[J].文史天地,1995(5).

［5］宋庆龄基金会研究室.保卫中国同盟新闻通讯［M］.吴景平,译.北京：中国和平出版社,1989.
［6］新华书店部.学习白求恩［M］.新华书店,1950.
［7］克莱格.英国援华实录［M］.北京：北京出版社,2018.
［8］边志海.一段鲜为人知的历史事实——周恩来在抗战初期给英国援华委员会的一封信探源［J］.党的文献,1998(5).
［9］史沫特莱.中国的战歌［M］.北京：作家出版社,1986.